教科書ガイド

東京書籍 版

新選
歴史総合

T E B C
B C
G U I D E

JN022145

文研出版

はしがき

　本書は，東京書籍発行の高等学校・歴史総合の教科書「新選　歴史総合」に準拠した教科書解説書として編集されたものです。教科書内容がスムーズに理解できるように工夫されています。予習や復習，試験前の学習にお役立てください。

📖 本書の構成

本文	
要点整理	教科書の単元構成（章・節・項）の順序に従い，教科書の内容を簡潔にわかりやすく整理しています。
――資料からよみとる――	教科書の「資料からよみとる」で扱われている問題の考え方を掲載しています。
**用語解説**	教科書で扱われている用語の中で，特に重要な用語を解説しています。

演習	
演習問題	教科書の一つの節，もしくは複数の節で扱った内容の演習問題です。

解答と解説	
演習問題 の解答と解説を掲載しています。	

写真提供

PPS通信社／朝日新聞社／国営沖縄記念公園（首里城公園・正殿）／ジャパンアーカイブズ／
函館市中央図書館所蔵／ユニフォトプレスインターナショナル

目次

第4章 グローバル化と私たち

第1章 歴史の扉

1節　歴史と私たち

世界とつながる旅行の歴史 → 教 p.8〜11

①グローバル化する旅行…1964年に海外旅行は自由化。
- ▶出国日本人数は1980年代なかばから増加。
- ▶訪日外国人数は2010年代なかばから増加。

②大衆化する旅行…文化人や上流階級に属する人々の旅から庶民（しょみん）の旅へ。
- ▶古い例では，ヨーロッパの巡礼（じゅんれい），一遍（いっぺん）・松尾芭蕉（まつおばしょう）ら文化人らの旅があげられる。
- ▶江戸時代には，民衆が講（こう）を組織して伊勢参（い せ）りを行うなど，旅は大衆化。
- ▶19世紀…イギリスの旅行業者が団体旅行を請け負う→ただし，上流階級が対象。
- ▶20世紀前半…イギリスや日本などで旅行の広告が登場→旅行は一般庶民へ。

③近代化する旅行…人力から蒸気力へ。
- ▶旅行に必要な乗物…鉄道，飛行機，バス，自動車，船など。
- ▶1825年，イギリスで，ストックトン〜ダーリントン間で鉄道開通（世界初の鉄道）。
- ▶1872年，新橋－横浜間で日本初の鉄道が開通。各国の鉄道開通は，おおむね19世紀。
- ▶1807年，ロバート・フルトンが，アメリカのハドソン川で外輪蒸気船の航行（こうこう）に成功。
- ▶1853年，蒸気船に乗って，ペリーが浦賀に来航。
- ▶1840年代ごろ，外輪より高速・安全なスクリュープロペラへ→蒸気船の全盛期（ぜんせいき）。
- ▶蒸気機関車・蒸気船の利用増大→石炭産出量は19世紀なかば以降に急上昇。

◆おもな国の鉄道開業年

イギリス	1825年
アメリカ	1830年
フランス	1832年
ドイツ	1835年
インド	1853年
オーストラリア	1854年
アルゼンチン	1856年
日本	1872年
中国	1876年
韓国	1899年

◆イギリスの石炭産出量の推移

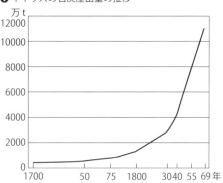

2節　歴史の特質と資料　　教科書 p.12~15

1. 歴史と資料 ➡ 教 p.12~14

①**教科書の記述**…資料にもとづく研究を根拠に，記述される。

- ▶一次資料…当事者がその時期につくった同時代資料。文書・図像，遺物，など。
- ▶二次資料…一次資料を編集，加工した資料。伝聞などにもとづくもの。
- ▶重視される資料…一般的には，伝聞的な二次資料よりも一次資料が重視される。
- ▶研究成果と教科書記述…歴史研究の成果は教科書記述に反映，更新される。
- ▶用語の見直しの例…薩長同盟は口約束→「薩長盟約」とすべきとする見解がある。

②**資料の種類**…文字資料と非文字資料に大別される。

- ▶文字資料…石碑，書物，**公文書**，書簡，落書き。
- ▶非文字資料…図像，遺物，音声資料。
- ▶資料を扱う際の注意点…資料作成の背景，他の資料との関係を検討する必要がある。

③**資料は後世にどのように伝えられるのか**…だれもが資料の作成者である。

- ▶教科書，ノートへの書きこみなどは，後世において，貴重な資料となる。
- ▶記録のとり方は各人で異なる→未来に残存する資料は，一部の資料にすぎない。
- ▶未来の研究者は，残存した資料の共通点を探し，それを「事実」として認識する。
- ▶一部の資料のみを対象とするなら，資料批判（事実かどうかを疑う）が必要。
- ▶政府が作成する公文書には，国民や人類社会の経験を未来に伝える意味がある。
- ▶学校も，未来に文書を残す主体としての役割を果たしている。

④**偽書の資料的価値**…歴史研究に一定の役割を果たすと考えられる。

- ▶偽書とは，本物に似せて記された資料。本物にみせかけて作成された資料。
- ▶偽書の例→田中義一首相の上奏文（中国の対外宣伝や外交交渉に用いられた）。
- ▶作成意図などを研究材料とすることができる偽書も，貴重な資料とされる。

⑤**一次資料と歴史解釈**…一次資料が一つあれば事実を確定できるわけではない。

- ▶一次資料であったとしても，一つの資料から複数の解釈が導けることもある。
- ▶複数の資料を組み合わせれば，解釈の幅は小さくなり，事実が特定しやすくなる。
- ▶資料にもとづく解釈はつねに変化するため，「事実」の解明は永遠に続くことになる。
- ▶今日「事実」とされていることも，新たな資料の発見，解釈によって変化する。
- ▶資料的根拠のない叙述，誤読にもとづく資料なども存在する。
- ▶資料をもとにした叙述と，そうでないものとの区別を行うことが必要である。

2. 資料の読み取り方 ➡ 教 p.14~15

①**資料の読み取り方**…1793年，イギリス使節マカートニーが清の乾隆帝に謁見した図。

- ▶二つの「乾隆帝謁見図」は，清側・イギリス側から対照的にえがかれている。
- ▶マカートニーは日記に，謁見時の記録を残している。
- ▶非文字資料（「乾隆帝謁見図」）と文字資料（日記）を比較し，検証する必要がある。

3. 歴史と現在 ➡ 教 p.15

①**歴史と現在**…同時代性の重要性と現在との緊張感。

- ▶「歴史とは現在と過去との間の尽きることを知らぬ対話である」（E.H.カー）。

中学校での学習をふり返ろう！ → 教 p.16~19

①**原始・古代~中世の世界**…1200年ごろまで。
- ▶ **人類誕生**…700万年前~600万年前にアフリカで出現。
- ▶ **石器時代**…旧石器時代(**打製石器**を使用)と新石器時代(**磨製石器**を使用)。
- ▶ **メソポタミア文明**(前3000年ごろ)…**ハンムラビ法典**(楔形文字を使用)。
- ▶ **エジプト文明**(前3000年ごろ)…『**死者の書**』、ヒエログリフ〔象形文字〕。
- ▶ **インダス文明**(前2500年ごろ)…インダス文字。モヘンジョ・ダロ遺跡。
- ▶ **中国文明**(前2000年ごろ)…前16世紀に殷(**甲骨文字**)→前11世紀に周。
- ▶ **中国の統一**…前8世紀から春秋・戦国時代→前3世紀に秦が統一。
- ▶ **ローマ帝国の成立**(前27年)…80年には闘技場の**コロッセウム**が完成。
- ▶ **十字軍の遠征**(11~13世紀)…イェルサレム奪還のため、キリスト教徒の軍を派遣。

②**原始・古代~中世の日本**…1200年ごろまで。
- ▶ **旧石器時代**…**岩宿遺跡**(群馬県)で**打製石器**が発見され、その存在を確認。
- ▶ **縄文時代**(前1万年ごろ~)。打製石器・磨製石器を使用。狩猟・採集により食料獲得。
- ▶ **弥生時代**(前400年ごろ~)…本格的な稲作が行われる。**弥生土器**、石包丁を利用。
- ▶ **古墳時代**(3世紀なかばごろ~)…5世紀の**大仙古墳**(大阪府)は最大の前方後円墳。
- ▶ **飛鳥時代**(6世紀末から7世紀前半まで)…広義には平城京遷都までが対象。
- ▶ **奈良時代**(8世紀)…710年に平城京遷都。聖武天皇の時代を中心に天平文化形成。
- ▶ **平安時代**(8世紀)…794年に桓武天皇が平安京遷都。1185年ごろまでが平安時代。
- ▶ **平氏政権**…保元の乱、平治の乱をへて、**平清盛**は太政大臣となった。
- ▶ **鎌倉幕府の成立**(12世紀後半)…源平の争乱と前後して 源 頼朝らの鎌倉幕府が成立。

③**中世~近世の世界**…1800年ごろまで。
- ▶ **ルネサンス**(「文芸復興」)…14世紀にイタリアからはじまった文化運動。
- ▶ **大航海時代**(15~17世紀)…ヨーロッパ主導による世界の一体化。
- ▶ **宗教改革**(16世紀)…ドイツの**ルター**らが開始。彼らはプロテスタントとよばれた。
- ▶ **ピューリタン革命**(17世紀なかば)…クロムウェルの指導。イギリスの絶対王政崩壊。
- ▶ **名誉革命**(1688~1689)…議会を尊重する王を選出。「権利章典」が定められた。
- ▶ **アメリカの独立革命**…イギリスとの独立戦争をへて1776年に独立宣言を発表。
- ▶ **フランス革命**(1789~1799)…絶対王政が倒れる。1789年に人権宣言。

④**中世~近世の日本**…1850年ごろまで。
- ▶ **鎌倉幕府の滅亡**と南北朝の動乱…1333年に鎌倉幕府が滅亡→南北朝の動乱。
- ▶ **室町幕府**…3代将軍足利義満は京都室町に**花の御所**をたて、幕府の基礎を固める。
- ▶ **戦国時代**…1467年に**応仁の乱**がはじまる→室町幕府の支配力が低下し、戦国時代へ。
- ▶ **織田信長の時代**…織田信長の鉄砲隊は**長篠の戦い**で武田の騎馬隊を破る。
- ▶ **豊臣秀吉の時代**…信長のあとを継いだ豊臣秀吉は1590年に全国統一を実現。
- ▶ **江戸時代**…1603年、**徳川家康**が征夷大将軍となり、**江戸幕府**が開かれる。
- ▶ **享保の改革**(1716~1745)…8代将軍徳川吉宗が財政再建を中心に改革を実施。
- ▶ **寛政の改革**(1787~1793)…老中松平定信らの改革。農村復興策、都市対策など。
- ▶ **天保の改革**(1841~1843)…老中水野忠邦らの改革。国内外の危機を背景に推進。

第2章 近代化と私たち

1節　近代化への問い

近代という時代 ➡ 教 p.22～27

①近代の定義…一般につぎの四つの側面から構成される。
- ▶工業化・産業化…蒸気機関の開発→生産効率が向上。都市に人口が集中。
- ▶近代社会の成立…都市に中産階級が誕生し，市民社会を形成。平均寿命も伸長。
- ▶近代国家の形成…主権国家，国民国家が広がる。国民国家では均質な国民が養成。
- ▶世界全体のつながりの強化…交通・通信手段が発達→移動・流通・伝播が加速。

②交通と貿易…開港場とその役割。
- ▶鉄道開通…1872年，新橋－横浜間で開通。当時の横浜駅は開港場に隣接していた。
- ▶長崎の近代化…居留地が設置。上海との航路が開かれ，海外と日本の電信の拠点へ。
- ▶近世と近代の連続性…長崎・神戸・函館などが考察の対象とされる。

③産業と人口…工業化は各地域の人口の増減に影響を与えた。
- ▶北海道の人口…大戦景気や高度経済成長期に，急速に増大した。
- ▶人口の減少…炭鉱で知られる夕張市などは，1960年代ごろから急速に減少。

④権利意識と政治参加や国民の義務…「四つの89年」（憲法学者樋口陽一が提唱）
- ▶1689年…イギリス国王の専制をふせぐため，「権利章典」が制定された。
- ▶1789年…人権宣言。フランス革命の理念をあらわす宣言。国民主権。私有財産の不可侵。
- ▶1889年…大日本帝国憲法の発布。欽定憲法。天皇主権。広範な天皇大権を規定。
- ▶1989年…ドイツでベルリンの壁が開放。中華人民共和国で天安門事件が発生。

⑤労働と家族…19世紀の労働者と中流家庭。
- ▶若年労働者…工業化により，安い労働力が求められる→炭鉱で子どもが労働に従事。
- ▶近代の日本…農家では女性も重要な労働力となり，養蚕などの副業にかかわった。

⑥学校教育…近代国家における教育。
- ▶日本の義務教育…1886年に学校令が制定→1891年に就学率は50％をこえた。
- ▶日本の女子教育…1899年，女子中等教育の普及をめざし，高等女学校令が制定。
- ▶植民地…フランス領インドシナやイギリス統治下のインドでも教育が行われた。

⑦移民…グローバルな人の移動と衛生。
- ▶移民増大の背景…蒸気船による航路開発，プランテーションや鉱山での労働需要。
- ▶岩倉使節団…1871年に派遣された岩倉使節団からもわかるように，大陸間の移動が活発化。
- ▶移民の事例…中国・インドなどから世界各地へ移民が増大→伝染病が流行。開港場の税関は，流入防止の役割を期待された。
- ▶コレラ…19世紀前半にインドで流行，日本やドイツでは1880年代などに流行。ドイツでは病院で治療されたが，日本の医療は当時，発展途上だった。

2節　結び付く世界と日本の開国　教科書 p.28~51

1 18世紀の東アジア➡教 p.28~29

清の統治体制と国際関係

①**清**…女真族の王朝。

②**華夷秩序**と**朝貢**…朝貢を受け入れたが，正式に**冊封**を受けたのは朝鮮・琉球など数か国のみ。

③**貿易の展開**…日本，イギリスなどヨーロッパ勢力とは，商人どうしの貿易を認可。

④**貿易港の限定**
　▶清の措置…キリスト教布教禁止などを目的に，ヨーロッパ勢力との貿易の場を広州に限定→ヨーロッパ商人は，生糸や茶をじゅうぶんに得られなかったこと，産地や原価の情報が隠されたことなどから，不満を増大させた。

⬇ 清代の東アジア

凡例：
■ 清の直轄地
□ 清の藩部
■ 清への朝貢国

清代の経済発展とほころび

①**産業の発展**…長江中・下流域では茶・生糸，綿布の生産が活発化→18世紀に好景気。

②**移住と弊害**…過密地域（蘇州・寧波など）から辺境（四川や雲南など）への移住が促進→辺境の開発は，環境破壊や災害をもたらし，新開発地では民衆の反乱が発生。

③**華僑・華人の増加**…東南アジアへの移民が増加。

日本の「鎖国」と貿易・経済

①**「鎖国」体制の確立**…17世紀に日本人の出入国，外国人の入国，キリスト教布教が禁止され，海外との交流も制限。「鎖国」体制下の日本のようすは，オランダ商館の医師として来日した**シーボルト**の記録などから知られる。

②**長崎貿易**…中国・**オランダ**との貿易は，幕府の管理する長崎に限定。金銀の流出防止のため，17世紀後半以降，貿易額を制限。銅・蝦夷地産の海産物の輸出を奨励。

③**四つの窓口**…異国・異域の窓口である長崎・対馬・薩摩・松前のこと。朝鮮・琉球・アイヌとの貿易は，それぞれ対馬藩・薩摩藩・松前藩にゆだねられた。

④**輸入品の国産化**…朝鮮人参や生糸を，国内で生産しようとする動きがみられた。

⑤**社会や経済の動向**…国内の商業経済が活発化。一方で，災害の頻発，格差の拡大により社会は動揺。

⑥**列強の接近**…18世紀後半以降，ロシア・イギリスなど欧米列強が日本に接近→幕府は対外政策の見直しを進める。

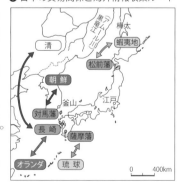

⬇ 日本の貿易関係と海外情報収集ルート

⑦貿易の限定
- ▶ 釜山の倭館…朝鮮との貿易を独占した対馬藩関係者の居留地として，朝鮮が開設。
- ▶ 長崎の出島と唐人屋敷…オランダ商館は長崎出島に設置。江戸幕府は華人(中国人)商人を長崎の唐人屋敷に集住させた。
- ▶ 広州の商館(ファクトリー)…18世紀，ヨーロッパ勢力との貿易のために清が設置。貿易の期間のみ滞在が許可された。長期の滞在は**ポルトガル人**[*7]居留地のマカオのみで許可された。

⑧北前船と蝦夷地
- ▶ **北前船**…蝦夷地(北海道)，日本海沿岸，瀬戸内，大坂(大阪)を，日本海側の**西廻り海運**[*8]を就航するかたちで結んだ廻船(商船)。
- ▶ 北前船の積荷と長崎貿易…積荷のニシンなどからつくった〆粕は農業用の肥料となり，昆布・ナマコ・アワビなどは長崎などにもたらされ，中国に輸出された。

用語解説

*1 **華夷秩序**…中国を頂点とする国際秩序。「中国」とは本来国名の略称ではなく，世界の中心にあって皇帝の支配が直接およぶ地域をさすことばだった。中国と野蛮とされた周辺の異民族(夷狄)とのあいだには，上下関係が存在し，周辺の諸勢力は皇帝の徳を慕って朝貢することで冊封をうけるものとされた(冊封体制)。

*2 **華僑**…移住したあとも，中国の出身地との関係を維持する者。

*3 **華人**…移住先で現地民化した者をふくめた中国系住民の総称。

*4 **鎖国**…「鎖国」の語は，ケンペル(オランダ商館のドイツ人医師)が著した『日本誌』の一部を長崎通詞の志筑忠雄が和訳し，1801年に『鎖国論』と題して刊行したことに由来する。その写本は広く普及し，江戸時代を外国から閉鎖した社会とみる「鎖国」の語が定着する契機となった。

*5 **シーボルト**…ドイツ人シーボルトは，1823年，オランダ商館の医師として来日し，翌年長崎郊外に私塾鳴滝塾を開設して，西洋科学や医学の教授にあたった。帰国後に『日本植物誌』『日本動物誌』『日本』などを刊行。開国後の1859年に再来日。

*6 **オランダ**…ヨーロッパ諸国のうち，「鎖国」体制下で日本と通商関係をもった唯一の国。1641年に平戸から長崎出島に移されたオランダ商館は，バタヴィア(現在のジャカルタ)に拠点をおくオランダ東インド会社の支店で，オランダ人の在留は出島のみに限定された。日本人は，役人のほか指定された商人らを除き，出島に立ち入ることを禁止された。

*7 **ポルトガル人**…1510年にインドのゴアを占領したポルトガルは，マラッカなどにも進出し，1517年に明に通商を求め，1557年にはマカオの居住権を獲得した。

*8 **西廻り海運**…江戸の商人河村瑞賢は，幕府の指示で東北地方の幕領からの年貢米を江戸や大坂に廻送することを請け負い，1670年代はじめに，津軽海峡を経由して江戸にいたる東廻り海運(航路)と，下関を経由して大坂にいたる西廻り海運(航路)を整備した。これにより，全国的な海上交通網が完成し，貨幣経済の発達などとあいまって商品流通の全国化が促されていった。

前近代の世界1　日本の幕藩体制と身分制社会

①幕藩体制

▶ 幕藩領主…江戸時代の日本は領主らが支配する社会であり，その頂点は将軍だった。

▶ 天皇…江戸時代の天皇は実質的な政治的影響力をもたなかった。しかし，将軍を任命したり，武士に官位を与えたりすることで，領主支配を権威づける存在だった。

▶ 将軍と家臣の主従関係…領主の多くは武士で，将軍と主従の関係で結ばれていた。将軍は石高(所有する土地で生産できる米の量)を基準に，家臣に領地を与えた。

  • 将軍と主従関係をもつ武士は，石高に応じて大名・旗本などにわけられた。

  • 将軍は，大名や旗本が領地内で年貢を徴収する権利を与えた。一方，戦時には石高に応じた軍事力，軍役を負担することを求めた。

▶ 年貢の徴収…年貢は米でおさめさせることが多かったが，貨幣の場合もあった。

▶ **幕藩体制**…江戸時代の幕府と藩を軸とする支配体制。幕府は全国に直接所有する直轄地を保有した。一方，大名が支配する領域は，藩とよばれた。

②江戸時代の身分制社会

▶ 江戸時代の身分…江戸時代は集団を基礎とする身分制社会で，身分は固定されていた。被支配者層の農民・都市住民は，農民を中心とする百姓(漁業・林業などに従事する者もふくまれる)と，都市の商人・手工業者である町人・職人にわけられた。

大名	将軍と主従関係を結んだ知行高1万石以上の武士。
大名の区分	将軍との親疎の関係で，親藩・譜代・外様にわけられた。
旗本・御家人	将軍直属の家臣で知行高1万石未満の者。

  • 百姓と町人…百姓は村に所属させられ，町人・職人は町を単位に支配された。村は全国に7万以上あった。

▶ 被差別民…死牛馬処理・皮革業に従事するえた(かわた)，芸能や番人，物乞いを生業とする非人などは，差別の対象とされた。

▶ 禁教政策と民衆の把握…キリスト教禁止政策の一環として，人々はいずれかの寺の檀家となることを義務づけられ(寺請制度)，宗門改帳に登録された。

→宗門改帳は，江戸時代において，戸籍の役割を果たした。

③江戸時代の社会と経済

▶ 市場経済の成立…領主らは城下町などの都市に住み，年貢米を売却→米の流通と領主の消費を軸とする市場経済が成立。中心地は米の売却地となった大坂。

▶ 経済活動の展開と弊害…江戸時代中期以降，農民も商品作物を生産し，新興商人もあらわれた。市場経済の成立は，農民の間に貧富の差を生じさせた。また，幕藩領主の生活の奢侈化(贅沢になること)も促し，財政難の原因となった。

▶ 社会の不安定化…百姓が幕府や藩の政策に反発する一揆や，都市住民が裕福な者をおそう打ちこわしなどが頻発するようになり，社会はしだいに不安定になった。

▶ 幕藩領主による改革…18世紀以降，幕府は享保の改革，寛政の改革，天保の改革を行った。また，諸藩でも名君があらわれ，大名らのもとで財政再建などを目的とした改革が進められた。

前近代の世界2　東アジアの伝統的な華夷秩序

①冊封・朝貢の関係

▶東アジアの世界観…漢民族を中心とする中国の人々は，みずからを「華」（文明の中心）と考えた。そのため，「夷」とされる「未開でおとった」諸民族は，貢物を使者にもたせ，皇帝に「朝貢」するものとみなされた。

◆天下と華夷秩序

▶天下と**華夷秩序**…中国では，(1)「天」が徳のある人間を「天下」の統治者として「天子」（皇帝）に任命する，(2)天子の支配領域は「中華」であり，その外側である「化外」の地には，北狄・東夷・南蛮・西戎といった未開な異民族が居住する，とみなされた。

▶日本的華夷秩序…どの民族であっても，中国文明を身につければ「華」に近づくことができるとされたため，周辺諸国は小さな華夷秩序をつくりあげた。遣唐使を派遣して唐に学んだ日本は，独自の律令制を構築し，中国にならって「小中華帝国」（「東夷の小帝国」）を意識するようになった。日本の律令国家は，日本列島の東北部に居住する蝦夷と西南部に住む隼人を，北狄・東夷・南蛮・西戎に擬して「夷狄」とみなし，蝦夷らを征討の対象とした。

▶冊封・朝貢の関係…中国が他国の内政に干渉することはほとんどなく，形式的なものだった。たとえば，(1)皇帝の冊封を受けて国王に任命されても，その君主は冊封儀礼を決まり通りに行わない，(2)国内で皇帝のようにふるまう，など各国が中国との関係を都合よく解釈することができた。

▶冊封・朝貢の関係の利点…中国との関係を，各国がそれぞれ都合よく解釈できることにより，争いが避けられていたとする評価もある。

②華夷秩序のもとでの貿易関係

▶貿易目的の関係…中国との関係において，東アジア諸国の最大の関心事は貿易（「互市」）だった。

▶冊封体制と日明貿易…14世紀に成立した明は，朝貢使節だけに貿易を許可する形で互市を制限した。明は，モンゴル帝国が屈服させることのできなかった日本を冊封することにより，みずからの権威を高めようとした。室町幕府の将軍も，貿易の利益や対外的な権威を求め，明の冊封を受け入れて朝貢した。

▶清代の貿易…17世紀に成立した清のもとでは，朝貢儀礼を必要としない互市の関係が主流となった。貿易は，江戸時代の日本やヨーロッパとの間で行われた。

▶19世紀における清の貿易…19世紀なかばのアヘン戦争は，互市のルールをめぐる争いだった。中国は，欧米との間で結ばれた通商条約を，互市関係の延長として解釈した。清は，19世紀においても，華夷秩序が維持されているととらえていた。

▶ヨーロッパ勢力にとっての華夷秩序…ヨーロッパ勢力にとって，中国の伝統的な外交体制は理解しにくいものだった。清は冊封・朝貢関係の維持に努めたが，冊封・朝貢関係を維持することは困難となり，近代的な外交体制の採用を余儀なくされていった。

2 結び付くアジア諸地域➡教 p.32～33

アジア諸国家の繁栄と動揺のはじまり

①<u>東南アジアの動向</u>…**胡椒**などの香辛料交易によって**イスラーム王国**[*2]が栄えたが，18世紀には衰退。

②<u>**アユタヤ朝**</u>…タイのアユタヤを都とした仏教国。米の輸出や**中継貿易**[*3]で繁栄したが，18世紀なかばに滅亡。

③<u>ラタナコーシン（バンコク）朝</u>…アユタヤ朝滅亡後，1782年に開かれたタイの現王朝。

④<u>ムガル帝国</u>…イスラーム王朝。名称はモンゴル帝国に由来（初代皇帝バーブルの母は，チンギス・ハンの血を引いていたとされる）。

  ▶16世紀以来，南インドを除く広い領域を支配。ヒンドゥー教徒との融和によって社会が安定し，**インド・イスラーム文化**が形成された。**タージ・マハル**[*4]はその代表的な建築物。ムガル帝国の弱体化をまねいた**アウラングゼーブ**[*5]は，タージ・マハルを建設したシャー・ジャハーンの子。

  ▶17世紀後半には帝国の領域は最大になったが，18世紀に入るとヒンドゥー教徒などの各地方勢力が自立して抗争を展開し，衰退が進んだ。

⑤<u>**オスマン帝国**</u>…16世紀に最盛期をむかえた西アジアの帝国。

  ▶イスラームを支配理念としたが，キリスト教徒やユダヤ教徒に，宗教共同体（ミッレト）ごとの自治を与え，諸宗派の共存をはかった。

  ▶いくつかの西欧諸国に帝国内での通商活動を認め，領事裁判権などの特権（**カピチュレーション**）を与えた。

  ▶17世紀末，ヨーロッパ諸国に多くの領土を割譲。18世紀には地方分権が進み，中央政府の支配は弱まった。

  ▶17世紀，ヨーロッパ諸国はアジア・ヨーロッパ間の貿易を促進し，それを通してオスマン帝国とアジア諸国間の文化的な交流も生まれた。オスマン帝国の宮廷では中国の陶磁器が集められ，日本の祇園祭の山鉾の一つ「月鉾」では，江戸時代以来，**ア**[*6]**ナトリア**絨毯が使用されている。

  ▶**イスタンブル**（コンスタンティノープルから改称）は，オスマン帝国の都として発展。

18世紀アジア諸地域間の経済的結び付き

①<u>交易の活発化</u>…東アジアでは，17世紀末に清が**海禁**[*7]解除の措置をとり，東シナ海と南シナ海の交易が活発化。

  ▶貿易…清では人口の増加とともに食料需要も増大し，東南アジアから中国へ米の輸出がさかんになった。

  ▶通貨…従来使用されていた銀だけでなく，日本産の銅や東南アジア産の錫が流通しはじめた。

  ▶華人社会…東アジアにおける貿易の担い手として中国人商人が活躍。商人や労働者として東南アジアに移住する者があらわれ，現地でコミュニティが形成された。

②<u>インドの綿織物</u>…ムガル帝国の経済成長にともない，更紗やキャラコなどの綿織物の生産が増大。

    →西はヨーロッパから，東は日本まで，ユーラシア各地に流通。

▶商品の運送…ムスリム商人，ユダヤ商人，**アルメニア**[*8]商人などによって各地に運ばれた。

③貿易の担い手の転換…オランダからイギリス・フランスへ

▶アジア域内での貿易では，16世紀以降この地に勢力を保ってきたポルトガルに代わり，オランダが台頭（たいとう）。1602年に**東インド会社**（ジャワ島の**バタヴィア**が本拠地）を設立すると「鎖国（さこく）」体制下の日本からも貿易を認められ，この地域の貿易において重要な役割を果たした。

▶17世紀末以降，勢力の後退したオランダに代わってインドを拠点（きょてん）とするイギリスとフランスが，アジア貿易の主導権をにぎるようになった。

⤵18世紀の東アジア

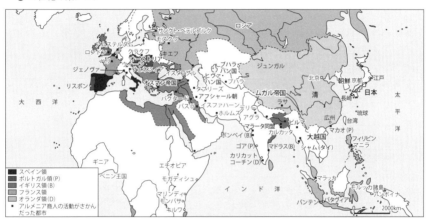

用語解説

*1 **胡椒**…インドを原産とする香辛料で，アジアにおいて広く栽培された。肉の保存や臭みを消すために利用され，需要が高かった。

*2 **イスラーム王国**…ムスリム（イスラーム教徒）の皇帝や国王が支配する国の総称。

*3 **中継貿易**…他国から輸入した物品を，別の国に輸出して利益を得る貿易。

*4 **タージ・マハル**…ムガル帝国の第5代皇帝シャー・ジャハーンが，愛妃ムムターズ・マハルのためにたてた廟（びょう）。

*5 **アウラングゼーブ**…母はムムターズ・マハル。皇位継承をめぐる兄弟争いをへて，父を幽閉（ゆうへい）し，第6代皇帝となった。ムガル帝国の最大領域の時代を創出したが，戦乱による国家財政の悪化や非ムスリムの反乱をまねいた。

*6 **アナトリア**…小アジアの別称。黒海，エーゲ海，地中海などに囲まれた半島部分で，現在のトルコ共和国にほぼ重なる。

*7 **海禁（政策）**…沿岸住民を海上勢力から隔離させ，一般の中国人が海上に進出することを一切禁止する政策。1684年，当時の皇帝は海禁を解除する措置をとった。

*8 **アルメニア**…カスピ海と小アジア（アナトリア）のあいだに広がる高原地帯。

前近代の世界3　イスラーム世界におけるカリフと秩序

①イスラーム教
- ▶**イスラーム教**…ムハンマドは，7世紀初頭，アラビア半島のメッカで，唯一の神アッラーの啓示を受けたとして，イスラーム教をはじめた。
  - ムハンマドは，(1)アッラーに従うこと，(2)神の像をえがいたり拝んだりしてはならないこと，を説いた。
  - 「イスラーム」とはアラビア語で，すべてを神(アッラー)にゆだねるという意味。
  - ムスリム(イスラーム教徒)は，神のことばが記された啓典「クルアーン(コーラン)」などにもとづくイスラーム法(シャリーア)のもとで行動することが求められる。
  - イスラーム法は，社会や国家の在り方なども規定している。イスラームは，心の救いを求める通常の宗教をこえるものとして理解される。
- ▶ムハンマドの死後…ムハンマドの後継者としてカリフ(代理人)が選挙により選ばれ，正統カリフとしてイスラーム教徒の共同体(ウンマ)を政治的にまとめた。

②ウンマの分裂
- ▶ウマイヤ朝…第4代のカリフであるアリーが暗殺され，対立していたムアーウィヤがウマイヤ朝を打ち立てた。首都はダマスクス。750年に滅亡。
- ▶スンナ派とシーア派

スンナ派	スンナとは，ムハンマドの言行。スンナ派は，これに従うことを重視する，イスラーム教徒の主流派(約85〜90%を占める)。
シーア派	第4代正統カリフのアリーとその子孫のみを，宗教的・政治的指導者とみなす一派。

- ▶アッバース朝…アル・アッバース(ムハンマドの叔父)の子孫をカリフとして開いた王朝。1258年に滅亡。
  - アブー・アルアッバースが，750年にウマイヤ朝を倒して成立したが，やがてみずからカリフを名のる王朝が出現し，ウンマの分裂は決定的となる。
  - やがて，カリフは統治者としての力をしだいに失い，大アミール(大総督)とよばれる有力軍人が権力をにぎった。
- ▶セルジューク朝…11世紀，トルコ系の人々が西アジアに移動して樹立した政権。バグダードを占領し，アッバース朝カリフからスルタンの称号を授かった。
- ▶マムルーク朝…13世紀，アイユーブ朝(12世紀にサラディンがカイロを都としてたてた王朝)のマムルーク軍団出身者がたてた政権。アッバース朝の滅亡後，カリフはカイロに移り，マムルーク朝の保護を受けた。
  - カリフを立て，メッカとメディナの二つの聖地を支配したマムルーク朝は，イスラーム世界の中心としてその地位を保った。
- ▶オスマン帝国とカリフ…18世紀後半にロシアの圧迫を受けると，権威づけのため，カリフの称号をもち出した。
- ▶カリフの廃止…第一次世界大戦後にオスマン帝国は崩壊。トルコ共和国の大統領によって，カリフの称号は廃止。

前近代の世界4　ヨーロッパにおける主権国家体制の形成

①中世と封建制
- ▶中世の特徴…西ヨーロッパ世界において，15世紀までの数百年間は，中世とよばれる。
  - ● この時期の社会の成り立ちの基礎は，身分制と領主制。
  - ● 貴族と聖職者は特権と社会的権威をもった。
  - ● 農村では，領主制が発達した。
  - ● 貴族身分の領主は，領民の移動を制限し，行政や司法の面で支配しながら，貢物や労働力を搾取した。
- ▶封建制…領主たちの間の契約関係によって成り立っていた制度。家臣と主君が個別に結ぶ，双方向的な契約関係。
  - ● 領主は，より上位の領主から土地を与えられるかたちで支配権を保障され，そのかわりに彼らに忠誠を近い，軍役などの責務を負った。
  - ● 封建制のもとでは，国王であっても，家臣の軍事力などに依存する形で国を支配した。
- ▶ヨーロッパ全体におよぶ「普遍的」な権威…国王よりも下位の領主の力が強く，国王には国をまとめる力がじゅうぶんではなかった。中世ヨーロッパにおいて，ローマ・カトリック教会の首長である教皇と，神聖ローマ帝国の皇帝は，各国の国王をこえる普遍的な権威とみなされた。

②主権国家体制
- ▶絶対主義（絶対王政）…多くの国王は力を強め，中央集権化を進める一方，領主らの政治的な独立性は失われた。→16〜18世紀のヨーロッパで顕著にみられた。
  - ● フランス・オーストリア・プロイセンなどでは，君主が独占的な支配権をもち，常備軍と官僚機構をもつようになった。
  - ● イギリスでは君主による絶対主義ではなく議会制が発達したが，議会と政府を中心に中央集権化が進んだ。
- ▶近代国家の成立…18世紀末のフランス革命を契機に，ヨーロッパ各国の身分制と領主制が解体。19世紀には，一つの国の領土内で，国家が政治的支配権を独占する近代国家が生まれた。
- ▶主権国家…各国の政府それぞれが自国の領土内部での支配権を強め，国外の権威や権力から独立してふるまう国家のこと。
  - ● 中世の末期以降，教皇権などの「普遍的」な権力が弱まったことが，主権国家成立の背景にあった。
  - ● 主権国家体制…多数の主権国家がならびたって競合する体制。ウェストファリア条約で確立。
  - ● ウェストファリア条約（1648）…ドイツのウェストファリア地方の都市で開かれた和平会議にもとづく，三十年戦争（1618〜1648，ヨーロッパ諸国が参戦した国際的宗教戦争）の講和条約。神聖ローマ帝国では，諸邦がほぼ完全な主権を認められ，主権国家体制が確立。

3 18世紀のヨーロッパとアジア ➡教 p.36~37

ヨーロッパ・アジア間交易の拡大

①対アジアとの貿易への影響…18世紀には，アジアからヨーロッパに輸入される商品が多様化→ヨーロッパの文化に影響を与えた。

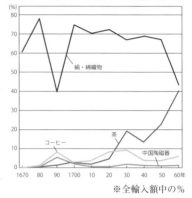

◑イギリス東インド会社の主要輸入品

※全輸入額中の％

▶17世紀後半には，インドから輸入された綿布がブームを巻きおこした。

▶インドの綿布，東南アジアのコーヒーや砂糖，中国の茶などの輸入が増加。

▶中国と日本の陶磁器や漆器，インドや東南アジアの綿織物の輸入が拡大。

②アジアでの植民地経営…ヨーロッパ諸国は，ヨーロッパ向け産品の生産をみずから行うため，本格的な植民地経営に乗りだした。

▶綿織物の原料である綿花，砂糖の原料であるサトウキビは，ヨーロッパでは気候が適合せず，栽培できなかった。

▶オランダ…18世紀までにジャワ島を確保。コーヒーやサトウキビなどのプランテーションの開発をはじめた。

▶イギリス…18世紀なかば以降，ムガル帝国が衰退するなか，インドにおける植民地拡大を進めた。

大西洋に成立した新たな経済関係

①貿易関係の拡大…17世紀後半ごろから，ヨーロッパを中心に，大西洋を舞台とする新たな経済関係が成立。→西ヨーロッパ，西アフリカ，カリブ地域を結ぶ三角貿易。

▶18世紀において，イギリスとフランスの商人が三角貿易を主導。

▶西ヨーロッパからは，鉄砲などの銃器，さまざまな工業製品，インド産綿布などを西アフリカに輸出。

◑三角貿易

```
        西ヨーロッパ
鉄砲・綿布              砂糖・綿花
工業製品                 タバコ

  西アフリカ ──────→ カリブ地域
          黒人奴隷
```

▶西アフリカで対価として得た黒人奴隷をカリブ地域へ輸送し，プランテーションでの労働力とした。

▶黒人奴隷は，アフリカから大西洋をこえ，北アメリカに到着するまで，40日以上，奴隷船に積みこまれるかたちで運ばれた。

▶カリブ地域で生産された砂糖，タバコ，綿花などの生産物を西ヨーロッパに運んだ。

②貿易関係の拡大がもたらしたもの…各地域の経済が相互に結び付くようになり，それぞれの地域社会に大きな変化がもたらされた。

▶西アフリカ…奴隷貿易によって人口が流出。伝統社会が崩壊。

▶カリブ地域…ヨーロッパ向け商品作物のプランテーション経営に依存する，経済のモノカルチャー化が進展。

▶イギリスとフランス…大西洋の三角貿易によって多くの富を得た。17世紀後半以来の**重商主義**政策^{*7}もあって，国内での資本の蓄積が進んだ。

⬇18世紀なかごろの世界貿易とヨーロッパ諸国の植民地

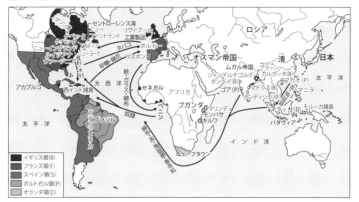

用語解説

*1 **茶**…18世紀初頭のイギリスでは，高価な紅茶はなじみの薄い飲み物だったが，トーマス・トワイニングが，紅茶専門店を開き，上流社会の婦人らの間に茶会が広まるきっかけをつくった。

*2 **綿織物**…18世紀のヨーロッパでは，インド更紗を用いたドレスが流行した。更紗とは，絹や綿に着彩したもの。更紗には，人物や鳥獣などの模様がほどこされた。

*3 **プランテーション**…熱帯地域などで行われた，商品作物の栽培を目的とした大農園制度。もしくはそうした経営が行われた農園。資本主義諸国により，アジアなどの植民地において，単一作物の大規模農業が展開された。

*4 **三角貿易**…収支の均衡を確保しつつ，三つの国・地域で展開される貿易。2国間で行われる貿易において，貿易収支の不均衡が生じる場合，第三国を介入させ，3国間で貿易取り引きの均衡をはかるもの。19世紀にイギリスが中国・インドとのあいだで行った三角貿易(インド産アヘン→中国，中国の茶→イギリス，イギリスの綿製品→インド)もよく知られている。

*5 **黒人奴隷**…16世紀から19世紀にかけて，アフリカから運ばれ，アメリカやブラジルなどで使役された黒人とその子孫。先住民(インディオ)が強制労働や伝染病で激減したため，新たな労働力として強制的に連行された。

*6 **モノカルチャー**…一種類の農作物を栽培すること。一つ，または2・3品目の農産物や鉱物資源の生産に特化した経済は，モノカルチャー経済とよばれる。

*7 **重商主義**…17世紀から18世紀にかけて，絶対王政のもとでのヨーロッパ諸国でとられた経済政策や経済理論。国家が経済に積極的に介入し，外国貿易をさかんにして，官僚制と常備軍を維持するための財源を確保しようとするもの。

歴史のまなざし　アジアの美，追いかけるヨーロッパ　➡ 教 p.38〜39

- ▶アジアの物産…前近代のヨーロッパは，アジアの魅力的な物産を求めた。
  - 17世紀以降，日本・中国の陶磁器，インド・タイなどの更紗や刺繍布，日本・中国南部・東南アジアの漆器，日本や中国の屏風などがヨーロッパに流入した。
  - アジアの物産は機能性やデザイン性に優れていた。ヨーロッパの貴族の雑貨，カーテン・調度品などのインテリアとして重宝された。
- ▶中国趣味(シノワズリ)…17世紀なかば以降，中国的な図柄や主題をとり入れた美術がヨーロッパで流行した。
- ▶陶磁器…ヨーロッパで特に好まれたのは，中国や日本の陶磁器だった。
  - 中国の青花(青い文様の磁器，日本でいう染付)・五彩(赤など多くの色が使われた磁器，日本でいう色絵)などが人気を得た。
  - 17世紀なかばの明清交替(明が滅び，清が中国を統一)の混乱のなかで，陶磁器の主要産地である景徳鎮窯が壊滅状態となったことで，肥前(佐賀県・長崎県)に注目が集まった。
  - オランダ東インド会社は，肥前の有田に，景徳鎮に似た陶磁器をつくるよう注文した。
  - 有田で生産された肥前の磁器(有田焼)は，伊万里港から長崎へと送られ，出島から輸出された。伊万里焼(Imari)は，ヨーロッパで人気を博した。のち，復興した中国の景徳鎮が，伊万里焼を写した磁器を制作し，「Chinese Imari」が伊万里焼を圧倒するといった事態も生じた。
- ▶ヨーロッパでの生産…ヨーロッパの各地では，アジアの物産をまねた物づくりがはじまった→18世紀にはドイツやイギリス，フランスで，陶磁器や更紗などを生産。
  - 更紗は，地中海経由で輸入したインドの綿布などに彩色していたが，やがてヨーロッパ産の生地に置きかえられていった。

前近代の世界5　世界をめぐる銀の流れ

- ▶布教と貿易…15世紀の後半以降，ポルトガルやスペインの商人は，カトリックの宣教師らと世界各地に赴き，布教活動とアジア諸国との直接取り引きをめざした。
  - 商人たちはアフリカやアメリカで行っていた武力による征服活動ではなく，銀を用いてアジア交易圏に介入しようと試みた。
  - 1570年ごろには，スペインがメキシコとマニラを結ぶ太平洋航路を開き，アメリカ大陸の植民地で得た大量の銀を東アジアにもちこむようになった。
- ▶中国…当時銀不足に苦しんでいた中国は，輸入した銀を軍費として使用したほか，北方諸民族との物産の取り引きに用いた。
  - 中国との継続的な交易により北方諸民族が成長し，女真族王朝の清が成立した。
  - 日本銀の生産量が減少したのに対し，アメリカ大陸の銀の生産と輸出は18世紀以降も継続し，良質なメキシコ産の銀貨は，アジアの地域間交易で使われた。
- ▶ヨーロッパ…大西洋貿易でヨーロッパに流入した銀は戦争に消費された。
  - 18世紀にはイギリスが世界経済の中心となり，1816年に金本位制を採用したことから，世界経済の中心は，銀から金へと移っていった。

🌐 歴史の舞台　ラテンアメリカ　➡ 教 p.41

①王国や文明の発展

▶ラテンアメリカとは…メキシコ以南の中央アメリカ・南アメリカのこと。ラテン系の民族や文化が基盤となっていることに由来。

▶南アメリカ大陸…太平洋側にアンデス山脈の高山地帯がつらなり、中央には広大な平原が広がる。高原、砂漠、アマゾン川流域の湿地帯などの地形がみられる。

🔽 ラテンアメリカの位置と地勢図

▶アメリカ大陸の住民…1万5000年ほど前、ユーラシアからモンゴロイド系の人々がベーリング海峡をわたって移り住んだ。ヨーロッパ人は彼らをインディオ(インディアン)とよんだ。

　•アメリカ大陸の住民は、前2000年代までにトウモロコシなどを栽培する農耕生活に入った。

　•ジャガイモ、インゲンマメ、トマト、カボチャ、カカオ豆などが栽培され、のちに世界各地に伝えられた。

▶マヤ文明…中央アメリカのユカタン半島で、前10世紀以降に成立。ピラミッド状の建造物、文字、暦法などが発達。

▶アステカ王国…メキシコ高原で、14世紀ごろから栄えた。ピラミッド状の建築物や文字の使用で知られるこの王国は、メキシコ湾から太平洋岸に達する強大な国となった。

▶インカ帝国…アンデス高地で、15世紀初頭に繁栄。現在のコロンビアからチリにまたがる地域を支配。マチュ・ピチュ遺跡で知られる石造建築と、灌漑農業が発展。文字をもたないため、かわりにキープ(結縄)によって情報を伝えていた。

②ヨーロッパ人の入植

▶スペイン・ポルトガルの進出…16世紀には、アステカ王国やインカ帝国がスペイン人によって滅ぼされた。植民者は先住民を労働者として酷使し、ヨーロッパからの伝染病の影響もあり、先住民の人口は激減した。19世紀には多くの国が独立を果たしたが、貧富の差の拡大など課題も残った。

4 産業革命のはじまり ➡教 p.42〜43

イギリスの産業革命

①**産業革命**…18世紀後半から19世紀初頭，イギリスでおこった大規模な工場生産制の成立とそれにともなう国内の社会変化。綿工業の分野を中心に機械が発明され，生産力を飛躍的に向上させた。

▶ジョン・ケイによる**飛び梭**(織機)の発明…織物の生産量が急増した。

▶ハーグリーヴズの多軸紡績機，アークライトの水力紡績機などの発明…綿糸の大量生産を可能にした。→綿糸の大量生産に促され，カートライトが力織機を発明し，織物の生産速度がさらに向上した。

▶ワットの**蒸気機関**改良…蒸気動力源がさまざまな分野で応用されるようになった。

→機械制工業が本格的に発展。

② 綿工業の発展…機械制工業，製鉄業，炭鉱業の発展につながった。

❤ 発明されたおもな機械と発明者

1733	ジョン・ケイ(英)，飛び梭を発明
35	ダービー(英)，コークス溶鉄法に成功
64	ハーグリーヴズ(英)，多軸紡績機(ジェニー紡績機)を発明
69	アークライト(英)，水力紡績機の最初の特許 ワット(英)，蒸気機関を改良
79	クロンプトン(英)，ミュール紡績機を発明
85	カートライト(英)，力織機を発明
93	ホイットニー(米)，綿繰機を発明
1807	フルトン(米)，蒸気船を試運転
19	蒸気機関利用の帆船(米)，大西洋を横断
25	ストックトン・ダーリントン間(英)で初の蒸気機関を用いた鉄道開通
30	リチャード・ロバーツ(英)，自動ミュール紡績機を完成，実用化

→蒸気機関車や蒸気船の実用化は，交通を発達させて物流を円滑にし，国内の経済発展や国際貿易の発展をもたらした。

③ 産業革命の背景…イギリスが産業革命を達成した要因はつぎの三つ。

▶労働力…農業革命にともない，自営農民が賃金労働者として都市に流入。

▶市場…広大な植民地の獲得で，原材料の供給地や工業製品の市場を確保。

▶資本…大西洋三角貿易により多額の資本が蓄積された。

産業革命による社会の変化

① 資本主義社会の確立…産業革命の進展によって，機械制工場を経営する資本家たちが，生産手段を有しながら賃金労働者を雇い，商品生産を行う資本主義体制が確立。

② 社会問題の発生…産業革命による社会の変化が生み出したさまざまな問題。労働者の賃金・雇用問題や公衆衛生問題など。

▶特に女性や子どもは，低賃金で過酷な労働を強いられた。

▶人口が都市に集中したことで，公害や環境問題を深刻化させた。

③ 工場法の制定…産業革命により生じたさまざまな社会問題から労働者を守るために制定された法律。

④ 労働者の結束…労働者たちの資本家に対する抵抗運動として，産業革命初期には機械破壊運動などの暴動もおこったが，やがて労働組合の結成やストライキなどの労働運動が拡大した。

→労働・社会問題の発生は，資本主義の在り方を見つめ直し，それらの問題を解決しようと試みる**社会主義思想**を生み出した。

▶**マルクス**^{*6}は，資本主義体制の克服とともに共産主義社会への変革を展望し，変革の担い手は労働者階級であると主張した。

⑤<u>民衆生活の変容</u>…工場における，機械にあわせた時間管理のもとでの労働は，民衆の生活様式も変化させた。

▶労働の場が家庭からはなれたことで，家族の在り方や男女の役割分担が変化した。

▶交通の発展により人の移動が促進され，情報交換が拡大したことで，植民地支配や国際関係も変化していった。

🦉 用語解説

*1 **飛び梭**…ジョン・ケイが1733年に特許出願した。横糸を巻いた梭（杼）が上下にわかれた縦糸の間を往復し布を織る装置。これにより織布工程の作業能率が大幅に改善された。

*2 **ワット**…スコットランド出身。実用的蒸気機関の発明者。元々はニューコメンが発明した蒸気機関の模型の修理を委託されたことで，それを改良し，さまざまな機械に応用させることに成功した。

*3 **蒸気機関**…蒸気を利用して発生させたエネルギーを，動力に転換する装置で，1712年にニューコメンが炭坑における地下水のくみ上げポンプとして利用したが，汎用性が低いため，ワットがこれを改良・実用化した。

*4 **工場法**…数次にわたって出された労働者保護のための法律の総称。イギリスの社会主義者ロバート・オーウェンらの尽力により，児童の保護や労働制限が定められた。また，1833年に出された一般工場法では18歳未満の夜業禁止などが定められた。

*5 **社会主義思想**…19世紀前半の西ヨーロッパに出現した，社会的不平等の根源を私有財産に求め，それを廃止することで調和的社会を実現しようとする考え方。

*6 **マルクス**…ドイツの社会主義者・思想家。資本主義社会の分析により，社会主義への移行の必然性と階級闘争をとき，後の社会主義思想とその運動に大きな影響を与えた。

5　世界市場の形成➡教 p.44～45

「世界の工場」から「世界の銀行」へ

①<u>自由貿易主義の確立</u>…産業革命によって圧倒的な工業生産力を手に入れたイギリスは，従来の保護貿易体制から**自由貿易体制**[*1]に転換し，世界各地に原料供給地や製品市場を獲得して「**世界の工場**」の地位を確立した。

▶**自由貿易主義**政策…19世紀前半，自国の工業製品を世界へ輸出するため，各国に自由貿易を求めるようになった。

→イギリス製品を輸入するアジアやアフリカ，アメリカ大陸では大量に流入するイギリス製品に市場をうばわれ，自国産業の発展が妨げられるようになった。

▶**モノカルチャー**…特定の原料の生産・輸出に特化する，また単一の作物だけを栽培する経済のしくみ。イギリスに市場をうばわれた諸地域では，イギリスの工場に原料を供給するため，モノカルチャー経済化が進んだ。

▶ヴィクトリア女王…19世紀前半に即位したヴィクトリア女王の在位期間に圧倒的な経済力と軍事力を保持したイギリスは「**パックス・ブリタニカ**[*2]（イギリスの平和）」といわれる空前の繁栄の時代をむかえた。

②**イギリスにおけるシティの発達**…世界市場の形成は世界的な金融の発展をうながした。

▶**シティ**…ロンドンの金融街のこと。イギリスを中心とする国際貿易の為替手形を扱うなど，国際金融の中心地となった。

▶**株式市場の確立**…産業革命によって企業規模が拡大し，多くの株式会社がつくられた。

→シティには証券取引所が開設され，株式取り引きや政府発行の債券の取り引きが行われるようになった。イングランド銀行は世界初の国債を発行した。

→シティでの証券取り引きは世界各地への投資を可能にし，世界市場の緊密化と発展を担い，イギリスは「**世界の銀行**」としての地位を確立した。

▶**金本位制**[*3]…1816年に導入された，紙幣を金や金貨と交換できる通貨制度。この方式は19世紀を通じて各国でも採用されるようになった。

諸地域の変容

①<u>イギリス産業革命の各国への影響</u>…イギリスの産業革命により各国では在来産業が打撃を受け，社会的な変容がおこった。

②**インド**…従来良質の手織り綿布をヨーロッパへ輸出していたが，1820年ごろにはイギリス産綿布の輸出量がその額を上回った。

▶19世紀初めまでにインドがイギリスにより植民地化されると，インド在来の綿産業は打撃を受け，インドはイギリスへ原綿を輸出する立場へ転落した。

◐イギリスとインドの綿布の輸出

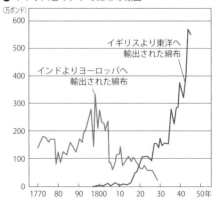

③エジプト…オスマン帝国からの独立を達成し，近代化を進めていたが，イギリスやフランスの干渉により挫折。ヨーロッパ向けの原綿の供給地となった。

④アジア三角貿易の発展…イギリスのインド植民地化はイギリスとインドの経済関係の変化をもたらし，**アジア三角貿易**[*4]が発展した。

▶イギリス国内で茶の需要が高まり，清から茶を輸入していたが，その対価として大量の銀が清へ流出した。

▶銀の流出に苦しんだイギリスは，植民地インドに**アヘン**[*5]を栽培させて中国へ輸出するようになり，国内における中国との自由貿易を希求する声とともに**アヘン戦争**[*6]の背景となった。

⑤プランテーション…アメリカ南部では，黒人奴隷を使役してイギリスに輸出するための綿花が栽培された。

🔽19世紀前半の大西洋三角貿易とアジア三角貿易の図

用語解説

*1 **自由貿易体制**…他国に対する関税や排他的な特権的貿易を廃止すること。特にイギリスでは1846年に地主を保護していた穀物法が廃止され，19世紀には段階的に東インド会社の貿易特権が廃止されていった。

*2 **パックス・ブリタニカ**…19世紀にイギリスが他国に対して圧倒的な経済力と海軍力をもったことで，国際的に比較的平和が保たれたことを指すことば。

*3 **金本位制**…中央銀行の発行する基軸貨幣と一定量の金が等価関係にあり，相互の交換が自由に行われる通貨制度。これにより外国為替相場を安定させ，国際収支を調整する機能をもつ。

*4 **アジア三角貿易**…19世紀初頭からイギリスがインド・中国間で行った貿易。イギリスからインドへ綿布が，インドから中国へアヘンが，中国からイギリスへは茶が輸出され，またアヘンの対価としての銀も中国からインド経由でイギリスへ流出した。

*5 **アヘン**…ケシの汁液を原料とする麻薬の一種。18世紀ごろ，中国でその吸引がさかんになったが，人体に悪影響をおよぼすことから清朝では製造や販売を禁止した。

*6 **アヘン戦争**…アヘン貿易による銀の流出を嫌った清朝が貿易港の広州においてアヘンを没収・廃棄したことを契機に勃発した。この戦争の敗北により，清朝はイギリスの自由貿易主義に屈服することとなった。

6 東アジア国際関係の変化と日本の開国➡教 p.46〜47

東アジアの国際秩序の変化

①**アヘン戦争**…1840年，イギリスが中国に輸出していたアヘンの取りしまりを，清朝が強化したことで，イギリスがこれに反発し，アヘン戦争が勃発。

⬇アヘン戦争

②**南京条約**…1842年，アヘン戦争に敗れた清朝とイギリスが結んだ講和条約。
 ▶ 5港（広州・上海・寧波・福州・夏門）の開港。
 ▶ 公行（貿易独占権を与えられた特許商人）の廃止。
 ▶ 香港島の割譲。
 ▶ 没収アヘンの補償・軍事賠償など。

③**五港通商章程**…1843年，南京条約の追加条約。清は片務的領事裁判権を承認。

④**虎門寨追加条約**…1843年，南京条約の追加条約。清は片務的最恵国待遇を承認し，関税自主権を喪失。

⑤**アロー戦争**…1856年，**アロー号事件**[*1]を口実に，イギリスはフランスとともに市場の拡大を企図して清朝と再度戦争を行った。

⑥**天津条約**[*2]…1858年，アロー戦争に敗れた清が英・仏・米・露と締結。
 ▶ 外交使節の北京常駐。
 ▶ **キリスト教の公認**。[*3]
 ▶ 外国人の内地旅行権。
 ▶ 開港場の増加など。

⑦**北京条約**…天津条約の後，1860年に清が英・仏と新たに締結した条約。
 ▶ 賠償金の増額。
 ▶ 天津の開港。
 ▶ 九竜半島南部の割譲など。
  →一連の不平等条約により，中国の市場は開放され，清はおもにアヘンと綿製品を輸入し，清からは**生糸**[*4]と茶が海外市場へ輸出された。

⑧**太平天国の乱**…アロー戦争と並行して，1851年には**太平天国の乱**[*5]が勃発。
 ▶ アヘン戦争による多額の賠償金が中国の民衆生活を圧迫。清朝への不満が高まり，反乱が勃発。
 ▶ 地域住民の自治組織や，**地方官僚**[*6]の独自の軍隊によって鎮圧。
  →後の中国大衆運動に大きな影響を与えた。

日本の開国と開国後の社会の変化

①**19世紀前半の太平洋**…イギリス・アメリカ合衆国の捕鯨船が活動を活発化。

②**ロシアの動向**…サハリンや千島列島などに進出。南下の動きを強める。

③**アメリカの動向**…西海岸の領有→太平洋を横断する対清交易への期待が高まる。
 ▶ 難破船や捕鯨船の救助，薪水給与を担う港の確保が課題→日本に開港を求める。

▶ **ペリー来航**[*7]…1853年，浦賀に来航。
　フィルモア米大統領の国書をもたらす。

▶ **日米和親条約**締結…1854年。下田・箱
　館開港。片務的最恵国待遇。

④ **プチャーチン来航**…1853年，ペリー来航
　の直後，長崎へ。

▶ **日露和親条約**締結…1854年。択捉以南
　を日本領，得撫以北がロシア領。

⑤ **日米修好通商条約**…ハリスと幕府が1858
　年に調印。領事裁判権承認・協定関税制。

▶ **安政の五か国条約**…1858年。米・蘭・
　露・英・仏との通商条約の総称。

🔽 清と日本における貿易構造

■ 清の輸出品（1868年）

その他 6.6%
絹・絹製品 39.7%
輸出
茶 53.8%

■ 清の輸入品（1868年）

その他 36.4%
輸入
アヘン 33.1%
綿製品 29.0%
綿糸 2.5%

■ 日本の輸出品（1867年）

その他 6.8%
茶 16.7%
輸出
生糸 53.7%
蚕卵紙 22.8%

■ 日本の輸入品（1867年）

その他 40.6%
輸入
綿織物 25.3%
毛織物 22.4%
艦船 2.7%
銃器 9.0%

⑥ **幕末の貿易**…1859年，横浜・箱館・長崎で開始。居留地貿易。アヘン貿易は認めず。

▶ 日本経済の変化…開港により日本列島の外部との結びつきがはじまった。
　→輸出品は生糸や茶，輸入品は毛織物や綿織物。当初は輸出超過。**蚕糸業**[*8]が発展。

▶ 原料不足…絹織物業が打撃。安価な綿糸・綿織物の輸入→綿作に打撃。

▶ 海外への金貨の流出…金銀比価の相違を背景に大量の金貨が海外へ流出。
　→幕府は貨幣の質をおとした万延小判を鋳造したが，物価が上昇した。

😮 用語解説

*1 **アロー号事件**…イギリスはアロー号船員の不当逮捕を口実に清朝に宣戦した。

*2 **天津条約**…清は一度結んだ天津条約の批准書の交換を拒否し，英仏使節団の船を
　砲撃。これにより戦争が再開し，北京条約が結ばれることとなった。

*3 **キリスト教の公認**…イエズス会宣教師などの活躍により，清朝ではキリスト教が
　普及していたが，雍正帝（位1722〜35年）の時代に全面的に禁止されていた。

*4 **生糸**…蚕の繭からとった糸。絹織物の原料。中国では明以降，長江下流域の農村
　地域で生産が高まった。

*5 **太平天国の乱**…洪秀全がキリスト教的結社の拝上帝会を結成し，「滅満興漢」（清
　朝打倒・漢民族王朝の復興）を唱え広西省で挙兵。一時は南京を占領した。

*6 **地方官僚**…清朝の正規軍に代わり，地方官僚の曾国藩や李鴻章がそれぞれ湘軍・
　淮軍を組織し，太平天国の乱の鎮圧に貢献した。

*7 **ペリー**…アメリカ東インド艦隊司令長官。「蒸気船海軍の父」とよばれた。

*8 **蚕糸業**…繭や生糸などを生産する産業。養蚕業や製糸業がその中心。

7 世界経済の変化と日本の産業革命➡教 p.48〜49

産業革命の波及

①世界各国の産業革命…イギリスの産業革命に追随して欧米各国でも産業革命が進展。
- ▶ベルギー…1830年代以降，繊維産業を中心に工業化進展。
- ▶フランス…19世紀初頭，金融制度の改革や鉄道の整備，織物業中心の工業化進展。
- ▶ドイツ…鉄道網の整備を基礎に，19世紀なかば以降はルール地方で重工業が進展。
- ▶ロシア…1860年代以降，国家主導の**鉄道建設**[*1]や資源開発を振興。

②**アメリカ合衆国の発展**…独立後，戦争や買収で領土拡大。
- ▶北部…19世紀以降，繊維産業を中心とする工業化が進展。奴隷制に反対し，**保護貿易**[*2]を主張。
- ▶南部…奴隷を使用したプランテーション経営による綿花栽培が進展。奴隷制の存続と**自由貿易**[*3]を主張。

③**南北戦争**…アメリカ北部と南部の対立により南部が合衆国から離脱→南北戦争勃発。
- ▶リンカンを大統領とする北部が南部を破り合衆国再統一。

④南北戦争後…工業化が進展し1870年代にはイギリスに匹敵する工業国となり，1890年代には「世界一の工業国」の地位を確立。

交通・通信革命と新産業の発展

①**交通の発達**…産業革命以降，鉄道や蒸気船の発達で人や物資の移動が拡大。

②**アメリカ**…1869年に**大陸横断鉄道**が開通。鉄道建設には苦力（クーリー）とよばれる中国系労働者が多く動員された。

③**エジプト**…1869年に**スエズ運河**[*4]が開通し，ヨーロッパ・アジア間の移動距離が短縮された。

④通信技術の拡大…19世紀なかば以降，世界を結ぶ電信網が拡大。19世紀末には電話が実用化された。

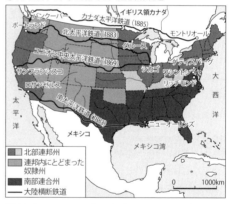

♦南北戦争当時の諸州と大陸横断鉄道

- ▶電信網の整備により，イギリスはその植民地インドまで28分で情報を伝達できるようになった。

⑤**第2次産業革命**…19世紀後半以降，科学技術の発達により重化学工業が発達。
- ▶製造技術の発達→鉄鋼の生産量が増大。
- ▶石油や電気を新たな動力源として利用→電灯やモーターの普及。
- ▶企業の集中や独占による「**独占資本**」[*5]が成立。

アジアの工業化と日本の産業革命

①**インド**…ムンバイ（ボンベイ）を中心に民族資本による紡績工場が発展。1880年代には綿花や綿糸の輸出が拡大。

②**中国**…1860年代に「**洋務**」[*6]運動を展開し，西洋の技術・思想を導入。造船所や軍需工場，紡績・織物工場が設立された。

③日本…明治新政府による**殖産興業政策**が行われた。

→お雇い外国人が近代化に貢献。群馬県富岡製糸場など官営工場が設立された。

▶日本の産業革命と女性労働…日本の産業発展を主導した紡績業と製糸業は女性労働（「女工（工女）」）によって支えられた。1日12時間以上の労働を強いられ，紡績業では24時間操業のため，1日2交代制で深夜労働を行うなど劣悪な環境であった。

→後の1911年の工場法制定へとつながったが，低賃金・若年女性雇用問題は続いた。

④貨幣制度，金融制度…1870年代に新貨条例，国立銀行条例が出された。1880年代の松方財政で日本銀行が設立され，銀本位制が確立。

⑤**株式会社設立ブーム**…1886〜1889年に到来。鉄道業や紡績業が中心。

▶**渋沢栄一**[*7]によって1883年に操業を開始した大阪紡績会社の成功などが契機。

⑥製糸業…座繰製糸に代わり，**器械製糸**が普及。生糸はアメリカなどに輸出。

▶1894年ごろに座繰製糸の生産量を器械製糸の生産量が上回った。

▶1909年に，清国を抜き，世界最大の生糸輸出国となる。

⑦紡績業…綿花から綿糸を紡ぐ産業。綿花は中国やインドから輸入。機械制生産が浸透。日清戦争前後から中国・朝鮮への綿糸輸出が急増。

▶1890年には綿糸の生産量が輸入量を上回った。

▶1897年には綿糸の輸出量が輸入量を上回った。

⑧日清戦争後の産業と経済…日清戦争の賠償金で**八幡製鉄所**を設立。金本位制を整備。

▶金本位制…1897年，貨幣法が制定され，銀本位制から金本位制へ移行。

▶重工業…1901年に八幡製鉄所が操業開始。日露戦争前後に造船業などが発展。

用語解説

*1　**鉄道建設**…ロシアはフランスの資本を導入し，シベリア鉄道を建設した。

*2　**保護貿易**…自国産業を保護するために輸入関税を高くする政策。

*3　**自由貿易**…関税を低くすることによって貿易を促進する政策。

*4　**スエズ運河**…フランス人技師レセップスにより完成。1875年にイギリスはスエズ運河株を買収し，その利権を獲得した。

*5　**独占資本**…少数の巨額資本を有する企業が市場を支配する形態。重工業を中心に企業合同（トラスト）や企業集団（コンツェルン）が形成された。

*6　**「洋務」運動**…「中体西用」をスローガンに近代化改革を行ったが，中国の伝統的な支配体制や制度は残されるほど，不徹底な改革であった。

*7　**渋沢栄一**…新政府に出仕して国立銀行条例の制定に関わった。下野したのち，大阪紡績会社をはじめ，実業家として多くの企業を創設した。

──資料からよみとる── 絵画資料から近代の都市のようすをよみとろう ➡ 教 p.50~51

①1870年前後の東京(銀座煉瓦街)をえがいた錦絵
- ▶現代の私たちの身の回りでもみられるもの…着物，洋傘，袴，靴，マフラーなど。
  - •文明開化のころ，和洋折衷の風俗が一般的だったことがわかる。
- ▶銀座煉瓦街…1872年，火事の延焼を防止する都市計画にもとづいて工事を開始。
  - •大通りは車道と歩道が分離されており，ガス灯が並んでいる。
  - •人力車，乗合馬車が確認できる。

②19世紀末のマンハッタン南部(ニューヨーク)のようすをえがいた絵
- ▶大衆消費文化…アメリカは欧州から移民を受け入れ，特にニューヨークは19世紀なかばに100万人以上の人口を有する大都市へ。乗合馬車，高架鉄道が確認できる。
- ▶高架鉄道…マンハッタンでは1847年に初めて高架鉄道が敷設され，人やモノの移動が容易かつ円滑に行われるようになった。

③二つの絵画資料の比較
- ▶人々の服装…銀座の絵画では和装・洋装の双方が確認できる。マンハッタンの絵画では和装を確認できない。銀座の絵画では中国風の服も確認できる。
- ▶建物…銀座の絵画では煉瓦造の洋風の建築物を確認できる。マンハッタンの絵画では市民文化を象徴するモダンな高層住宅や，商業施設を備えたビルが確認できる。
- ▶乗り物…銀座の絵画では人力車，乗合馬車，馬が確認できる。マンハッタンの絵画では荷馬車，乗合馬車，高架鉄道が確認できる。銀座の絵画は1872年のものであるため，乗合馬車しか確認できないが，レールの上を走る鉄道馬車は，1882年，日本橋-新橋間で開通している。絵画では確認できないが，アメリカではベンツが1885年に初のガソリン自動車を完成させ，翌年，特許を取得している。
  - •人力車…1870年に官許。駕籠に代わって普及した。文明開化の象徴の一つ。
- ▶そのほかの街のようす…文明開化は一部の都市だけにみられたため，「日本橋付近の文明開化」といわれた。アメリカにはヨーロッパから多くの移民が流入し，移民を受け入れた都市はマンハッタンと同様に急速に都市化・工業化が進み，それらの都市に人口が集中した。しかし，西部・南部は農民が多く，過疎化して長期の不況に苦しむ農村も生まれた。

④1870年前後の銀座と1936年の銀座の比較
- ▶町並みの変化…1923年に発生した関東大震災により，都市の景観は一変。電気の普及によってガス灯は姿を消し，路面電車が行き交うようになっていた。
  - •自転車…明治後期には富裕層の移動手段だったが，大正期に大衆化した。

⑤1936年の銀座と2017年の銀座の比較
- ▶建物…1936年に比べ，2017年では多くの高層ビルが確認できる。この間の1945年，太平洋戦争末期には，東京大空襲をはじめ，首都圏は空襲によって大きな被害をうけた。多くの地域が更地となるなかで，新たな都市開発が進められた。
- ▶乗り物…2017年の銀座では，路面電車の線路が確認できない。一方で，自転車に乗る人もみられず，歩行者ばかりとなっている。銀座の写真は，自動車の通行を禁じた「歩行者天国」のようすであると考えられる。

演習問題 ❶

❶ 次の文中の①〜⑤にあてはまる語句を答えよ。

清は(①　　　　　　　　)秩序を意識し，周辺諸国の朝貢を受け入れたが，正式に清の(②　　　　　　　　)を受け入れた国は，朝鮮・琉球王国など数か国にとどまった。17世紀末の(③　　　　　　　　)解除によって，東シナ海と南シナ海の交易がさかんになった。18世紀には茶や生糸，綿布などの生産が活発化し，産業が発展したが，18世紀なかばには，清はヨーロッパ勢力との貿易の場を(④　　　　　　　　)に限定した。経済発展を背景に，人口が過密化した蘇州・寧波などから東南アジア方面へ移住する者も多くあらわれた。このうち，移住後も中国の出身地と関係を維持する人々を，(⑤　　　　　　　　)という。

❷ 右の地図を見て，問いに答えよ。

(1) 右の地図中のA〜Dにあてはまる地名または藩名を答えよ。

A(　　　　　)　　　B(　　　　　)
C(　　　　　)　　　D(　　　　　)

(2) 右の地図のような，異国・異域との交渉や交易を限定していた，幕藩体制下における対外姿勢を示す語句を答えよ。　　　　　　(　　　　　)

(3) 蝦夷地の物資を西廻りで大坂などに運んだ廻船を答えよ。　　　　　　(　　　　　)

(4) Bの出島に設けられたオランダ商館の医師として来日し，帰国して『日本』などを著したドイツ人の名を答えよ。　　　　　　(　　　　　)

日本の貿易関係と海外情報収集ルート

❸ 次の問いに答えよ。

(1) 他国から輸入した物品を，別の国に輸出して利益を得る貿易を何というか。
(　　　　　)

(2) 1351年に成立し，18世紀なかばの1767年に滅亡した，タイ人の王朝を何というか。
(　　　　　)

(3) インドのほぼ全域を支配したイスラーム王朝で，モンゴル帝国の名称に由来する帝国を何というか。　　　　　　(　　　　　)

(4) (3)のもとで花開いたインド・イスラーム文化を代表する，第5代シャー・ジャハーンがたてた建築物を何というか。　　　　　　(　　　　　)

(5) 16世紀前半に最盛期をむかえ，イスラームを支配理念としつつも，異教徒に自治を与えるかたちで諸宗派の共存をはかった帝国を何というか。　(　　　　　)

(6) (5)のもとで自治を与えられた宗教共同体をさす語句を，カタカナで記せ。
(　　　　　)

(7) (5)が領事裁判権など，外国人に与える外交上の法的特権を何というか。カタカナで記せ。　　　　　　(　　　　　)

4 右のグラフを見て，問いに答えよ。

(1) グラフのタイトルの（　　　）にあてはまる語
句を答えよ。　　　　　　（　　　　　　　）

(2) グラフ中の①〜③にあたる語句を，次の選択
肢から選び記号で答えよ。

> ア 米　　イ コーヒー　　ウ 人参
> エ 茶　　オ 中国陶磁器（とうじき）　カ 毛織物（おりもの）

①（　　）②（　　）③（　　）

◆イギリス（　　　）会社の主要輸入品

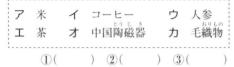

(3) 18世紀後半に，絹・綿織物の割合が急速に減
少している理由として，②が上昇していることのほかに，どのようなことが考えら
れるか。　　　　　　　　　　　　（　　　　　　　　　　　　　　　　）

5 右の地図を見て，問いに答えよ。

(1) 地図を参考にして，西ヨーロッパ，西アフ
リカ，カリブ海を結ぶ貿易の名称を答えよ。
（　　　　　　　　）

(2) 地図中の西インド諸島（カリブ海）などで，
黒人奴隷（こくじんどれい）は大農園で労働力とされた。植民地
などで行われた大農園制度の名称を答えよ。
（　　　　　　　　）

(3) (2)の経営に依存した結果，西インド諸島で
は，経済面で，どのような事態が進行したか，
簡単に答えよ。（　　　　　　　　　）

◆18世紀なかごろの世界貿易と
ヨーロッパ諸国の植民地

(4) (1)のほかに，イギリス・フランスが富を蓄（ちく）
積（せき）する要因となった，国家が経済に干渉し，国内産業の保護と育成をめざす，17世
紀後半以降の政策の名称を答えよ。　　　　　　　　　　　（　　　　　　）

6 次の年表のA〜Jにあてはまる語句・数字をそれぞれ答えよ。

年	できごと
1648年	A（　　　　　　　）条約の締結（ていけつ）
1689年	イギリスでB「（　　　　　　　）」が制定
1776年	C（　　　　　　　）の独立宣言（せんげん）
D（　　　　　）年	フランス革命，人権宣言
1792年	E（　　　　　　　）使節ラクスマンが根室に来航
1804年	（ E ）使節レザノフが長崎に来航
1840〜42年	F（　　　　　　　）戦争
1841〜43年	江戸幕府のもとでのG（　　　　　　　）の改革
H（　　　　　）年	ペリーが浦賀に来航
I（　　　　　）年	大日本帝国憲法の発布（はっぷ）

7 次の問いに答えよ。

(1) 1853年に長崎に来航し，翌年に江戸幕府と日露和親条約を締結したロシア使節は誰か。（　　　　　）

(2) 1856年に下田に着任して江戸幕府に条約締結を迫り，1858年に日米修好通商条約の調印を実現したアメリカ総領事は誰か。（　　　　　）

(3) 安政の五か国条約にもとづき，翌年の1859年にはじまった貿易において，もっとも多かった輸出品は何か。（　　　　　）

(4) 日本と諸外国，清と諸外国との貿易を比較した場合，清には輸入されたが，日本には輸入されなかったものは何か。（　　　　　）

(5) 座繰製糸に代わって普及した，1894年ごろにその生産量が座繰製糸の生産量を上回ったことで知られる新技術は何か。（　　　　　）

(6) 1880年代後半の株式会社設立ブームは，紡績業のほかに，どのような産業が牽引したか。（　　　　　）

8 次の文を読み，問いに答えよ。

　イギリスでは18世紀後半から機械の発明と大規模な工場生産制が成立し，飛躍的な経済発展を実現して経済や社会が変化した。このプロセスは（①　　　　　）とよばれ，まず綿工業の分野で機械化が進んだ。ジョン・ケイによる（②　　　　　）の発明を筆頭に，新しい A織機や紡績機が発明されると，（③　　　　　）は蒸気機関を改良してこれらの機械にも応用することを可能にした。しかし，機械の普及は低賃金・長時間労働などさまざまな労働問題も引きおこした。そこでイギリスでは（④　　　　　）が制定され，同時に，労働者は結束して資本家に対抗し，状況の改善をめざしていった。

　このような社会・経済の大変革をへて圧倒的な工業生産力をもったイギリスは，（⑤　　　　　）の地位を確立して世界各地を原料供給地・製品市場とし，B19世紀前半には（⑥　　　　　）主義政策を進めていった。

(1) 文中の①~⑥にあてはまる語句を答えよ。

(2) 下線部Aについて，織機や紡績機の発明者として適切ではないのは誰か。次の選択肢から選び記号で答えよ。（　　　）

　　ア　ハーグリーヴズ　　イ　フルトン
　　ウ　カートライト　　　エ　ホイットニー

(3) 下線部Bについて，19世紀前半のできごとはどれか。次の選択肢から選び記号で答えよ。（　　　）

　　ア　スエズ運河の開通　　イ　大陸横断鉄道の開通
　　ウ　アヘン戦争　　　　　エ　太平天国の乱

［解答→p.164］

3節　国民国家と明治維新

1 市民革命と近代社会➡教 p.52~53

市民革命

①**市民革命**…16世紀後半~18世紀のヨーロッパ諸国の多くは，国王が絶対的な権力をにぎって国民を支配し，民衆や商工業者たちは自由な生産活動を制限されていた。自由や権利が抑圧された社会の中で不満が高まり，すべての人が法的に平等な権利をもてる市民社会原理の実現を求め，ヨーロッパ諸国で市民革命がおこった。

アメリカ独立革命

①13植民地の成立…北アメリカでは17~18世紀にかけてフランスとの植民地戦争に勝利したイギリスが，東海岸に13の植民地を成立させた。

②**イギリスの重商主義政策**…各国との植民地争奪戦争やヨーロッパ域内での戦争により財政難に陥った本国は，植民地に税を課すことで財政の立て直しをはかった。

③植民地側の抵抗…イギリス本国の印紙法制定に対し，植民地側は「**代表なくして課税なし**」という論理を掲げ抵抗。[*1]

④アメリカ独立戦争…1775年，植民地の**大陸会議**において決議された通商断絶が本国に通達されると，本国はアメリカに軍隊を派遣し開戦した。[*2]
  ▶開戦後，大陸会議においてワシントンが司令官に任命された。

⑤アメリカ**独立宣言**…1776年 7 月 4 日，フィラデルフィアで開催された大陸会議にて**トマス・ジェファソン**らが起草し，採択された。[*3]
  ▶自由，平等，基本的人権の尊重，抵抗権などを主軸とする内容。
  ▶イギリスの啓蒙思想家ロックの思想的影響。

⑥独立戦争の終結…1783年，パリ条約が結ばれ本国はアメリカの独立を承認し，アメリカ合衆国は独立を達成。ミシシッピ川以東のルイジアナ地域も割譲された。
  ▶近代史上初の植民地の独立→フランス革命に思想的・財政的影響。

⑦**アメリカ合衆国憲法**…1787年，憲法制定会議で採択された近代的成文憲法。
  ▶連邦共和政(中央集権制)，**三権分立**の原則が特徴。[*4]
  ▶大統領制採用。初代大統領→ワシントン。

フランス革命とナポレオン体制

①18世紀までのフランス…**旧制度**(アンシャン・レジーム)のもとで身分制，領主制など不平等な制度が維持されていた。[*5]
  ▶特権身分(聖職者・貴族)は免税，平民(商工業者・農民)は重税が課された。
  ▶農村地域では領主制による封建的支配が継続。

②フランスの財政難…アメリカ独立戦争への出費でフランスは財政難。国王はそれを克服するため，特権身分への課税企図→特権身分は**三部会**招集を要求。[*6]
  ▶議決方法をめぐり特権身分と平民側が対立→平民は議会から離脱。

③国民議会の成立…1789年，平民は憲法制定を目標に掲げ国民議会を成立させた。

④革命の勃発…1789年 7 月，憲法制定を掲げた国民議会を国王ルイ16世が弾圧すると，パリで民衆が蜂起し革命が勃発。

⑤「**人間と市民の権利の宣言**」…1789年8月26日，国民議会が採択。
  ▶ 自由，平等，主権在民，私有財産の保障などが特徴。
  ▶「**女性の権利宣言**[*7]」→オランプ・ド・グージュが1791年に刊行。
⑥**憲法制定**…1791年に人権宣言にもとづく憲法が制定→国民議会解散。
⑦**革命の急進化**…1792年，新たな議会が招集されると急進派が内閣を組織。
  ▶ 王政の廃止と共和政の成立が宣言され，1793年に国王ルイ16世は処刑された。
  ▶ 1793年，農民・労働者層を支持基盤とする急進派の独裁政権が成立。
  ▶ 身分制と領主制を無償廃止→反対派の処刑などの恐怖政治→国民不満。
⑧**総裁政府**…1795年成立。5人の総裁からなる権力の弱体化した不安定な政権。
⑨**第一帝政**…1799年，クーデタにより総裁政府を打倒した**ナポレオン・ボナパルト**が権力を掌握。1804年，皇帝に即位（第一帝政）。
  ▶ ナポレオン法典…私有財産保障などフランス革命の成果を法典として成文化。
  ▶ 1805年，露・墺に勝利（アウステルリッツの戦い）し，大陸側に勢力拡大。
  ▶ ナポレオンのスペイン征服→**ハイチ**[*8]**独立**→中南米諸国の植民地を刺激。

ヨーロッパ諸国とウィーン体制の成立

①**民族意識の高揚**…ナポレオンの大陸征服により，ヨーロッパ各国では革命の影響を受け民族意識が高揚。領主制の廃止などの改革を進める動きがおこった。
②**ナポレオンの没落**…1812年から行ったロシア遠征に失敗→1813年，ライプツィヒの戦い（対露・普・墺）に敗れエルバ島へ追放→ブルボン朝復活（**復古王政**）。
③**ウィーン会議**…国境の画定など，ナポレオン戦争後のヨーロッパ秩序の再建→**ウィーン体制**の成立＝保守的な体制。
  ▶ 領主制廃止など一部革命の成果は維持。
④**市民革命後の課題**…女性・奴隷・植民地の住民とその先住民らに権利は認められず。

🦉 用語解説

*1 **「代表なくして課税なし」**…「植民地側は本国の議会に代表を送っていないのだから，本国が植民地に課税する権利はない」という考え。
*2 **大陸会議**…13植民地の代表により組織された会議。独立戦争前後にかけて中央政府のような役割を担い，独立戦争を統一的に指導した。
*3 **トマス・ジェファソン**…独立宣言の起草者の一人。アメリカ合衆国第3代大統領。
*4 **三権分立**…権力集中を避けるため，司法・立法・行政の執行機関をわける制度。
*5 **旧制度**…フランス旧来の社会制度。免税で特権を有する第一身分（聖職者）と第二身分（貴族），税負担が重く無権利の第三身分（平民）にわかれていた。
*6 **三部会**…14世紀に初めて招集されたフランスの身分制議会。各身分の代表から構成されたが，絶対王政期の1615年に招集停止となっていた。
*7 **「女性の権利宣言」**…「人権宣言」に女性の参政権がふくまれていないことなどから，それが性差別にあたると主張して17条から成る男女平等の権利を主張した。
*8 **ハイチ**…中米初の黒人共和国としてフランスから独立を達成した。

2 自由主義とナショナリズム➡教 p.54〜55

自由主義とナショナリズム

①<u>国民国家の形成</u>…18世紀末の一連の革命によって身分制社会が崩壊→諸個人を“国民”として結合する新しい国家形態の誕生。

②**ナショナリズム**…国民国家の樹立を志向し，その強化をめざす考え方。

③<u>自由主義</u>…市民の権利の保障や個人の自由を尊重する考え方→19世紀のヨーロッパに波及し，各国の革命や独立運動の原動力となった。
- ▶立憲主義体制…憲法にもとづく統治と，それによって国家権力を抑制する政治形態。
- ▶議会制…市民が代表を選ぶことで政治に参加する権利を保障するための制度。

④<u>19世紀前半の革命</u>…ナショナリズムや自由主義の高揚で19世紀前半にヨーロッパ各国で革命運動や独立運動が勃発。
- ▶ギリシア…1821年，オスマン帝国の支配に対する独立戦争が勃発→1829年独立。
- ▶ロシア…1825年，貴族の青年将校たちによる**デカブリストの乱**[*1]が勃発。
- ▶イギリス…1837年以降，労働者たちによる参政権獲得のための運動が頻発。

ウィーン体制とその崩壊

①<u>ウィーン体制</u>…英・仏・露・普・墺が５大国→自由主義とナショナリズムを抑圧する保守・**反動的な体制**[*2]の維持を志向。

②ヨーロッパ諸国の状況…各国の君主は伝統的支配体制の復活と維持をめざす→労働者・農民・ブルジョワ層の不満高まる→各国で変革を求める運動が高揚。

③**フランス七月革命**…1830年，ブルボン朝の復古王政に対してパリ市民が蜂起。国王はイギリスへ亡命。

「民衆をみちびく自由の女神」

- ▶「民衆をみちびく自由の女神」…ドラクロワがえがいた，七月革命を象徴する絵画作品。
- ▶ベルギー独立…七月革命の影響で，ベルギーが武装蜂起によりオランダから独立。

④**諸国民の春**…「1848年革命」ともよばれ，この年にヨーロッパ各国で革命運動がおこった。
- ▶二月革命…1848年，パリの市民や労働者らが蜂起。第二共和政樹立→各国に波及。
- ▶**ドイツ三月革命**…フランス二月革命の影響を受けドイツ諸邦でも暴動が発生。
- ▶フランクフルト国民議会…学者や知識人によりドイツ統一の方法と憲法制定が議論された。
- ▶ウィーン三月革命…オーストリアのウィーンで市民や労働者らが蜂起。**メッテルニヒ**[*3]が亡命→ウィーン体制崩壊。

⑤ウィーン体制崩壊後…改革の動きや国民国家の形成は多くの国で挫折。
- ▶フランス…共和政樹立は安定せず，**第二帝政**[*4]が成立→君主中心の権威主義的な体制。
- ▶イギリス…革命は波及しなかったが，国内では政治的自由を求める選挙法改正の運動がおこり，資本家や中産階級が選挙権を獲得した。
- ▶ロシア…強固な農奴制と皇帝専制支配が続いていたが，**クリミア戦争**[*5]敗北後，農奴解放を行い近代国家への変革を進めた。

ラテンアメリカ諸国とアメリカ合衆国

①独立の背景…アメリカ合衆国の独立やハイチの独立→中南米諸国を刺激。
- ▶ナポレオンが宗主国の**スペイン征服**[*6]→宗主国に従属する根拠消滅→独立へ。
- ▶モンロー宣言…1823年，アメリカ大統領モンローは米欧両大陸相互不干渉を主張。

②独立後の問題…独立後，多くの国は立憲主義国家として成立。
- ▶自国の経済的自立が困難，工業化の進展が進まず→モノカルチャー経済に依存し，経済の対外的従属をまねく。
- ▶軍人の台頭により，国家体制が不安定→独裁体制への移行。

③独立後のアメリカ合衆国…民主主義体制の形成。
- ▶19世紀なかばまでに白人男性の普通選挙権が確立。

④南北の対立…領土拡大にともない，産業構造の異なる北部諸州と南部諸州が対立。

❤ 北部と南部の主張の対立

	産業構造	奴隷制	経済政策	行政方式
北部	綿工業	反対	保護貿易	連邦主義
南部	プランテーション	支持	自由貿易	反連邦主義

⑤奴隷をめぐる対立…工業の発達する北部は自由な労働力の確保を求めて奴隷制に反対。南部は奴隷を使役してプランテーションを経営していたため，奴隷制を支持。

⑥南北戦争…1860年，**共和党**[*7]の**リンカン**が大統領に当選→1861年，南部諸州は分離→開戦。
- ▶1863年，リンカンは内外世論の支持を得るため奴隷解放宣言を発表。
- ▶1863年，ゲティスバーグで"人民の人民による人民のための統治"演説。

⑦奴隷制廃止…リンカン大統領率いる北部が勝利し，南部の奴隷制は廃止された。
- ▶解放された奴隷は安価な賃金労働者か**分益小作人**[*8]へ→黒人差別問題の起源。

🦉 用語解説

- [*1] **デカブリストの乱**…ナポレオン戦争で西欧の自由主義思想に接した青年貴族将校らが皇帝の専制政治に対して反乱をおこしたが，まもなく鎮圧された。
- [*2] **反動的な体制**…各国君主は軍事同盟を結び，革命運動の鎮圧をはかった。
- [*3] **メッテルニヒ**…ウィーン会議を主宰し，ウィーン体制を構築したオーストリア外相。彼の亡命によりウィーン体制は崩壊した。
- [*4] **第二帝政**…1848年12月に大統領に当選したルイ・ナポレオンは，1852年に国民投票で皇帝に即位し，第二帝政を樹立した。
- [*5] **クリミア戦争**…1853年，南下政策を進めるロシアがトルコとおこした戦争。
- [*6] **スペイン征服**…大航海時代以降，中南米諸国の多くはスペインの植民地であった。その宗主国が征服され消滅したため，従属する理由はなくなった。
- [*7] **共和党**…民主党と並ぶ二大政党の一つで，奴隷制に反対する人々が組織した。
- [*8] **分益小作人**…地主から農具や住居などを貸与され，収穫の半分ほどを納めることを義務づけられた小作人。

3 アジアの諸国家とその変容 ➡教 p.56~57

アジア諸国と対外関係

①**オスマン帝国の衰退**…19世紀，バルカン半島でキリスト教徒を中心とする民族運動が激化し，領内各地域でも独立運動が発生。

▶1829年，バルカン半島においてギリシアが独立。

▶エジプト・トルコ戦争(1831年，1839年)…エジプト総督の**ムハンマド・アリー**[*1]が，エジプト総督の世襲権を求めてオスマン帝国と開戦→帝国から自立。

▶クリミア戦争…1853年開戦。南下政策を進めるロシアに勝利したが，戦後は財政悪化から列強への経済的従属が進んだ。

②**オスマン帝国の改革**…スルタン，アブデュル・メジト1世はギュルハネ勅令を発し，**タンジマート**[*2](恩恵改革)を開始。列強の進出に対抗するためスルタン主導で軍制改革や法整備などの近代化政策が進められた結果，1876年に**ミドハト憲法**[*3]が制定された。

③**イギリスのインド支配**

▶イギリスの進出…イギリスは**東インド会社**を中心にインドの植民地化を推進。

• 1757年，プラッシーの戦いでフランスに勝利→インド支配開始。

• 19世紀なかばまでにインドの諸勢力を征服→植民地化完成。

• ムガル帝国から徴税権を獲得し，インド支配を本格化。

▶イギリス支配によるインドへの影響…イギリスの支配がインドの社会経済を破壊。

• イギリス産の安価な機械織り綿布流入により，インド産手織り綿布は不振。

• インド人には綿花や茶などの輸出用作物の栽培を強制→反英感情増大。

• **インド大反乱**…東インド会社に対するインド人傭兵(**シパーヒー**)の反乱。シパーヒーはムガル帝国皇帝を反乱軍の盟主として擁立。その後，反乱は北インド各地に拡大→イギリスにより鎮圧。

• 反乱の鎮圧によりムガル帝国滅亡(1858年)。

▶**東インド会社解散**[*4]…本国は1858年に東インド会社を解散し，以後，インドを直接支配するようになった。

▶**インド帝国**…1877年，イギリスのヴィクトリア女王がインド皇帝を兼任し，インド帝国成立。

④**東南アジアの植民地化**

▶ビルマ…コンバウン朝(1752~1885年)。3度にわたるイギリスとのビルマ戦争に敗れ，インド帝国に併合。

▶ベトナム・カンボジア…1887年，フランスがインドシナ連邦を形成し植民地化。

▶タイ…ラタナコーシン朝(1782年~現王朝)

• イギリスと不平等条約(ラーマ4世，バウリング条約)を締結。

• **チャクリ改革**…**チュラロンコン**[*5](ラーマ5世)による近代化諸政策。

⑤**東アジアの状況**

▶中国(清朝)…19世紀なかば以降，列強の進出が本格化。

▶アヘン戦争…1840年，アヘン貿易を発端とする清とイギリスの戦争→清は敗北し，中国の市場が開放された。

▶ アロー戦争…1856年，市場の再拡大を企図し，清と英仏が開戦→清の敗北。
  ● 天津条約…1858年締結。外国公使の北京常駐，キリスト教の公認など。
  ● 北京条約…1860年締結。天津条約の批准交換，天津の開港など→これにより，清からも常設使節を欧米に派遣。

▶ 洋務運動…1860年代の改革。「中体西用」をスローガンに，西洋の軍事技術導入による富国強兵をめざす→中国の伝統や体制の維持を優先した改革。
  ● 西洋式の軍需工場や，西洋式軍隊の整備。
  ● 漢人官僚の李鴻章らを中心に新式の陸軍や海軍を設置。

▶ 清朝の国際関係…周辺国とは従来の冊封・朝貢関係を維持。

幕末日本の動揺

① 幕末期の社会…安政の五か国条約は，大老井伊直弼のもとで，江戸幕府が孝明天皇の許可なく調印。貿易開始後には輸出超過で国内物資が不足し物価が上昇。万延貨幣改鋳が物価上昇に拍車をかけた。これらにより，尊王攘夷運動[*6]が高揚。

② 雄藩の台頭…薩摩藩では西郷隆盛や大久保利通ら，長州藩で高杉晋作や木戸孝允(桂小五郎)らが実権を掌握。
  ▶ 島津氏を藩主とする薩摩藩などでは，西洋式軍隊を導入。
  ▶ 1866年，土佐藩出身坂本龍馬らの仲介で薩長同盟(盟約)が成立したとされる。

③ 大政奉還[*7]…薩長両藩に討幕の密勅が出される一方，1867年に15代将軍徳川慶喜は大政奉還の上表文を提出。

😈 用語解説

*1 **ムハンマド・アリー**…マケドニア生まれ。ナポレオンのエジプト遠征に抵抗して功績をあげ，1805年にオスマン帝国のスルタンからエジプト総督に任命された。

*2 **タンジマート**…ギュルハネ勅令ではじまった，司法・行政・軍事などの一連の近代化政策。法の下での平等など，西洋型の近代化をめざした。

*3 **ミドハト憲法**…宰相ミドハト・パシャが制定した，オスマン帝国初の憲法。議会の設立などを規定したが，後にロシア・トルコ戦争がおこると停止された。

*4 **東インド会社解散**…東インド会社は1813年に茶以外の貿易独占権を，1833年に商業活動自体を停止され，インドの統治機関となっていた。

*5 **チュラロンコン**…15歳で国王に即位したが，奴隷制の廃止や行政・司法・軍事の西欧化を進め，一部不平等条約の改正も実現した。

*6 **尊王攘夷運動**…攘夷論とは「夷狄を攘う」の意。これと尊王論(天皇尊崇思想)とを結びつけた幕末の水戸学の思想は尊王攘夷論とよばれる。長州藩の下級武士を中心とした尊攘派(尊王攘夷派)は，尊王攘夷運動を倒幕運動へと発展させた。

*7 **大政奉還**…江戸幕府最後の将軍徳川慶喜が朝廷に政権を返上したこと。坂本龍馬の構想をもとに，後藤象二郎らの建策をうけいれた土佐前藩主山内豊信が，徳川慶喜に進言して実現した。

④ 明治維新と東アジアの国際関係➡教 p.58〜59

明治日本の諸改革

①**王政復古の大号令**…1867年12月9日，薩摩藩や岩倉具視らの画策による。
　▶摂政，関白，幕府の廃絶や三職の設置など。天皇中心の新政府が樹立。
②**戊辰戦争**…1868〜1869年。旧幕府勢力と新政府軍との戦争。鳥羽・伏見の戦いにはじまり，江戸開城をへて，箱館の五稜郭の戦いで終結。新政府軍の勝利。
③**五箇条の誓文**…1868年3月，天皇が神に誓う形式で公布。明治新政府の基本方針。開国和親・公議世論の尊重など。
④**版籍奉還**…1869年，旧藩主は土地と人民を返上し，政府の官吏である知藩事へ。
　▶士農工商(四民)の封建的身分制度の撤廃が打ち出された。
⑤**戸籍法**…1871年，華族・士族・平民の3族籍。
⑥**廃藩置県**…1871年，御親兵を召集して断行。旧藩主である知藩事は罷免されて東京へ居住。中央政府から府知事・県令が派遣。
　▶1869年に蝦夷地は北海道と改称。開拓使が設置される。本州から北海道に多くの人々が移住→アイヌの生活を圧迫。
⑦**徴兵制度**…1873年，**国民皆兵**の理念のもと，徴兵令が出される。
⑧**秩禄処分**＊1…1876年，士族の家禄などを全廃，金禄公債証書を発行。
⑨**明治維新**…近代国家の実現をはかる明治政府のもとで進んだ政治・社会などの変革。

年	てきごと　（　）は月
1867	討幕の密勅(10)　大政奉還(10)　王政復古の大号令(12)
1868	五箇条の誓文(3)　五榜の掲示(3)　政体書(閏4)
1869	版籍奉還
1871	戸籍法　廃藩置県
1873	徴兵令
1876	金禄公債証書発行条例－秩禄処分

⑩明治初期の日本の対外関係
　▶岩倉使節団の派遣…1871年に派遣。条約改正の予備交渉は失敗。
　　•使節団の構成…岩倉具視が全権大使，大久保利通，木戸孝允，伊藤博文らが副使。留学生として津田梅子らも随行。

東アジアの国際関係

①**清との関係**…清は周辺国と冊封・朝貢関係を結んでいたが，日本とは結んでいなかった。1871年，対等条約である**日清修好条規**を締結し，国交と通商関係を開いた。
　▶**台湾出兵**…宮古島の島民が台湾の住民に殺害された1871年の事件を口実に，1874年，台湾出兵を断行。大久保利通が北京で事後処理→琉球問題で，日本が有利な立場にたった。
　▶**琉球処分**…1872年に琉球藩設置，尚泰は藩王に→清との冊封関係を断絶。1879年に沖縄県設置。
②**朝鮮との関係**…明治新政府は朝鮮に対して国交樹立を要求→鎖国政策をとる大院君は拒否→岩倉使節団の派遣中，西郷隆盛ら留守政府の間で征韓論が高揚。

▶明治六年の政変…征韓論を否定されると，1873年，西郷隆盛，板垣退助，後藤象二郎，江藤新平，副島種臣が下野。

→1875年の江華島事件…翌年，朝鮮に不利な不平等条約である**日朝修好条規**[*2]を締結。1882年の**壬午軍乱**，1884年の**甲申事変**→清の宗主権が強まる。

▶**天津条約**…1884年の甲申事変で悪化した日清関係を改善するため，翌1885年に日清両国間で締結。全権は伊藤博文・李鴻章。日清両軍の朝鮮からの撤兵，今後朝鮮に出兵するときには相互に事前通告することなどを取り決めた。

③ロシアとの関係…1854年の日露和親条約では樺太について国境を定めず→1875年の樺太・千島交換条約で樺太はロシア領，千島列島全島は日本領となった。

④**清仏戦争**…1884〜1885年。ベトナムの宗主権をめぐる清とフランスの戦争→1885年，ベトナムは，フランスの保護国へ（**フランス領インドシナ**の一部）。

▶清は朝鮮への影響力は保持したが，琉球やベトナムとの冊封・朝貢関係は解消。

年	てきごと
1871	岩倉使節団の出発 日清修好条規
1873	征韓論の台頭 →明治六年の政変
1875	江華島事件
1876	日朝修好条規
1882	壬午軍乱
1884	甲申事変
1885	天津条約

◆日本の国境の画定

用語解説

*1　**秩禄処分**…明治政府による華族・士族に対する秩禄支給の廃止政策のこと。段階を踏んで進められたが，狭義には，1876年の金禄公債証書交付のことをいう。

*2　**日朝修好条規**…朝鮮は「自主の国」であること（清の朝鮮に対する宗主権の否定），釜山など3港を開港すること，日本側の領事裁判権や無関税特権を承認することなどを内容とする条約。日本が有利な不平等条約だった。

歴史のまなざし　アイヌと琉球・沖縄　➡ 教 p.60~61

①アイヌと北の文化

▶ アイヌ…日本列島の北方，現在の北海道を中心とする地域に居住する先住民族の総称。アイヌは独自の文化を形成。

- 住居…土間床にゴザを敷いた笹葺きの家屋であるチセに暮らした。
- 生活…狩猟，漁労，農耕などで生計をたてた。コタンとよばれた集落を形成。
- 埋葬…死者は生前の愛用品とともに土葬。丁寧に葬った。
- アイヌ語…「ラッコ」や「トナカイ」など，その一部は日本語として浸透している。アイヌは文字をもたないため，アイヌ語は口伝えで伝承された。
- 祭礼…捕獲して育てた熊を殺し，その魂を神々の世界（カムイモシリ）に送り出す→動物の魂を歓待し，その仲間が人里近くまで来てくれることを祈願。

▶ アイヌと交易…アイヌは北方世界で交易を展開。

- 樺太（サハリン）やアムール川流域を経由して中国に毛皮などを運ぶ。
- 中国から樺太経由で，染織品の絹織物である蝦夷錦などが伝来。
- 千島列島の鷲羽や毛皮は本州で商品として流通し，長崎貿易の輸出品となった。これらは，米や酒・タバコ・漆器などと交換された。

▶ 松前藩…松前氏は徳川家康から蝦夷地交易の独占権を公認された。

- 商場知行制…松前藩は，家臣に対してアイヌ漁猟区域（商場）での独占的交易権を知行として給与→不等価交換でアイヌに不利。
- シャクシャインの戦い…1669年，和人の進出，不等価交換の展開を背景にシャクシャインらが蜂起。この戦いののち，アイヌは松前藩に全面的な服従を余儀なくされた。
- 場所請負制度…和人商人の船から運上金をとり，交易をすべて商人に任せる制度。
- ウィマム…もともとは「交易」を意味することば。しかし，しだいに松前藩主に対するアイヌの首長の服属儀礼といった性格を強めていった。

🔽 ウィマムの図

②琉球・沖縄と南の文化

▶ 特産品…古くからの特産品として，高温多湿の風土にあった芭蕉布，色鮮やかな染物の紅型があげられる。

▶ 食文化…中国からの豚食文化，蝦夷地の昆布，九州の鰹だしなどがあわさって，昆布の炒め物であるクーブイリチーなど，独特の郷土料理が生まれた。

▶ 行事…神々の世界（ニライカナイ）からむかえた神に五穀豊穣を感謝する豊年祭などが，今日まで続いている。

▶習慣…死者を土葬，ないしは風葬したのち，洗骨して骨壺にいれ，一族の墓である門中墓（ムンチュウバカ）におさめる習慣が，一部の地域でみられる。

▶沖縄語（ウチナーグチ）…「ティダ（太陽）」，「マース（塩）」など，固有の語彙（ごい）をもつ沖縄語は，方言の一つとされている。

▶沖縄の歴史…沖縄本島などは，蝦夷地（北海道）と同様に独特の歴史を歩んだ。

- 水稲耕作を基礎とする弥生文化は北海道や南西諸島には浸透せず，北海道では続縄文文化，南西諸島では貝塚文化とよばれる食料採取の文化が続いた。

- 10世紀から12世紀ごろ，米や麦などの農耕が浸透。グスク（城）を拠点とする按司（あじ）とよばれる首長があらわれた。

- 14世紀には沖縄本島を中心に北山（山北）・中山・南山（山南）の三王国が分立する三山時代となった。

- 中山王だった尚巴志（しょうはし）は，1429年，三山（北山[山北]・中山・南山[山南]）を統一して琉球王国を建国。琉球王国の都は首里（しゅり）に置かれ，貿易港の那覇（なは）を拠点に，明の朝貢（ちょう）体制のもと，南洋方面や中国をはじめ，日本・朝鮮などとも交易を促進するなど，中継貿易（ちゅうけい）によって巨利を得た。

- 万国津梁の鐘…15世紀に鋳造。首里城正殿にかけられた。「舟楫をもって万国の津梁と為し（いさんしほう），異産至宝は十方利（じっぽうきさつ）（中国）に充満せり」などの銘文で知られる。

- 1609年，薩摩藩（さつま）の初代藩主島津家久（しまづいえひさ）は，徳川家康から許可を得て琉球に侵攻した（琉球征服）。

- 17世紀初頭の琉球征服以降，琉球王国は事実上薩摩藩の支配下にありながらも，中国との朝貢，冊封（さくほう）（いじ）関係は維持。琉球特産の黒砂糖やウコン，中国の生糸（きいと）などを日本へ→その際に得た銀や蝦夷地の海産物が朝貢貿易の元手となった。

- 幕藩体制下では，琉球王国から，将軍の代替わりごとに慶賀使（けいがし），琉球国王の代替わりごとに謝恩使（しゃおんし）が江戸へ派遣（はけん）された。

- 18世紀には，三線などを奏でて踊る組踊（くみおどり）が創始→中国や日本（ヤマト）の外交儀礼の際に演じられた。

- 「百浦添御殿」（ももうらそえうどぅん）首里城正殿の西側に広がる御庭（うなー）では冊封儀礼が行われた。首里城正殿は沖縄戦で焼失したが，1992年，遺構の上に再建された。しかし，2019年に焼失。

🔻首里城正殿

5 立憲制の広まり➡教 p.62~63

立憲制の定着と新しい立憲制国家

①ヨーロッパの動向…ヨーロッパでは1848年の革命や運動以降，立憲制の樹立や国民国家形成の動きがさかんとなった。

②プロイセン…フランクフルト国民議会[*1]によるドイツ統一の議論と憲法制定は失敗。

▶1850年，プロイセン憲法発布。

> 第30条(1)…すべてのプロイセン人は，刑法に違反しない目的のために，結社を結成する権利を有する。
> 第46条…国王は軍の最高指揮権をとる。
> 第62条…立法権は，国王と二つの議院によって共同して行使される。

▶軍事力強化…首相，ビスマルク[*2]が"鉄血政策[*3]"推進→オーストリアと連合し，デンマーク戦争に勝利→獲得した領土の処分をめぐり普墺対立。

▶ドイツ統一の主導権…普墺戦争(1866年)に勝利し，オーストリアの排除に成功。

③ドイツ帝国…1871年，ビスマルクの指導で第二帝政下のフランスに勝利して成立。

④イタリアの統一…ウィーン体制以降はサルディニア王国，両シチリア王国，教皇領，ヴェネツィア・ロンバルディア(墺領)など，諸勢力が分立。

▶サルディニア王国…統一を主導し，1861年にイタリア王国[*4]が成立。

⑤フランス…普仏戦争(1870~1871年)に敗北し，第二帝政が崩壊。

▶パリ・コミューン[*5]…ドイツとの講和に反対したパリの労働者たちが樹立した一時的な自治政権。短期間のうちに鎮圧された。

▶第三共和政…1871年，ティエールが初代大統領となり成立。1875年には三権分立などを定めた第三共和国憲法が制定された。

⑥イギリス…自由党と保守党の二大政党による政党政治が発展。政権交替をくり返す。

▶選挙権の拡大…1867年の第2回選挙法改正では都市の労働者に選挙権が，1884年の第3回選挙法改正では農村労働者などに選挙権が与えられた。

⑦立憲制の定着…憲法を定めることで政治権力を制限し，またその理念にもとづいて政治を行う立憲制は，英仏両国で定着が進み，以後，欧米さらにアジアの国でも立憲制を導入する国があらわれた。

▶イギリスの立憲制…イギリスでは，いわゆる憲法は存在せず，「マグナ・カルタ」(1215年制定)や「権利の章典」(1689年制定)など，憲政史の過程で成立した法律や判例を憲法とみなしている。

アジアにおける立憲制と大日本帝国憲法

①ミドハト憲法…1876年，ミドハト・パシャ[*6]によって発布された。オスマン帝国は立憲国家であることを内外に示し，列強の進出を退けようとした。1878年，ロシア・トルコ戦争の勃発を口実にこれを停止し，スルタンによる専制政治を復活した。

②1870年代~80年代の日本…明治維新後，新たな国家の在り方が模索された。

▶自由民権運動……1874年の民撰議院設立の建白書の提出を口火として展開→欧米の思想を学んだ知識人，地方の人々，旧士族や豪農らも参加。

▶明治十四年の政変…1881年，明治十四年の政変で大隈重信らが政府から去り，薩長出身者を中心とする藩閥政府が確立。

▶国会開設の勅諭…1881年，明治政府は，10年後（1890年）の国会開設を公約。

▶憲法制定の方針…君主権の強いプロイセン型の憲法を採用する方針→伊藤博文が渡欧し，ドイツ・オーストリアで憲法を調査。

▶1889年，欽定憲法*7として大日本帝国憲法が発布。

- 天皇大権…陸海軍の統帥権，宣戦・講和，戒厳を布告する権限など，天皇大権を規定→天皇自らは原則として大権を行使せず，諸機関に委ねられて執行。
- 立法権…衆議院と貴族院からなる帝国議会が担った。
- 臣民の権利…言論，出版，集会，結社の自由は法律の範囲内で認められた。

▶衆議院議員選挙法…1889年公布。直接国税15円以上を納入する，25歳以上の男性のみに選挙権が与えられた。

◆ 大日本帝国憲法（1889年）

第5条	天皇ハ帝国議会ノ協賛ヲ以テ立法権ヲ行フ
第11条	天皇ハ陸海軍ヲ統帥*1ス
第29条	日本臣民ハ法律ノ範囲内ニ於テ言論著作印行*2集会及結社ノ自由ヲ有ス

＊1 統率・指揮すること。
＊2 印刷して発行すること。

◆ 帝国憲法統治機構の図

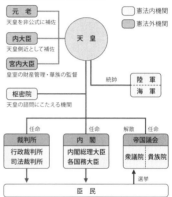

用語解説

＊1 **フランクフルト国民議会**…1848年に開かれた。ドイツの統一の方法について，大ドイツ主義（オーストリア中心）と小ドイツ主義（プロイセン中心）のどちらで統一を進めるのかが議論され，小ドイツ主義を主張する派閥が勝利したが，プロイセン国王はこれを拒否し，統一は失敗に終わった。

＊2 **ビスマルク**…プロイセン首相（在任1862〜1890年）として軍備拡張政策を推進。

＊3 **鉄血政策**…ビスマルクは議会で「ドイツの現在の大問題は，言論や多数決では解決できない。鉄（武器）と血（兵士）によってのみ解決される」と演説し，軍備拡張政策を進めていった。

＊4 **イタリア王国**…1861年の王国成立当初は，現在のイタリアの領域ではなく，教皇領はフランスが，ヴェネツィアはオーストリアが占領しており，のちに奪回した。

＊5 **パリ・コミューン**…パリの労働者たちが結成した革命的自治政府。世界初の社会主義政権とされるが，約70日で崩壊した。

＊6 **ミドハト・パシャ**…アブデュルハミト2世の即位にともない大宰相に就任し，ミドハト憲法を制定したが，憲政に否定的なスルタンと対立し失脚した。

＊7 **欽定憲法**…君主（天皇）が定めて国民に与える憲法。

演習問題❷

1 次の文中の①〜⑤にあてはまる語句を答えよ。

　　17, 18世紀に北アメリカに13の植民地をつくったイギリスは，その後，本国の利益を優先して植民地に重税を課した。これに対して植民地側は「（①　　　　　　　　）」という論理を掲げて抵抗し，1775年には本国との間で戦争がはじまった。植民地側は1776年に（②　　　　　　　　）を決議して意気を高揚させ，1783年に独立を達成した。その後，（③　　　　　　　　）の原則をとる合衆国憲法が制定された。

　　一方フランスでは，1789年に（④　　　　　　　　）議会が成立し，同年にパリの民衆が蜂起して革命が勃発すると，「人間と市民の（⑤　　　　　　　　）」が決議された。

2 右図を見て，問いに答えよ。

⬇「民衆を導く自由の女神」

(1)　右図の革命がおこった国はどこか。
　　次の選択肢から選び記号で答えよ。

　　　　　　　　　　　　　（　　　）

　　ア　イギリス　　イ　フランス
　　ウ　ドイツ　　　エ　オーストリア

(2)　右図の革命は何とよばれるか。次の選択肢から選び記号で答えよ。　（　　　）

　　ア　二月革命　　イ　三月革命
　　ウ　七月革命　　エ　十一月革命

(3)　右図の革命がおこったのは何年か。次の選択肢から選び記号で答えよ。

　　　　　　　　　　　　　　　　　　　　　（　　　）

　　ア　1830年　　イ　1840年　　ウ　1848年　　エ　1851年

3 次の問いに答えよ。

(1)　1823年にアメリカ大統領が発した，ヨーロッパ諸国とアメリカ大陸諸国の相互不干渉を表明した主張は何とよばれるか。　　　　　　　　　　　（　　　　　　）

(2)　1848年には，ヨーロッパ各国で自由主義的変革や国民国家の形成を求めるさまざまな動きがおこったが，この一連の動きを総称して「（　　　　　　　）の春」とよぶ。

(3)　南北戦争中，ゲティスバーグで「人民の人民による人民のための統治」演説を行ったアメリカ大統領は誰か。　　　　　　　　　　　　　　（　　　　　　）

(4)　19世紀前半にはラテンアメリカ諸国でも相次いで独立国家が誕生したが，ラテンアメリカ諸国の独立の先駆となった，1804年にフランスから独立した国はどこか。

　　　　　　　　　　　　　　　　　　　　　　　　　　　　　（　　　　　　）

4 次の年表のA～Hにあてはまる語句・数字を答えよ。

年	できごと
1829年	オスマン帝国からA（　　　　　　　）が独立
1839年	オスマン帝国でB（　　　　　　　）勅令発布，改革始まる
1853年	C（　　　　　　　）戦争勃発 →この戦争でナイチンゲール活躍
D（　　　　　）年	イギリス東インド会社解散，ムガル帝国滅亡
1860年	清朝と英仏がE（　　　　　　　）条約を締結
F（　　　　　）年	南北戦争の開始，イタリア王国の成立
1871年	首相G（　　　　　　　）の指導でドイツ帝国成立
1877年	ヴィクトリア女王を皇帝とするH（　　　　　　　）帝国成立

5 次の文中の①～⑦にあてはまる語句を，下の選択肢から選び記号で答えよ。

　1867年10月，徳川慶喜が（　①　）の上表文を提出したが，同年12月には（　②　）が出され，新たな政府が樹立された。1868年から翌年にかけての（　③　）では明治新政府が旧幕府軍に勝利し，この間にも，いくつもの新たな政策が打ち出された。

　1871年の（　④　）で実質的な中央集権化を実現したのち，明治政府は（　⑤　）を全権大使とする使節団を欧米に派遣した。1873年には（　⑥　）の理念のもとで徴兵制度が整備され，1876年には家禄などを全廃する（　⑦　）が断行された。

　　　　　　　　　　　　①（　　　）　②（　　　）　③（　　　）　④（　　　）
　　　　　　　　　　　　⑤（　　　）　⑥（　　　）　⑦（　　　）

> ア　大政奉還　　イ　王政復古の大号令　　ウ　国民皆兵
> エ　戊辰戦争　　オ　廃藩置県　　　　　　カ　岩倉具視　　キ　秩禄処分

6 次の問いに答えよ。

(1) 1871年，国交と通商関係を開くことなどを目的として，伊達宗城と李鴻章との間で，締結された条約を何というか。　　　　　　　　　（　　　　　　　）

(2) 1871年の宮古島島民が殺害された事件を口実に，1874年に断行された軍事行動を何というか。　　　　　　　　　　　　　　　　　　　　（　　　　　　　）

(3) 1874年，板垣退助や後藤象二郎らによる民撰議院設立の建白書の提出を機に，（　　　　　　　）の口火が切られた。

(4) 大日本帝国憲法にもとづいて開かれた帝国議会は，選挙によって選ばれた議員らによる衆議院と華族らから選出された（　　　　　　　）によって構成された。

［解答→p.164］

6 帝国主義と植民地 ➡教 p.64~65

帝国主義とその諸原因

①**帝国主義**…19世紀末以降，欧米列強や日本による，植民地や市場の獲得をめざして対外的に膨張しようとする行動。特にアジア諸国やアフリカ諸国を中心に世界の広大な部分が植民地化され，従属していった。

②帝国主義の原因…第2次産業革命により欧米諸国の工業が飛躍的に成長。
- ▶電力，石油動力源，重工業中心→巨額の資本が必要→大企業の成立
- ▶各国で企業の集中や独占がおこり，**独占資本**[*1]が生まれる。
- ▶**資本輸出**…世界各地への輸出，鉄道敷設や鉱山の開発，プランテーション開発への投資。
- ▶**大不況**[*2]…1870年代以降，金融危機や農業不況により生産力の低下→各国は排他的な市場の獲得を希求。

③**労働運動**…ヨーロッパ諸国内では，急速に産業が発展すると同時に，それを支える労働者たちが権利の保障と待遇の改善を求めて労働運動を展開。

④**各国の対応**…労働運動に対し，政府や支配層は海外進出によって国民の愛国心を高揚させ，国民統合を強化しようとはかった。

⑤人種的優越意識や排他的ナショナリズムを宣揚…ドレフュス事件[*3]など。

世界分割の進行と世界秩序の変容

①**列強による支配の形態**
- (1)帝国主義国がある国もしくは地域を直接的に植民地として領有する。
- (2)帝国主義国がある国もしくは地域を保護国や自治領として支配する。
- (3)帝国主義国がある国の土地の一部を**租借**[*4]して軍事基地などを建設する。
- (4)帝国主義国がある国から鉄道敷設権や鉱山採掘権などを獲得する(利権獲得)。

②**イギリスのエジプト占領**…イギリスは，1882年に反抗勢力を鎮圧し，事実上保護国化した。これを皮切りに欧米列強のアフリカ進出がはじまった。

③**ベルリン会議**…1884年，**ビスマルク**の提唱により開催され，先占権や実効支配といったアフリカ分割の原則が決められた。

④**アフリカの分割**…ベルリン会議後，アフリカ大陸のほぼ全域がイギリス・フランスを中心とするヨーロッパ諸国の植民地として分割。

⑤太平洋諸地域の分割…大航海時代に進出したスペインやポルトガル，オランダに続いて18世紀にイギリス，19世紀にはフランスやアメリカ，日本も追随した。

⑥1910年前後には，アフリカ，南アジア，東南アジア，オセアニアなどの大部分が帝国主義国の植民地として分割された。

⑦**東アジア**…帝国主義国による植民地化や利権獲得が進行した。

⑧中南米…アメリカの主導権の下で，支配下，影響下に置かれる国が増大。

⑨19世紀末…世界分割競争が激化し，軍事的緊張が高揚→欧米列強や日本は流動的に敵対関係や同盟関係を変化。

⑩帝国主義国間の対立や外交関係の不安定化→第一次世界大戦の予兆。

⑪列強による世界分割の様相

🔽 世界の植民地分割

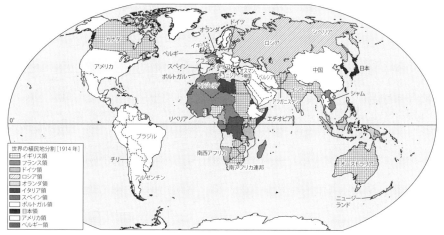

世界の植民地分割 [1914年]
- イギリス領
- フランス領
- ドイツ領
- ロシア領
- オランダ領
- イタリア領
- スペイン領
- ポルトガル領
- 日本領
- アメリカ領
- ベルギー領

- ▶ **イギリス**…インドを中心に，南アジア，東南アジアに進出。アフリカでは，エジプトから縦断政策で南アフリカまでをつなぐルートで植民地を形成。中国でも勢力圏をきずき，オセアニアではオーストラリアやニュージーランドを領有した。
- ▶ **フランス**…イギリスに対抗し，北アフリカや西アフリカで植民地を獲得。インドシナ東部に仏領インドシナ連邦をきずき，中国や太平洋地域でも勢力を広げた。
- ▶ **ロシア**…**南下政策**[*5]にもとづき，中央アジアに進出し，バルカン半島から中国東北部まで，ユーラシア大陸全域に勢力を広げた。
- ▶ **ドイツ**…アフリカ，太平洋地域で植民地を獲得したほか，中国では膠州湾を租借して山東半島を勢力圏とし，中東ではバグダード鉄道を敷設した。
- ▶ **日本**…台湾，朝鮮を領有。中国では福建省を勢力圏とし，南満洲の利権を確保した。
- ▶ **アメリカ**…太平洋地域ではフィリピンやグアム，ハワイを領有し，キューバなど中米カリブ地域の国々へ影響を強めた。

😈 用語解説

- *1　**独占資本**…少数の企業が資本力を集中し，市場を支配する形態。カルテル(企業連合)，トラスト(企業合同)，コンツェルン(企業集団)など。
- *2　**大不況**…1873年の金融危機にはじまり，90年代なかばまで続いた。
- *3　**ドレフュス事件**…ユダヤ人将校ドレフュスがスパイ容疑をかけられた冤罪事件。のちに無罪となったが，これによりユダヤ人の民族運動が激化した。
- *4　**租借**…条約にもとづき，他国の領土を借り受けること。一般的には期限つきの貸与を意味するが，政治・軍事の権限などをともなう場合，実質的な譲渡を意味した。
- *5　**南下政策**…帝国主義時代のロシアの外交基本方針。良港をもたないロシアは不凍港を求めて南へと勢力の拡大をはかった。

歴史のまなざし アフリカの分割と自立 ➡ 教 **p.66**

①アフリカ分割と列強の進出

▶19世紀前半以前…ごく一部の地域がイギリスやフランスの植民地。

- リヴィングストンやスタンリーの探検とその報告で列強がアフリカに注目。

▶19世紀後半…ドイツやベルギーの進出→列強によるアフリカ分割が促進。

- ベルギー国王が探検家スタンリーを援助→コンゴはベルギー領のきっかけ。

▶ベルリン会議…1884年開催，ドイツのビスマルクの提唱。「先占権」と「実効支配」の原則を決定。

1914年のアフリカ

▶イギリス…縦断政策によりエジプトと大陸最南端のケープ植民地を結ぶ支配圏の構築を企図。

▶フランス…横断政策によりアフリカ北西部から東進して紅海につながるルートを植民地化。

▶ファショダ事件…1898年，スーダンのファショダで英仏が衝突→ドイツのアフリカ進出を警戒して両国和解→イギリス・スーダン，フランス・モロッコの相互優越権承認。

▶独立維持国…20世紀初頭の段階でリベリアとエチオピアのみ独立を維持。

②アフリカの民族運動と自立の動き

▶スーダン…1880年代，イスラーム教徒によるマフディー(救世主の意)の乱が勃発。イギリスの支配に抵抗し，19世紀末まで政権維持。

▶ハイチの独立…大西洋三角貿易で中南米にわたったアフリカ系の人々が，1804年にハイチとして独立を達成→ラテンアメリカ独立運動の先駆けとなる。

▶パン・アフリカ運動…19世紀末，北中米の黒人知識人によりはじまった，黒人の地位向上やアフリカ大陸諸地域の独立と統一を目標とする動き。

- 第一次世界大戦後…アフリカ系知識人たちはヨーロッパにおいて複数の国際会議を主宰→アフリカ諸民族の主体性回復をめざす。

- 第二次世界大戦後…アフリカ現地の人々がこの運動を主導し，アフリカの統一と独立がめざされた→アフリカ統一機構(OAU，1963年設立)など。

③アフリカ文化の発展

▶アフリカ系の文化をルーツにもつ音楽が欧米で発達。現在では国境をこえた共有財産となっている。

- ジャズ…20世紀初頭のアメリカ，ニューオーリンズで演奏されるようになった。

- ロック…1950年代のアメリカで生まれた，黒人音楽と白人のカントリー・ミュージックを背景に流行した音楽スタイル。

🌏 歴史の舞台　オセアニア ➡ 教 p.67

①オセアニア

- ▶ オセアニアの地勢…太平洋上に広がる2万以上の群島とオーストラリア大陸からなり，群島部はメラネシア，ポリネシア，ミクロネシアにわけられる。
- ▶ オセアニアの歴史とヨーロッパ人の入植
  - 5～4万年前…人類の定住。彼らはオーストラリア先住民アボリジニの先祖で，旧石器文化に属し，狩猟採集生活が基盤。
  - 3500年前…東南アジアから土器，新石器の技術とイモなどの農耕文化をもつ人々が流入し，優れた航海術やカヌーの操舵術をもってポリネシア全域に移住。
  - 800年ごろ…ハワイに到達したとされる。
  - 1200年以降…イースター島に到達したとされる。
  - 1521年…**マゼラン**[*1]のフィリピン到達→オセアニアの存在がヨーロッパに伝わる。
  - 1788年…イギリスがオーストラリアへ移民開始。当初は罪人の流刑地であった。
  - 19世紀なかば…オーストラリア南東部で金鉱発見→ヨーロッパ人の入植進む。

⬇ イースター島のモアイ像

- ▶ ヨーロッパ人の入植の進行により，アボリジニやマオリ人などの先住民は土地をうばわれ，ヨーロッパ人のもちこんだ疫病により先住民の人口は激減し，その伝承も多くが失われた。
- ▶ 第一次世界大戦後…日本はオセアニアの旧ドイツ領を委任統治領として支配。
- ▶ 第二次世界大戦中…日本の戦線が拡大し，多くの先住民が犠牲となった。
- ▶ 第二次世界大戦後…オセアニア全域で独立が進み，多くの国は自然を観光資源としているが，近年の地球温暖化によりツヴァルなどは海面上昇の危機を訴えている。
- ▶ オーストラリア…**白豪主義**[*2]から多文化主義へ転換→先住民の権利回復を推進。

😈 用語解説

- *1 **マゼラン**…ポルトガル人航海者。フィリピンのセブ島に到達したが，現地で先住民の王に殺された。18名の部下が世界周航を達成した。
- *2 **白豪主義**…白人優先と有色人種排斥の思想。1970年代に消滅した。

7 日清戦争と華夷秩序の解体➡教 p.68～69

日清戦争と華夷秩序の解体

①日清戦争…1894～1895年。第2次伊藤博文[*1]内閣時(外相は陸奥宗光)に勃発。

◆日清戦争

▶背景…清と冊封関係にある国は減少。朝鮮に対する清の影響力が強まっていた。

▶甲午農民戦争[*2]…朝鮮でおこった,反キリスト教の民族宗教団体である東学[*3]の信徒らによる農民反乱→朝鮮政府は清国に救援を要請。

▶清国が1885年の天津条約にもとづき朝鮮への出兵を通告→日本も出兵して開戦。

▶日清戦争…豊島沖海戦,黄海海戦などをへて日本軍が威海衛を占領。

②下関条約…日本の下関で日清戦争の講和条約を調印。全権は伊藤博文,李鴻章。

> ①清国は朝鮮の独立を認める。
> ②清国は遼東半島,台湾・澎湖諸島を日本に割譲する。
> ③清国は賠償金2億両(当時の日本円で約3億1000万円)を日本に支払う。
> ④清国は新たに沙市・重慶・蘇州・杭州の4港を開く(長江の航行権を承認)。

▶清が朝鮮の独立を承認→清の華夷秩序が最終的に解体したことを意味した。

列強の利権獲得と東アジアのナショナリズム

①日清戦争前後の国際関係…日清戦争前後において,日本の国際関係は大きく変化。

▶日清戦開戦直前に日英通商航海条約を締結→治外法権撤廃,一部税権回復。

▶1911年(第2次桂太郎内閣,小村寿太郎外相),関税自主権も完全回復。

▶治外法権の撤廃→内地雑居問題が懸念された。

▶三国干渉…1895年,ロシアはドイツとフランスを誘って,遼東半島を清に返還することを要求→日本は遼東半島を返還。日本国内でロシアへの敵愾心が強まる。

②日清戦争後の政治動向

▶日清戦争の賠償金の多くは,軍備拡張費に充てられた。

▶日清戦争前は,超然主義で臨む政府と民党の対立が激化→日清戦争の開戦と同時に政党は政府批判を中止し,日清戦争後に政府と政党は接近。

▶日清戦争時の第2次伊藤博文内閣は,自由党の板垣退助を内相として入閣させた。

▶1896年に組織された第2次松方正義内閣は進歩党と提携し,大隈重信を外相として入閣させた(松隈内閣)。

▶政党と妥協する動きに反発する勢力は,超然主義を貫く山県有朋に接近し,山県系官僚とよばれる政治勢力を形成。

▶立憲政友会…1900年9月,伊藤博文を初代総裁として,憲政党(旧自由党)や伊藤系官僚を中心に結成。1940年,大政翼賛会の結成を前に解党。

▶立憲政友会成立への反応…幸徳秋水は，「自由党を祭る文」を『万朝報』に掲載し，旧自由党勢力が政府系政党に合流したことを歎いた。

▶明治期から昭和期にかけて，立憲政友会の総裁である伊藤博文・西園寺公望・原敬・高橋是清・田中義一・犬養毅らが内閣を組織。

③東アジア情勢…日清戦争後，ロシアの影響力増大により各国で政治変動がおこった。

④朝鮮の動向…1897年，朝鮮王朝は国号を「**大韓帝国**」と改称し，国王高宗は「皇帝」の称号を採用。華夷秩序からの離脱と自主独立の姿勢を内外に示した。

⑤中国の動向…日清戦争の敗北により近代化の必要性を自覚。

▶**戊戌の変法**…**康有為，梁啓超**ら知識人らが光緒帝の支持のもと，日本の明治維新を模範とした立憲君主制の樹立をめざした改革。

▶**戊戌の政変**…西太后ら保守派の変法改革に対するクーデタ。袁世凱らが寝返り，保守派は弾圧され，光緒帝は幽閉された。

🦉 用語解説

*1 **伊藤博文**…長州藩出身。1885年，内閣制度を創設して初代内閣総理大臣に就任。3度内閣を組織したのち，1900年に立憲政友会を組織して第4次伊藤博文内閣を組織。日露戦争後，初代韓国統監となるが，暗殺された。

*2 **甲午農民戦争（東学〔党〕の乱）**…斥倭斥洋（日本と西洋の排斥）をとなえる全琫準らが朝鮮半島南部でおこした，朝鮮政府に対する反乱。

*3 **東学**…カトリックの西学に対する呼称。崔済愚が創始。

8 帝国主義諸国の競合と国際関係➡教 p.70～71

帝国主義諸国間の対立

①**各国の同盟関係**…世界分割と植民地の獲得をめぐり，帝国主義国間では激しい競争がくり広げられた。一方で列強はその時々の各国との利害関係をはかり，流動的に対立と同盟をくり返した。

②**ドイツ**…北アフリカでフランスと対立した**イタリア**[*1]がビスマルクに接近，オーストリアとともに1882年，**三国同盟**結成。
　▶1890年，**ヴィルヘルム２世**[*2]が即位しビスマルクは辞任。皇帝は海軍を増強し積極的な海外進出政策へ（世界政策）。

③**イギリス**…ドイツのアジア，アフリカ進出を警戒し，従来の外交方針であった「**光栄ある孤立**[*3]」を転換し，諸外国との同盟構築を模索。

④**ロシア**…フランスに接近し，1891年に**露仏同盟**が成立→フランス資本の導入でシベリア鉄道など近代化政策推進。
　▶中国では遼東半島南端（旅順・大連）を租借し，東アジア進出。
　▶中央アジアや東アジアでの南下政策はイギリスの利害と対立。

⑤**英仏協商**…植民地獲得競争では東南アジア（インド帝国と仏領インドシナ連邦）やアフリカ（ファショダ事件）で対立していたが，ドイツのアジア，アフリカ進出を警戒し両国接近。1904年に同盟が成立した。

⑥**アメリカ**…19世紀末までに世界一の工業国へ成長。
　▶カリブ海政策…1898年，スペインとの戦争に勝利し，フィリピン，グアムなどを領有し，同年にはハワイも併合。
　▶東アジアへの利権獲得競争に遅れたため**門戸開放宣言**[*4]を発し，中国への進出を企図。
　▶棍棒外交…セオドア・ローズヴェルト大統領が進めた外交政策。中南米諸国への武力干渉をも示唆する強圧的な外交姿勢→**パナマ運河**の工事権・租借権獲得。

義和団戦争から日露戦争へ

①**中国分割**…日清戦争後，中国において，帝国主義列強の利権獲得競争が激化。
　▶1898年にドイツが宣教師殺害事件を口実に膠州湾を租借。
　▶1898年にロシアは旅順・大連を，イギリスは威海衛・九龍半島を租借。
　▶1899年，フランスは広州湾を租借。
　▶アメリカは，国務長官ジョン・ヘイの名で門戸開放宣言→中国市場の門戸開放，機会均等，領土保全を列強に提唱。
　▶列強による中国分割が進むと，清国内では排外主義が高まった。

②**義和団戦争**…1899年，山東省で**義和団**[*5]が蜂起。各地で外国人をおそい，北京の列国公使館を包囲。清国政府はこれに便乗して列強に宣戦布告。

◊ 列強の中国侵略

→英米仏露独墺伊日の8か国からなる連合軍により鎮圧。

▶北京議定書…1901年，日本をふくむ列国と清国が締結。清は北京における公使館守備隊の駐留などを承認した。

▶ロシアは満洲における鉄道利権などの保護を名目に大軍を投入し，義和団戦争が終息したあとも満洲の占領を続けた。

▶日本政府内では，イギリスとの接近をはかろうとする日英同盟論，ロシアとの妥協により極東の平和を維持しようとする日露協商論が主張された。

▶1902年，第1次桂太郎内閣時に**日英同盟**締結。

③**日露戦争**…1904〜05年。第1次桂太郎内閣時の1904年2月に開戦。

▶1905年，旅順要塞の陥落，奉天会戦をへて，日本海海戦で日本の連合艦隊がロシアのバルチック艦隊に壊滅的な打撃を与えた。

▶セオドア・ローズヴェルト米大統領の斡旋により，1905年9月，**ポーツマス条約**が調印された（日本全権小村寿太郎，ロシア全権ウィッテ）。

---

① 　ロシアは韓国（1897年以降の国名は「大韓帝国」）に対する日本の指導・監督権を承認する。

② 　旅順・大連の租借権，長春以南の東清鉄道の利権を日本に譲渡する。

③ 　北緯50度以南のサハリン（樺太）と付属諸島を日本に譲渡する。

④ 　沿海州とカムチャッカの漁業権を日本に認める。

▶1905年1月，閣議決定にもとづき，竹島は島根県に編入。

▶日露戦争後，日本とロシアは接近。4次にわたる日露協約を締結。

▶1907年，**英露協商**が成立し，中央アジアにおける利害調整が行われ対立解消。

▶**三国協商**…露仏同盟，英仏協商，英露協商を包含した同盟関係が構築された。これにより，三国同盟対三国協商の構図が確定した。

🐱 用語解説

*1 　**イタリア**…チュニジアへの進出をはかったが，フランスが先に同国を保護国化したためドイツに接近した。

*2 　**ヴィルヘルム2世**…1888年即位。ヨーロッパの勢力均衡に努めるビスマルクと対立し，海軍の拡張により積極的な海外進出政策をとった。

*3 　**光栄ある孤立**…19世紀後半のイギリスの外交政策で，強大な軍事力と経済力を背景に，他国と同盟を結ばず行動の自由を確保した。

*4 　**門戸開放宣言**…アメリカは中国進出に出遅れたため，国務長官ジョン・ヘイが列強に対して門戸開放・機会均等・領土保全の三原則を提唱し，中国への割りこみをはかった。

*5 　**義和団**…中国で排外主義をとなえた白蓮教の流れをくむ宗教結社。「扶清滅洋」をとなえて蜂起した。

9 植民地支配と植民地の近代 ➡教 p.72~73

植民地の政治的・経済的支配

①政治的支配…植民地を獲得した帝国主義国は，軍事力の優位を背景に現地住民を抑圧し，統治機関を設置して支配。

②経済的支配…特定の農作物を栽培させるプランテーション経営や鉱山開発。

  ▶現地住民に強制的に栽培させた作物を宗主国が安く買い上げ，それを国際市場に供給する**商品経済**[*1]を浸透させた。

  ▶商品の輸送や軍事的支配の必要性から鉄道を敷設。

③**イギリスのインド支配**…本国から派遣されたイギリス人総督を頂点として現地の住民を支配。現地政府における高級官僚もほぼイギリス人で占められていた。

  →経済面では商品経済を浸透させ，文化面でもインドの伝統的な風習に干渉を加える一方，イギリス式の教育を導入してインド人の懐柔をはかった。

  ▶ジュート，茶，綿花など輸出用作物の栽培を強制→自給自足の村落社会崩壊。

  ▶内陸と港湾を結ぶ鉄道を建設。

  ▶ヒンドゥー教の伝統的風習であった**サティー**[*2]（寡婦殉死）を禁止。

  ▶ヒンドゥー教では寡婦再婚は認められていなかったが，イギリスの統治下で寡婦再婚法を制定。

  ▶イギリスに協力的な知識人を育成することを目的に，英語を用いた高等教育機関を設立→一部の知識人は後に反英独立運動の担い手として活躍。

④**民族資本家の成長**…アメリカで**南北戦争**[*3]がおこったことでイギリスへの綿花供給が停止された。それによりインド産綿花の輸出が増大し，インドで多くの資本が蓄積され，特に紡績業などでインド人経営の工場が増加し，民族資本家が台頭した。

⑤**移民の増加**…イギリスの支配によって農村社会は困窮。貧困化したインド人は宗主国イギリスの植民地やアメリカ大陸へ労働者として移住し，中国人労働者とならび，奴隷に代わる安価な労働力として使役された。

  ▶東南アジア…マレー半島ではゴムのプランテーション，スリランカでは茶の栽培などに従事。

  ▶アフリカ…南アフリカでは綿花プランテーションで使役。

  ▶アメリカ…中国人労働者とともに大陸横断鉄道を建設。

⑥**インド支配の限界**…1857年，イギリスの支配に対する不満が高まりシパーヒーの乱（インド大反乱）が勃発。イギリスは東インド会社による統治を終了して本国の直接統治に乗り出した。

⑦**民族対立による支配**…イギリスは統治の安定を優先し，カースト間対立や宗教対立を利用する統治に転換。

  ▶**インド国民会議**[*4]…1885年，イギリスがヒンドゥー教徒を中心に対英協調機関として設立したが，1905年反英組織に転化。

  ▶**全インド・ムスリム連盟**[*5]…1906年，イギリスの支援で結成。ヒンドゥー教徒と対立。

日本の植民地支配

①台湾の統治…1895年の下関条約で清から日本に割譲され，日本の植民地へ。

▶台湾総督府下で，台湾銀行（台湾の中央銀行）や台湾製糖会社が設立。

▶日本の植民地となった台湾からは，砂糖の輸入が増大。

▶1930年，台湾の先住民を殺害する霧社事件が発生。

●韓国併合後の日本とその植民地

②韓国の植民地化…日韓議定書や３次にわたる日韓協約をへて，1910年に**韓国を併合**。

▶第１次日韓協約…1904年，日本政府の推薦する財務・外交顧問を雇用することを認めさせた。

▶第２次日韓協約（韓国保護条約）…1905年，韓国から外交権をうばう→漢城に統監府を設置。初代統監に伊藤博文が就任。

▶第３次日韓協約…1907年，**ハーグ密使事件**[*6]を契機に締結。韓国の内政権をうばい，韓国軍隊も解散させた。

▶1909年，安重根が伊藤博文を暗殺。1910年に韓国併合条約を締結→京城に朝鮮総督府を設置。

▶憲兵警察の支配のもとで，朝鮮民衆の言論・集会・結社の自由は制限。

③台湾・朝鮮の教育，役割…初等教育が優先。高等教育機関の設置は遅れた。

▶京城帝国大学は1924年，台北帝国大学は1928年に設置→多くは日本人学生。

▶台湾，朝鮮は，日本の本土への米の供給地として位置づけられた。

用語解説

*1 **商品経済**…財物の生産や消費が生産者の自給自足ではなく，他者との交換によって成立している経済。

*2 **サティー**…ヒンドゥー教徒の伝統的風習で，夫と死別した寡婦が夫を焼く火のなかに身を投じて殉死する制度。特に高位カーストの間で行われていた。

*3 **南北戦争**…1861年，アメリカで北部諸州と南部諸州の対立によっておこった戦争。イギリスは従来アメリカ産綿花に多分に依存していたが，戦争の長期化によりイギリスへの輸出が途絶えたため，インド産綿花の需要が高まった。

*4 **インド国民会議**…親英的なエリート知識人たちが発足させた会議。1905年，ベンガル地方のヒンドゥー教徒，イスラーム教徒の居住地を強制的に分離するベンガル分割令が出されたことを契機に反英的政治団体に転化した。

*5 **全インド・ムスリム連盟**…イギリス支配の強化にともない国民会議と協調した。

*6 **ハーグ密使事件**…オランダのハーグで開催された第２回万国平和会議に，韓国皇帝の高宗が密使を送り，日本の支配に抗議した事件。

10 20世紀はじめの世界➡教 p.74〜75

国民統合と帝国主義批判

①**ヨーロッパの動向**…帝国主義間の植民地獲得競争の激化により，国内では自国優位を誇る**排外的なナショナリズム**や**人種主義**が拡大。

▶ イギリス…1867年，第2回選挙法改正で都市労働者に，1884年，第3回選挙法改正で農村労働者に選挙権が拡大➡大衆の存在感が高まる。

▶ フランス…1894年，第三共和政のもとで反ユダヤ主義にもとづくドレフュス事件がおこった。

②**国際的諸運動**…帝国主義政策を批判し，国際的連帯をはかる動きが生まれた。各国では社会主義政党が台頭し，国際協調をよびかける組織を結成した。

▶ **第2インターナショナル**…フランス革命100周年にあたる1889年にパリで結成された。ドイツ社会民主党が主導し，マルクス主義にもとづく活動を行った。第一次世界大戦がおこると，各国社会主義政党が自国の戦争を支持したため分解した。なお日本も1901年に加盟している。

③**日本の動向**…20世紀初頭の政治は，桂太郎と西園寺公望による桂園時代をむかえた。

▶ 幸徳秋水らは平民社を設立して『平民新聞』を発行し，日露戦争に反対。与謝野晶子や内村鑑三らも非戦・反戦を主張。しかし，国民の多くは日露戦争を支持。

▶ 幸徳秋水は，「露国社会党に与ふる書」（『平民新聞』）で社会主義者のたたかうべき敵は，愛国主義と軍国主義とにほかならないことを論じた。

▶ 1905年，ポーツマス条約に賠償金の規定がないことが明らかになると，これに反対する民衆が**日比谷焼き打ち事件**をおこした。

▶ 1910年，明治天皇暗殺計画が発覚すると，第2次桂太郎内閣は社会主義者ら数百人を検挙➡幸徳秋水ら12名が死刑。この**大逆事件**[*1]の後，警視庁に**特高**が設置された。

④**ロシアの動向**…皇帝の専制政治が続くロシアでは，国民の不満が拡大し，社会主義的運動やそれに影響された社会主義政党が生まれた。

⑤**ロシア社会民主労働党**…マルクス主義政党。1903年に分裂し，ボリシェヴィキ（レーニン指導）とメンシェヴィキが成立した。

⑥**第1次ロシア革命**…1905年，日露戦争中におこった「**血の日曜日事件**」[*2]をきっかけに勃発。皇帝ニコライ2世は国会（ドゥーマ）の開設と部分的な立憲制を導入。

国際関係の再編とアジア諸国の動向

①**帝国主義の二極化**…20世紀初頭には三国同盟と三国協商が対立。

▶ 三国同盟…1882年成立。フランスの国際的孤立化をはかるドイツのビスマルクは，北アフリカでフランスと対立したイタリア，国内に民族問題を抱えドイツに依存するオーストリアと同盟。

▶ 三国協商…ドイツがロシアとの再保障条約の更新を拒否したことでロシアはフランスに接近し露仏同盟が成立（1891年）。イギリスはドイツのアフリカ進出を警戒して英仏協商（1904年）を結び，西アジアではロシアと妥協し英露協商（1907年）を締結した。

②**アジアの動向**…アジア諸国は，欧米式の立憲制の導入とさまざまな能力に長けた人材の確保によって国民国家の形成を志向し，政治改革を進めた。

③オスマン帝国…ミドハト憲法停止後，スルタンによる専制支配が復活。
- ▶**青年トルコ革命**…1908年，ミドハト憲法の復活を求める「青年トルコ人」によって革命がおこった。これにより当時のスルタンは退位し，ミドハト憲法が復活して立憲君主制が確立した。

④ペルシア…カージャール朝(1796~1925年)の専制政治による支配。
- ▶**イラン立憲革命**…1905~06年にかけて立憲制をもとめる運動がおこり，1906年には国民議会が創設され，憲法の審議が行われた。
- ▶英露の干渉…インドへの連絡路を確保したいイギリスと南下政策を進めるロシアが，英露協商にもとづきイランをそれぞれの勢力圏に分割。ロシアの干渉によりこの運動は鎮圧された。

⑤中国…清では義和団戦争後，**光緒新政**[*3]による近代化政策が行われ，科挙の廃止や憲法大綱が発表された。
- ▶**辛亥革命**…民族資本家たちが利権回収運動を進めていたが，財政難に苦しむ清朝は外貨導入のため幹線鉄道を国有化した。これに対して四川暴動，次いで武昌蜂起がおこり，1911年，国内の14省が清からの独立を宣言した。
- ▶中華民国の成立…1912年，清から独立した諸省は**孫文**[*4]を臨時大総統として共和政の**中華民国**を成立。首都は南京におかれた。
- ▶清朝滅亡…1912年2月，**宣統帝溥儀**が退位し，清朝は滅亡した。清朝滅亡後は孫文に代わり袁世凱が臨時大総統に就任し北京に政府を移したが，中華民国では臨時大総統の権限と議会の関係をめぐり，抗争が続いた。

❷ 辛亥革命

🗨 用語解説

*1 特高…政治犯・思想犯を取りしまる特別高等課のこと。大逆事件後に警視庁に設置。昭和初期に田中義一内閣のもとで，全道府県の警察に設置された。

*2 「血の日曜日事件」…1905年1月，首都ペテルブルクで司祭ガポンに率いられた請願デモを行った労働者や市民が軍隊に発砲され，数百人の死者が出た。

*3 光緒新政…西太后の支持を背景に行われた近代化政策。変法派が立憲君主制の樹立を採用したが，実際には憲法大綱には皇帝権の神聖不可侵などの文言が盛りこまれていた。

*4 孫文…「三民主義」を革命理念として掲げ，興中会や中国同盟会などの政治結社を創設，統合し，清朝打倒をめざして運動を展開した。清朝滅亡後は国民党を結成し，共和政樹立のために活動したが，1925年に「軍閥」や諸政党が複雑に絡みあう社会の中で「現在，革命なおいまだ成功せず」ということばを残し死去した。

生活と文化　近代化　➡ 教 p.76～77

①世界の動き

▶ 万国博覧会…欧米諸国では近代工業化の成果や技術交流を企図し，万国博覧会が開かれた。対外的には開催国の国威を示し，国内的には国家統合の強化につながった。
- 1851年，ロンドンで第1回万国博覧会開催。イギリスの工業力と先進性を示し，600万人以上の入場者を記録した。
- 1867年，パリ万国博覧会。日本はここで初めて万博に参加し葛飾北斎らの浮世絵や陶磁器などの手工業製品を出品した。それにより，ヨーロッパ人の「東洋」への関心は高まっていった。

▶ 科学技術…19世紀には電信技術が発達し，さかんに発明が行われた。
- 1876年，アメリカのベルが電話機を発明。
- 1879年，アメリカのエジソンが白熱電灯を発明。
- 1901年，イタリアのマルコーニが大西洋横断無線電信に成功。

▶ 近代大都市文化…19世紀後半以降の主要国では，近代建築技術を用いて都市改造を実施し，公共建築物や文化施設を建造して国威を示した。
- 1913年に完成したアメリカのウールワースビルは，ゴシック様式の教会を連想させるデザインで，摩天楼の象徴とされた。
- パリではフランス革命100周年にあたる1889年にエッフェル塔が建設され，パリ万博のシンボル的存在となった。

②日本の動き

▶ 殖産興業…明治政府はお雇い外国人らのもとで官営事業を推進した。
- 1870年前後に東京・横浜間の電信開通，東京・京都・大阪間で郵便開始。
- 1872年，新橋・横浜間の鉄道開業。富岡製糸場開業。国立銀行条例公布。
- 1889年，新橋・神戸間の東海道線全通。1890年，東京・横浜間で電話開通。

▶ 文明開化…明治初期には西洋文明を受容する動きが強まった。
- 1873年，太陽暦が実施され，日曜日が休日とされる。
- 1874年，銀座レンガ街が完成。ガス灯が点灯。
- 1882年，銀在通りに電灯(アーク灯)が設置。
- 1885年，日本で最初の白熱電灯が点灯。

▶ 明治文化…1880年代には，条約改正交渉にともなって展開された欧化政策や朝鮮問題を背景に，国粋主義的風潮が強まり，日本美術の再評価なども進んだ。
- アメリカ人のフェノロサは，日本美術に深い関心をもち，伝統的な日本美術の復興を主張して，岡倉天心らとともに東京美術学校の設立などに尽力。
- 黒田清輝は，フランスで印象派の画風を学んで帰国し，東京美術学校の西洋画科創立にかかわった。洋画団体である白馬会の中心。代表作は「湖畔」。
- イギリス人建築家コンドルは，ニコライ堂や鹿鳴館を設計。辰野金吾や片山東熊などの日本人建築家を育成。
- 辰野金吾は日本銀行本店の設計・施工を行った。
- 片山東熊は赤坂離宮(現迎賓館赤坂離宮)を設計。赤坂離宮は1909年に完成。

4節　近代化と現代的な諸課題　　教科書 p.78~83

1 自由・制限

▶自由貿易…国家の干渉を排除した自由貿易。対立する概念が保護貿易。

- 幕末の自由貿易…西洋文物の移入は文明開化の風潮を高め，紡績業が発展するなど産業が発展。金銀比価の相違により金が流出。物価が上昇するなど経済が混乱。
- 自由貿易は感染症の流行にも影響。19世紀以降，コレラが世界的に流行。
- 自由貿易をうながすため，世界貿易機関（WTO）が設立。自由貿易協定（FTA），経済活動の自由化も促進する経済連携協定（EPA）も締結。

▶保護貿易…自国産業の保護などを目的とした，関税などの制限のもとで展開される貿易。幕末・明治期の日本では関税自主権がなく，産業保護が困難だった。

2 平等・格差

▶女性の権利…フランス革命で出された人権宣言には女性の権利が示されず。グージュが女性の権利を主張した「女性および女性市民の権利の宣言」を発表。

3 開発・保全

▶産業革命の進展，植民地での土地開発にともない世界で森林資源が減少し，災害が多発。

▶日本の事例…岩倉使節団は森林保全の必要性を認識→1897年，森林法を制定。

- 昭和期の日本は，かつての清に森林保全能力がなかったことを理由に森林利権をうばおうとしたが，保全しながら開発すべきとの意識をもっていたことがわかる。

4 統合・分化

▶ハワイへの移住…1810年，ハワイ諸島が統一され，ハワイ王国が誕生。

- 1868年，日本人が労働者として初めてハワイに渡航。
- 1898年，ハワイはアメリカに併合。

▶移住者と教育…国内にとどまる人と移住者とでは，教育の在り方は異なる。

- 日本国内の教科書では日本の国旗のみ，ハワイの教科書では日本とアメリカの国旗が示されている→移住者には，日米両国民として成長することが求められる。
- ハワイ在住日系人のうち，沖縄出身者は標準語を把握していないため差別された→グローバル化が進む今日でも，異なる言語や異文化の相互理解が課題。

5 対立・協調

▶東遊（ドンズー）運動…ベトナム（仏領インドシナ）のファン・ボイ・チャウが展開。

- ファン・ボイ・チャウは1904年に維新会を結成。翌年に日本に密出国→独立運動の担い手育成のため，青年を日本に留学させる東遊運動を展開。
- 1907年に日仏協約を締結していた日本は，1908年に200名の留学生を追放→1909年に東遊運動は終結。

▶日清戦争後の日本…日清戦争に勝利した日本は，列強諸国の一員に加わった。

- 1880年代の福沢諭吉の「脱亜論」に象徴されるように，日本はアジアを脱して欧米列強と進退をともにする動きを強めていた。

📝 演習問題 ❸

❶ 次の文中の①～④にあてはまる語句を答え，下線部⑴～⑶に関する問いに答えよ。

　アフリカ大陸ではイギリスの（①　　　　　　　　　　）占領を皮切りに，ヨーロッパ諸国の進出が進んだ。1884年，(1)ドイツが主宰した（②　　　　　　　　　　）会議でアフリカ分割の原則が決められた。アフリカ大陸を南北に縦断するイギリスと東西に横断しようとするフランスがスーダンの（③　　　　　　　　　　）で接触したが，両国の妥協により衝突は避けられた。一部の国では列強の進出に対する(2)抵抗運動などもおこったが，(3)20世紀初頭の段階ではエチオピアと（④　　　　　　　　　　）を除くほとんどの国が植民地化された。

⑴　このときのドイツの首相は誰か。　　　　　　　　　　　　　　（　　　　　　　）

⑵　スーダンでイギリス・エジプト連合軍と戦い，19世紀末まで政権を維持した運動の指導者は何と称していたか。　　　　　　　　　　　　　　（　　　　　　　）

⑶　20世紀初頭の段階における，欧米諸国と獲得した植民地の組み合わせが正しいものはどれか，下の選択肢から選び記号で答えよ。　　　　　　　（　　　　　　　）

> **ア**　イギリス－フィリピン　　**イ**　フランス－ベトナム
> **ウ**　アメリカ－インド　　　　**エ**　ドイツ－ハワイ

❷ 次の問いに答えよ。

⑴　日清戦争に敗北した清は，康有為ら知識人が近代国家建設をめざす運動をおこしたが，保守派のクーデタにより失敗に終わった。このクーデタは何とよばれるか。
　　　　　　　　　　　　　　　　　　　　　　　　　　　　　　（　　　　　　　）

⑵　康有為らの改革は失敗に終わったが，義和団戦争後，再び近代国家制度の導入をはかる改革が行われた。憲法大綱などを発表した一連の改革は当時の皇帝の名をとって何とよばれるか。　　　　　　　　　　　　　　　（　　　　　　　）

⑶　1911年に辛亥革命がおこると，南京で中華民国が成立した。このとき臨時大総統として指導的地位を確立したのは誰か。　　　　　　　　（　　　　　　　）

⑷　1912年に清朝は滅亡したが，そのとき退位した最後の皇帝の名を答えよ。
　　　　　　　　　　　　　　　　　　　　　　　　　　　　　　（　　　　　　　）

⑸　中国分割に出遅れたアメリカは1899年に列強にむけて（　　　　　　　）を発し，中国の領土保全など3原則を提唱した。

⑹　帝国主義時代のアメリカによる，中南米諸国に対する武力干渉政策は，その地域に広がる海の名をとって何とよばれるか。　　　　　　　　（　　　　　　　）

⑺　⑹の政策の一環として，アメリカは中南米のある国において利権を獲得し，大西洋と太平洋を結ぶ運河の開削を行ったが，その国はどこか。　（　　　　　　　）

⑻　⑺の運河開削の利権を獲得したときのアメリカ大統領は誰か。（　　　　　　　）

3 次の文を読み，問いに答えよ。

　20世紀はじめのヨーロッパでは帝国主義の二極化が進んだ。一方，アジア諸国では列強の進出に対抗するため政治改革が行われた。オスマン帝国では，（①　　　　　　）憲法の停止後，専制政治が復活していたが，1908年に（②　　　　　　　　　）革命がおこり，憲法を復活させた。イランではカージャール朝の専制政治に対して1905年にイラン（③　　　　　　　）革命がおこったが英露の干渉により挫折した。また，ロシア国内でも皇帝の専制政治に対する不満が高まっており，日露戦争中の1905年にはストライキをおこした労働者らに軍が発砲した（④　　　　　　　）事件がおこり，多くの死者を出した。

(1)　文中の①〜④にあてはまる語句を答えよ。

(2)　下線部について，帝国主義国間の同盟に関して，その同盟と成立年代の組み合わせが正しいものはどれか，下の選択肢から選び記号で答えよ。　　　　（　　　）

> ア　露仏同盟 – 1882年　　イ　英露協商 – 1891年
> ウ　英仏協商 – 1904年　　エ　三国同盟 – 1907年

4 次の文中の①〜⑦にあてはまる語句を，下の選択肢から選び記号で答えよ。

　1894年，（①）の信徒らが蜂起し，日清両軍が出兵して日清戦争がはじまった。戦局は日本の有利に進み，伊藤博文と（②）との間で下関条約が締結された。この条約にもとづいて（③）が日本に割譲されたが，三国干渉によって清への返還を余儀なくされた。日清戦争は対外的な日本の地位を変化させただけでなく，国内の政治にも大きな変化を生じさせた。政府と政党は接近するようになり，1900年には伊藤博文を総裁とする（④）が組織された。

　1899年に「扶清滅洋」をとなえる（⑤）が蜂起すると，列強8か国が出兵してこれを鎮圧した。出兵したロシアは，その後も満洲に軍隊を駐留させたため，日露間での緊張が高まった。こうしたなかで，1902年，（⑥）が締結された。第1次桂太郎内閣時の1904年に日露戦争がはじまり，翌年にアメリカ大統領セオドア・ローズヴェルトの仲介によって（⑦）が調印された。

①（　　　）　②（　　　）　③（　　　）　④（　　　）
⑤（　　　）　⑥（　　　）　⑦（　　　）

> ア　李鴻章　　イ　日英同盟　　ウ　東学
> エ　義和団　　オ　遼東半島　　カ　立憲政友会　　キ　ポーツマス条約

5 次の問いに答えよ。

(1)　第2次桂太郎内閣のもとで韓国併合条約が締結され，朝鮮総督府が設置されたのは西暦何年か。　　　　（　　　　　　　　　）

(2)　陸軍軍医としてドイツに留学し，ドイツでの体験をもとに『舞姫』などの作品を残したのは誰か。　　　　（　　　　　　　　　）

［解答→p.165］

第3章 国際秩序の変化や大衆化と私たち

1節　国際秩序の変化や大衆化への問い　　教科書 p.86~91

①大衆化とは何か　大衆化と国際秩序の変化とはいかにかかわるのか
- ▶「大衆」の台頭…「大衆」は20世紀初頭にしだいに社会の主人公となり，国内政治や外交に大きな影響力をもった。

②国際秩序の変化とは何か
- ▶第一次世界大戦前…列強の植民地獲得競争と世界再分割による民族の分断と対立がおこり，「宗主国」と「植民地」の構図が生まれた。
- ▶第二次世界大戦後…アメリカを中心とする「資本主義陣営」，ソ連を中心とする「社会主義陣営」，どちらの陣営にも属さない「第三世界」に多極化した。

③世界大戦への反省と再発防止の試み
- ▶国家総動員体制や新兵器を用いて行われた第一次世界大戦が多大な犠牲を生み出したことを反省し，戦後は軍縮や国際連盟の設立などが決められた。
  - 国際連盟規約…国際法の原則の確立と国際協力の促進などが決められた。
  - 国際連合憲章…国際連盟の脆弱さによる第二次世界大戦勃発を反省し，国際連合では独自の軍事力とそれを慎重に行使するための安全保障理事会が創設された。

④反植民地主義と植民地の権利
- ▶植民地の権利…第一次世界大戦後，植民地の自立や独立を求める動きが活発化。
- ▶反植民地主義…石橋湛山は，『東洋経済新報』で小日本主義をとなえた。
  - 石橋湛山は，日本の領土拡張を批判。植民地を放棄して他国への干渉をやめ，小弱国の信頼を得たうえで，自由貿易体制の確立をめざすべきだと主張した。

⑤大衆の政治的・経済的・社会的地位の変化
- ▶日本の大衆運動…新聞，雑誌などのマスメディアの発達を背景に大衆運動が展開。
  - 第一次護憲運動…第3次桂太郎内閣の打倒を掲げ，第一次護憲運動が展開された。大衆が国会議事堂を取り巻いた→同内閣はまもなく総辞職。
  - 大戦景気を背景に実質賃金が低下し，1920年には恐慌が発生→1920年には，日本で最初のメーデーが開催。

⑥アメリカでの新たな生活様式と世界
- ▶1930年の三越デパート開店時のポスターは，関東大震災後の復興を象徴。

⑦20世紀以後も続く大衆化
- ▶第二次世界大戦後，日本では大学が増設され，大衆化が進んだ。高度経済成長期には，中流意識をもつ人々が増加した。

⑧アメリカとソ連の台頭と秩序変容
- ▶第一次世界大戦で疲弊したヨーロッパの経済が低迷する一方，大戦中ヨーロッパに多くの物資を支援していたアメリカは借款の回収で急速に経済成長した。
- ▶ソ連は1928年からの五か年計画により社会主義体制のもとで経済成長を遂げた。

2節　第一次世界大戦と大衆社会 教科書 p.92~111

1 大衆社会の時代 ➡教 p.92〜93

近代化から大衆化へ

①<u>近代国家の人々の義務</u>…納税，兵役，教育→大日本帝国憲法下での臣民の三大義務。
- ▶均質かつ勤勉な労働者としての役割を求められた。
- ▶公教育の整備…国民に対して次の能力を習得させることをめざした。
  - 公用語教育→識字率や基礎学力の向上。
  - 労働者の規律。
  - 国民国家の一員としてのアイデンティティの確立。

②<u>民衆の運動と政治への影響</u>…国民による政治参加を求める運動が拡大。
- →国民は義務を担うことになった背景から，参政権の獲得後，政治に意見を述べるようになった。
- ▶社会主義思想…労働者階級の権利意識の高まり→**労働運動**や**普通選挙運動**へ発展。
- ▶日本の普通選挙運動…大正時代にはデモクラシーの風潮が強まり，普選運動が高揚。
  - →1925年に普通選挙法が制定。財産制限が撤廃され，25歳以上男性は選挙権を獲得。女性参政権が認められたのは，第二次世界大戦後の1945年。
- ▶**社会**の成立…男性が中心の構成→女性が社会へ参加し，有権者，労働者，消費者として認知される。

③<u>生活の変化</u>
- ▶テクノロジーの発達…電信電話，蒸気機関，自動車など。
- ▶**マスメディアの発達**…新聞，雑誌，ラジオなど。
  - →これらの発達をとおして，人々の情報に触れる機会が増え生活を向上させた反面，人々の行動原理などの**画一化**を促進した。
- ▶国家の動き…国民に対し，さまざまなサービスを提供し，治安維持や情報統制のしくみを構築→大衆社会を受け，国民を無視した政策を打ち出せなくなった。

大衆化と総力戦

①<u>第一次世界大戦と**総力戦**</u>…第一次世界大戦は，国家が生産力，人口のすべてを投入する国家総動員の戦争となり総力戦とよばれた。国内の女性や青少年が動員されただけでなく，植民地の人々も労働者や兵員として徴発された。

②<u>女性の就労拡大</u>…総力戦実現のために国民間の経済格差や性差別は望ましくないと考えられ，それらを取り除く政策も導入された。

❤ 兵器工場に動員されたフランスの女性たち

- ▶女性就労の部門拡大…工場労働者，電話交換手，トラクター運転手，警官など。

③<u>優生学</u>[※1]…人間の遺伝子を組み替えその性質の改良をはかることで，国民そのものの資質「改良」をめざす考え方が各国でさかんになった。

④国民教化システム…各国では国民を教化し統合する制度や組織も生まれた。
- ▶ヒトラー・ユーゲント…第一次世界大戦後のドイツで生まれた青少年組織。通常の教育だけではなく，軍事教練やナチス的思想の教化がなされ，ナチスの体制維持に利用された。
- ▶人口統計や社会統計の整備システムの構築が各国で進められ，社会を数量的に把握しようとした。
- ▶**社会保障制度**を整え，国民生活を保障することで**国民統合**の実現をめざした。

⑤総力戦下での教育
- ▶学校や軍隊においては一国民としてのアイデンティティの育成が重視された。
- ▶文化的統制…政府は歌謡や演劇などを，その内容だけでなく，それを楽しむ場もふくめて人々が動員体制に「心」から合意することを可能にするメディアとして重視し利用した。

😈 **用語解説**

*1 **優生学**…「望ましい」遺伝的の性質をもつとされた人が子どもを産むことを奨励するとともに，そうでない人が子孫を残すことを制限する考え方。しかしその結果，人種差別や障がい者を排除しようとする思想を生んだ。

2 第一次世界大戦の展開➡教 p.94〜95

大戦の背景と経緯

①**ヨーロッパの火薬庫**…1910年代のバルカン半島は，オスマン帝国の衰退にともない，三国協商と三国同盟の帝国主義国家間の利害対立や半島内の民族独立運動がおこり不安定な状況。

　▶ドイツの動き…**3B政策**[*1]によりバルカン半島を横断し，中東方面へ進出。

　▶ロシアの動き…南下政策にもとづきセルビアやギリシアなどへ影響力を強めた。

②**サライェヴォ事件**…1914年6月，オーストリア皇太子夫妻がボスニアのサライェヴォを訪問中にセルビア人の青年により暗殺。これにより，オーストリアがセルビアに宣戦し，各国が順次介入した。

③**ロシアの宣戦**…同盟国側のオーストリアがロシアの影響下にあるセルビアに宣戦したことにより，ロシアは総動員令を発し介入。

④**ドイツの宣戦**…ロシアの対オーストリア宣戦を受け，三国同盟のドイツが支援のためロシアに宣戦。

⑤**大戦勃発**…ロシア，ドイツの宣戦により，ドイツ・オーストリアを中心とする同盟国とロシア・イギリス・フランスを中心とする協商国（連合国）の間で第一次世界大戦が勃発した。その後，世界各国がそれぞれの利害に従って戦争に加わった。

⑥**各国の参戦**

　▶オスマン帝国…ドイツと緊密な関係であったため，同盟国側で参戦。

　▶イタリア…開戦当初は中立であったが，**三国同盟を破棄**[*2]して連合国側で参戦。

⑦**日本の参戦**…第2次大隈重信内閣（加藤高明外相）は日英同盟を理由に参戦を決定。

　▶ドイツに宣戦を布告。日本はドイツの根拠地青島と山東省の権益を接収し，ドイツ領南洋諸島の一部を占領。

　▶第2次大隈内閣は，1915年，中国における利権拡大のため，袁世凱政府に**二十一か条要求**を行った。

> ①山東省のドイツ権益の継承。
> ②南満洲の租借地・鉄道経営権99年間延長。
> ③**漢冶萍公司**[*3]の日中共同経営。
> ④中国沿岸の港湾や島の他国への不割譲。
> ⑤中国政府への日本人の政治・財政及び軍事顧問，日本人警察官の採用。

　▶第5号（日本人顧問の採用）を削除したうえで，最後通牒を発して中国に認めさせた
　　→中国では，これを受諾した5月9日を国恥記念日とした。

⑧**戦争の拡大**…帝国主義国とその植民地をもふくむこの戦争はヨーロッパだけでなく，アフリカ・中東・東アジア・太平洋地域にまで拡大した。

総力戦体制

①**戦争の長期化**…当初，短期決戦を考えていた各国の予想に反して戦争は長期化。新兵器の登場により軍人，民間人問わず多大な被害をおよぼした。

　▶戦線の膠着…陸上戦では機関銃の使用により**塹壕戦**が中心。

　▶新兵器の使用…毒ガス，戦車，飛行機の使用。

⬇第一次世界大戦中のヨーロッパ

②国家総動員体制…戦争の長期化で，各国政府は国民を広く動員し，政府による経済統制を強めた。

⬇第一次世界大戦の戦死者・戦傷者数（人）

	連合国	同盟国
戦死者（軍）	5,712,000	4,010,000
戦傷者（軍）	12,809,000	8,420,000
戦死者（民間）	3,675,000	3,143,000

　▶女性の動員…男性が戦場に出て国内の労働力が不足したため，女性を動員して工場などでの労働力とした。

　▶各国社会主義政党は反戦を主張していたが，その多くが自国政府の支持に方向転換し，総力戦体制へと組みこまれた。

戦争への不満と終戦

①アメリカの参戦…アメリカは当初中立であったが，ドイツの**無制限潜水艦作戦**[*4]により自国民の被害が出たことを受けて1917年4月にドイツに宣戦。

②**ロシア革命**…厭戦気運が高まったロシアでは1917年11月，レーニン率いるボリシェヴィキが革命により政権を掌握。新たに成立したソヴィエト政権は1918年3月，ドイツと**ブレスト・リトフスク条約**を結び戦争から離脱した。

③ドイツ革命…1918年11月，ドイツでは国内で兵士や労働者による革命がおこり，ヴィルヘルム2世の帝政が崩壊して，ドイツ共和国が成立。臨時政府が連合国と休戦協定を結び，第一次世界大戦は終結した。

④戦後の状況…ヨーロッパの覇権の衰退と民族運動の高揚。

　▶ヨーロッパの変容…オーストリア，ドイツのヨーロッパ諸民族支配が崩壊，ロシアは領土が縮小。

　▶植民地…戦前に交わされた自治の約束が守られなかったことで独立運動が激化。

用語解説

*1 **3B政策**…ベルリン・ビザンティウム（イスタンブル）・バグダードを結ぶ，ドイツが中東進出をはかる帝国主義政策の呼称。

*2 **三国同盟を破棄**…イタリアは，領土問題をめぐり同盟国のオーストリアと対立していたため三国同盟から離脱した。

*3 **漢冶萍公司**…湖北省の漢陽製鉄所，大冶鉄山，萍郷炭鉱を一括経営した製鉄会社。

*4 **無制限潜水艦作戦**…ドイツがイギリスの封鎖を狙った潜水艦による通商破壊作戦。これによりアメリカ人を多数乗せたイギリスのルシタニア号が撃沈された。

3 国際協調体制の形成➡教 p.96～97

ヴェルサイユ体制と国際連盟

①**十四か条の平和原則**[*1]…1918年，第一次世界大戦中にアメリカ大統領**ウィルソン**が戦後
の平和構想を発表。これにもとづき**パリ講和会議**が開かれ，諸条約が結ばれた。

②**パリ講和会議**…1919年，米・英・仏を中心とする戦勝国を中心に同盟国との条約を審
議した。しかし，これは戦勝国の利益を優先し敗戦国に対する報復の要素を多分にふ
くんでいた。

▶**ヴェルサイユ条約**…対ドイツ。全海外植民地の放棄，**アルザス・ロレーヌ**[*2]を仏へ割
譲，ラインラントの非武装化，軍備制限，賠償金が課せられた。

▶オーストリア(サン・ジェルマン条約)，トルコ(セーヴル条約)なども多くの領土を
失った。

③**国際連盟**…1920年1月，ウィルソンの十四か条のなかで提唱された，国際平和機構の
設立にもとづき創設。

④**民族自決**[*3]…十四か条で提唱された民族自
決の原則にもとづき，オーストリア・ハ
ンガリー帝国やオスマン帝国が解体され，
またロシア帝国の崩壊により中東欧には
新たな独立国家が誕生した。ただし，こ
の原則はヨーロッパ諸国にのみ適用され，
それを強く望んでいたアジア・アフリカ
の民族には適用されなかった。

⑤**委任統治**…国際連盟に委任された国が非
独立地域を支配する方式。旧オスマン帝
国領内ではイラクやトランス・ヨルダン，
パレスティナをイギリスが，シリアやレ
バノンはフランスが委任統治を行った。

◥ 第一次世界大戦後のヨーロッパ

⑥戦間期のヨーロッパ

▶**ルール占領**…戦争被害が大きく対独復讐感情が高まっていたフランスは，ベルギー
を誘い，ドイツの賠償金支払い遅延を理由にルール工業地帯を占領した。その後，ド
イツでは**シュトレーゼマン**が首相に就任し，通貨改革や履行政策で混乱を収拾した。

▶**ドーズ案**…アメリカの銀行家ドーズにより賠償問題に関する返済方法と期限の緩和
計画が示され，これにより西欧経済は一時的に復興し，旧連合国によるアメリカへ
の戦債支払いも安定した。

▶**ロカルノ条約**…1925年，ヨーロッパの**集団安全保障**[*4]を定めた条約。この条約でライ
ンラントの非武装化が再確認され，翌年にはドイツの国際連盟加入が決定した。

▶不戦条約…1928年，国際紛争解決の手段に戦争を用いないことが決められた。

▶国際連盟の欠陥…国際連盟は当初，ドイツ・ソヴィエト政権が排除され，アメリカ
も加盟しなかった。これらの大国を欠いた指導力の弱い組織であったことに加え，
独自の軍事力をもたず経済制裁しか制裁手段をもたないという問題点があった。

ワシントン体制[*5]と軍縮

①**ワシントン会議**…1921～22年。ハーディング米大統領の提唱で開催。
　▶高橋是清内閣時に開催。全権は加藤友三郎, 幣原喜重郎, 徳川家達。
　▶**四か国条約, 九か国条約**, ワシントン海軍軍縮条約調印。

②両大戦間期の国際条約…第一次世界大戦後は国際協調の動きが加速。

条約名（成立年月）		内　　　　容
ヴェルサイユ条約 （1919.6）		第一次世界大戦後の処理。 国際連盟設立(1920)。
ワシントン会議	四か国条約 （1921.12）	米・英・日・仏。太平洋地域の平和に関する条約。 これによって日英同盟終了。
	九か国条約 （1922.2）	米・英・日・仏・伊・ベルギー・オランダ・ポルトガル・中国。中国問題に関する条約。この条約に関連する山東懸案解決条約で日本は山東半島における旧ドイツ権益を返還。
	海軍軍縮条約 （1922.2）	米・英・日・仏・伊。主力艦保有量の制限。今後10年間の主力艦建造を禁止。
ジュネーヴ軍縮会議(1927.6)		米・英・日。補助艦の保有制限。米・英の対立などで決裂。
不戦条約(1928.8)		武力による紛争解決を行わないことを規定。
ロンドン海軍軍縮条約 （1930.4）		米・英・日・仏・伊。主力艦の保有制限・建造禁止を1936年まで延長。米・英・日の補助艦保有量の制限。

③日本の動向…憲政会(のち立憲民政党)の外相幣原喜重郎の下で**協調外交**[*6]を展開。
　▶国際連盟の常任理事国へ。赤道以北の旧ドイツ領南洋諸島を委任統治。
　▶山東省の権益を中国に返還。
　▶浜口雄幸内閣時には, ロンドン海軍軍縮条約をめぐり**統帥権干犯問題**[*7]が発生。

用語解説

*1　**十四か条の平和原則**…秘密外交の禁止, 公海の自由, 自由貿易, 軍縮, ヨーロッパ諸国民の民族自決, 国際平和維持機構の創設などが提唱された。

*2　**アルザス・ロレーヌ**…フランスとドイツの国境地帯に位置する資源の豊富な地域。中世以降, フランスとドイツはこの地をめぐり抗争をくり返した。

*3　**民族自決**…被支配民族がみずからの意思でその帰属や政治決定をすること。

*4　**集団安全保障**…国際連盟のような世界的な国家の集合体により, 平和を破壊する国家があった場合に制裁を科すなどして平和を保障すること。

*5　**ワシントン体制**…ワシントン会議で構築された太平洋・東アジアの国際秩序。多国間の協調と現状維持の原則により日本の膨張を抑制する意図があった。

*6　**協調外交**…ワシントン体制を前提に, 欧米諸国と協調しつつ, 中国に対しては内政不干渉・武力不行使を原則としながら, 経済的権益の拡大を追求する外交路線。

*7　**統帥権干犯問題**…浜口内閣が海軍軍令部の承認なしに兵力量を決定したのは天皇に属する統帥権の干犯であるとして, 海軍軍令部や右翼などから攻撃された。

4 ソヴィエト連邦の成立と社会主義➡教 p.98〜99

ロシア革命とソヴィエト連邦の成立

①第一次世界大戦前のロシア…19世紀末，ロシアで社会主義政党が成立，政府に対し反戦を訴えるも，大戦勃発。

　▶ロシア社会民主労働党…1903年のロンドン党大会で，多数派の**ボリシェヴィキ**と少数派のメンシェヴィキに分裂した。

②ロシア革命…戦争の長期化により食糧不足が深刻化し反戦気運が増大。

　▶**二月革命**[*1]…1917年3月，首都ペトログラードで労働者によるストライキが発生。そこに兵士も加わり**ソヴィエト**[*2]が結成された。

　▶ロマノフ朝滅亡…国会で**臨時政府**が樹立され，皇帝ニコライ2世は退位。これによりロマノフ朝が滅亡した。

　▶二重権力状態…臨時政府では資本家の支持する立憲民主党が権力を掌握し，戦争継続を決定したため国民の政府に対する不満が高まった。一方，地方ではその他の政党がソヴィエトを結成しつつ臨時政府に協力。

　▶**十月革命**[*3]…レーニンが率いるボリシェヴィキは，即時停戦と臨時政府打倒をめざして11月7日に武装蜂起し，臨時政府打倒に成功した。

③ソヴィエト政権成立…臨時政府を倒したレーニンはソヴィエト政権を樹立。

　▶レーニンは「**平和に関する布告**」[*4]を発表。全交戦国に即時停戦をよびかけ，第一次世界大戦から離脱(ドイツとブレスト・リトフスク条約を締結)した。

④反革命の動き…反革命軍(白軍)が台頭するとソヴィエト政権は赤軍を組織して対抗。チェカ(非常委員会)を設置して反革命勢力の抑制をはかった。

⑤対ソ干渉戦争…革命の波及を恐れた英米日仏は革命政権の打倒をめざし，軍事介入(対ソ干渉戦争，シベリア出兵)した。

　▶**戦時共産主義**…外国軍の干渉に対し，ソヴィエト政権は農村地域では穀物の強制徴発，都市部では中小企業を国有化するなど強力な経済統制を行ったが，国民の生産意欲は減退し経済は荒廃した。

　▶新経済政策(ネップ)…荒廃した経済を立て直すため，ソヴィエト政権は政策転換。穀物徴発制を廃止し，中小企業の私営を許可した。これにより国民の不満は取り除かれ経済は回復した。

⑥**コミンテルン**成立[*5]…1919年，ロシア共産党を中心に，各国の革命運動を支援して世界革命をめざす共産主義インターナショナル(コミンテルン)が成立した。その影響を受け各国では共産主義系政党が成立した。

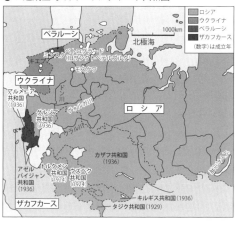

⬇ソ連成立時の四つのソヴィエト共和国

⑦<u>ソ連の誕生</u>…内戦は赤軍が勝利し，1922年，ロシア・ウクライナ・ベラルーシ・ザカフカースの4か国からなる**ソヴィエト社会主義共和国連邦**（ソ連）が成立した。

　▶ソヴィエト共産党を中心とする一党独裁体制と，計画経済にもとづく国家建設を進めた。

社会主義運動の拡大

①ヨーロッパの社会主義運動と労働運動

　▶大戦後，多くの国で参政権が拡大された。その結果，労働者政党の政治的な力が強まった。

②日本の社会主義運動と労働運動

　▶労働組合期成会…1897年。高野房太郎らにより結成。

　▶社会民主党…1901年結成。最初の社会主義政党。まもなく結社禁止。

　▶日本社会党…1906年。結成時，第1次西園寺公望内閣が合法政党と認める。

　▶日本共産党…1922年。コミンテルンの日本支部として非合法のうちに結成。

　▶**友愛会**…1912年に鈴木文治らが結成。1921年に結成された**日本労働総同盟**の前身。名称の変化とともに，労資協調主義から階級闘争主義へと転換。

③アジア・アフリカ諸国の社会主義運動…十四か条における**民族自決**の原則が適用されなかったアジア・アフリカ諸国では独立運動が高揚。世界すべての民族自決を提唱したレーニンの影響を受け，各地では共産党がつくられた。

　▶中国…大戦中，**新文化運動**[*7]がおこり，マルクス主義が台頭。コミンテルンが指導し，陳独秀らによって中国共産党成立。

　▶ベトナム…1930年，コミンテルンの指導で**ホー・チ・ミン**がインドシナ共産党結成。

👹 用語解説

*1 **二月革命**…当時ロシアは他の多くの国が使用するグレゴリウス暦ではなく，それより13日遅れたユリウス暦を使用していたので，西暦の三月革命はロシアでは二月革命となる。十月革命も同様。

*2 **ソヴィエト**…ロシア語で「会議」の意味。もとは工場を母体とする選挙にもとづく代表の会議として発足した。

*3 **レーニン**…ボリシェヴィキの指導者。ロマノフ朝の弾圧によりスイスに亡命していたが，ロマノフ朝滅亡後に帰国した。「四月テーゼ」で「すべての権力をソヴィエトへ」と訴え，臨時政府を打倒して権力を掌握した。

*4 **「平和に関する布告」**…全世界の人民に対して無併合・無賠償・民族自決にもとづく即時停戦をよびかけた。

*5 **コミンテルン**…ロシア共産党を中心とした国際統一組織。アジア諸国の民族運動を支援，各国共産主義政党を指導することにより世界革命をめざした。

*6 **民族自決**…ウィルソンが十四か条で提唱した民族自決はヨーロッパにのみ適用されるものであったのに対し，レーニンは世界すべての民族に対する民族自決を提唱した。

*7 **新文化運動**…1910年代に知識人や民族資本家が成長したことでおこった啓蒙運動。中国の伝統的な古い道徳や制度が批判され，「民主と科学」が提唱された。

5 アメリカ合衆国の台頭と大量消費社会➡教 p.100〜101

アメリカ合衆国の繁栄の光と影

①債権国アメリカ…第一次世界大戦で多くの物資を連合国に輸出したアメリカは，戦後，**債権国**[*]となり大きな経済発展をとげた。

②**大量生産・大量消費社会**…経済の発展で大量生産が可能になり，生産コストの削減に成功し，消費者が大量に消費してさらに経済が発展するという好循環を生み出した。

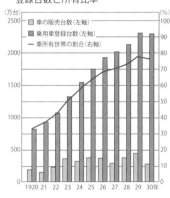

▲アメリカにおける自動車販売台数・登録台数と所有比率

　▶自動車，電気製品(冷蔵庫・洗濯機)などの新産業を中心に経済が発展。

　▶事務系の仕事を担うホワイトカラー層が中産階級として社会の中心に。

　▶**生産ライン方式**[*2]…ライン作業で生産を効率化することによって自動車などの大量生産が可能となり，庶民でも買える低価格の自動車が生産された。

　▶クレジット(月賦)販売やチェーンストアの増加により消費者の購買意欲を促進した→現代の資本主義社会の特徴。

　▶都市人口が農村人口を上回るようになった。

　▶大衆文化も生まれたが，資源の浪費や環境破壊問題も顕在化した。

③**大衆文化の開花**…1920年代のアメリカでは大衆の新たな生活様式を基礎に，音楽・演劇・スポーツなどの娯楽を中心に，現代大衆文化が普及。

　▶**プロスポーツ**としての野球やジャズが流行。

　▶従来の女性像を否定する「フラッパー」とよばれる若い女性の登場。

　▶女性参政権の確立…第一次世界大戦中の戦時協力などにより，1920年に実現した。

　▶雑誌・ラジオ・映画→急速に普及。ハリウッド映画は世界各地にアメリカ文化を浸透させた。

④**アメリカ社会の影**…華やかな繁栄をみせるアメリカ社会の陰では排外的な風潮も高まっていった。

　▶**移民法**…1924年成立。この法により**新移民**[*3]が制限された。新移民の多くは，従来の西欧・北欧からの移民やアメリカ人の多数派であるプロテスタントではなかったことが背景にある。また，新移民だけでなく日系移民も禁じられた。

　▶左翼弾圧…ソ連の誕生で共産主義を敵視・排除→**サッコ・ヴァンゼッティ事件**[*4]。

　▶禁酒法…1919年成立。酒類の販売と製造を禁止した。キリスト教的道徳を強要する宗教的な意味と労働者の生産効率を向上させる経済的な意味をもっていたが，酒の密造・密売が横行したため，1933年に廃止された。

　▶**WASP**[*5]の優越性保持…大戦終結後の社会でもWASPとされる人々が社会的に大きな力をもった。

　▶黒人問題…第一次世界大戦後の外国人排除の風潮が高揚し，人種差別的な秘密結社KKK(クー・クラックス・クラン)による黒人に対する迫害が強まった。

大衆文化の広がり

①日本の動向…アメリカの大衆文化は，日本にも影響を与えた。

- ▶ 第一次世界大戦前後の時期には，東京日本橋の三越や大阪の阪急など，品物を陳列，販売する百貨店が各地にできた。
- ▶ 現在の阪急電鉄の創始者とされる小林一三は，遊園地・温泉・宝塚少女歌劇団(宝塚歌劇団)の劇場などの娯楽施設を経営。沿線の住宅地開発を進めた。
- ▶ 私鉄がその発着駅に付属させる形で設置したターミナルデパートは，大阪梅田の阪急百貨店がはじまりだとされている。
- ▶ 東京・大阪などの大都市では，俸給生活者(サラリーマン)が大量に出現し，**職業婦人**[*6]や学生も新たな生活様式を模索。郊外には**新中間層**[*7]向けの**文化住宅**[*8]が建設された。

用語解説

*1　**債権国**…対外資産が対外債務を上回っている国のこと。アメリカは「債務国から債権国へ」転化した。1920年代のアメリカ経済の好況ぶりは「永遠の繁栄」とよばれた。

*2　**生産ライン方式**…流れ作業をとる製品の組み立て工程。自動車メーカーのフォード社は工場にベルトコンベアーを導入することで作業の効率化とコストダウンに成功した。

*3　**新移民**…東欧・南欧出身の新移民は識字率が低く，カトリック，ユダヤ教徒，ギリシア正教徒が多数を占めた。

*4　**サッコ・ヴァンゼッティ事件**…イタリア系移民で無政府主義者とされるサッコとヴァンゼッティが，冤罪により死刑宣告された事件。

*5　**WASP**…ホワイト・アングロサクソン・プロテスタントの略語で，イギリス系の白人でプロテスタントを信仰する人々を指す。

*6　**職業婦人**…女性の社会進出が進んだ大正・昭和初期に，タイピスト・電話交換手・バスの車掌・事務員などの職についた女性のこと。

*7　**新中間層**…ホワイトカラーのサラリーマンなど，都市の中産階級のこと。

*8　**文化住宅**…ガラス戸や応接間を備えた和洋折衷の住宅。

演習問題❹

1 次の文中の①〜⑥にあてはまる語句を答え，下線部に関する問いに答えよ。

　　1910年代のバルカン半島は列強の進出や民族問題が複雑に絡み合い
（①　　　　　　　　　）とよばれる不安定な状況であった。1914年，オーストリア皇太子
夫妻がセルビア人青年に暗殺される（②　　　　　　　　　）事件がおこると，オーストリ
アがセルビアに宣戦した。これをきっかけに各国が次々に参戦し，ドイツ・オースト
リアを中心とする（③　　　　　　　　　）国と，イギリス・フランスなどを中心とする
（④　　　　　　　　　）国による₍₁₎第一次世界大戦がはじまった。

　　総力戦となったこの戦争は，当初の各国の₍₂₎予想に反して長期化したが，ドイツが
敢行した（⑤　　　　　　　　　）作戦により，自国民が被害を受けたことを契機にアメリ
カが参戦し戦局は動いた。やがて各国で反戦気運が増大し，（⑥　　　　　　　　　）条約
でドイツと講和したロシアが戦線から離脱すると，そのドイツでも革命がおこり帝政
は崩壊。新政府が休戦条約に調印してこの戦争は終結した。

(1) 下線部(1)についてこの戦争が「世界大戦」とよばれるのには，どのような理由が考
　　えられるか。　（　　　　　　　　　　　　　　　　　　　　　　　　　　　　　）

(2) 下線部(2)について第一次世界大戦が長期化した理由として正しくないものを下の
　　選択肢から選び記号で答えよ。　　　　　　　　　　　　　　（　　　　）

> ア　陸上では塹壕戦が中心となった。　イ　毒ガスなどの新兵器が使用された。
> ウ　ロシア革命がおこった。　エ　各国社会主義政党が政府の戦争を支持した。

2 右の図は第一次世界大戦後のヨーロッパの地
図である。これを見て，問いに答えよ。

(1) 右図の戦後秩序はウィルソンの提唱した
　　十四か条の原則にもとづいて構築されたが，
　　十四か条の内容として正しくないものを下の
　　選択肢から選び記号で答えよ。　（　　　）

> ア　自由貿易　　イ　公開外交
> ウ　公海の自由　エ　領土保全

(2) ウィルソンの提唱した民族自決の原則により新興国が成立したが，それらの国は
　　縦一列に並んでいることがわかる。どのような理由が考えられるか。
　　　　　　　　　　　　　　　（　　　　　　　　　　　　　　　　　　　　　　　）

(3) 1923年，ドイツの賠償金滞納を理由としてフランスとともに図①の地方を占領し
　　た国の名を記せ。　　　　　　　　　　　　　　　　　　（　　　　　　　　　）

(4) (3)に見える賠償問題を解決するためにアメリカが提唱した案を何というか。
　　　　　　　　　　　　　　　　　　　　　　　　　　　（　　　　　　　　　）

3 次の問いに答えよ。

(1) 二重権力状態が続いた二月革命後のロシアで，レーニンが率いた政党は何か。カタカナで答えよ。　　　　　　　　　　　　　　　　　　　　（　　　　　　　　）

(2) ソヴィエト政権成立後，革命の余波をふせぐために英仏米日がソヴィエト政権に対して行った一連の軍事行動を何というか。　　　　　　　　（　　　　　　　　）

(3) (2)の軍事行動のさなか，ソヴィエト政権は食料の強制徴発や強力な経済統制を行ったが，この政策は何とよばれるか。　　　　　　　　　　（　　　　　　　　）

(4) 1919年に創設された，各国の革命運動を支援する共産主義インターナショナルを何というか。　　　　　　　　　　　　　　　　　　　　　　（　　　　　　　　）

(5) マルクス主義に傾倒し，(4)の指導を受けて中国共産党を創立した人物は誰か。
　　　　　　　　　　　　　　　　　　　　　　　　　　　　（　　　　　　　　）

(6) ベトナムでインドシナ共産党を結成した人物は誰か。　（　　　　　　　　）

4 右のグラフを見て，問いに答えよ。

(1) グラフのタイトルの（　　）にあてはまる語句を答えよ。　　　　　　　（　　　　　　　　）

(2) 1920年以降に(1)の商品の販売数が急速に伸びている理由として挙げられる，当時導入された生産方式は何か。　　　　（　　　　　　　　）

(3) (1)の生産数と販売数が急速に増加している要因として，(2)のほかにどのような社会背景があると考えられるか。
　　（　　　　　　　　　　　　　　　　　　）

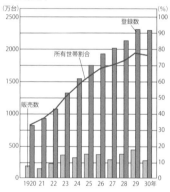

↓アメリカの（　　）の販売数・登録数と所有比率

(4) 1920年代のアメリカにおいて普及したのはグラフ中の商品のほかにもいくつか挙げられるが，その商品として正しくないものを下の選択肢から選び記号で答えよ。　　　　　（　　　　　　　　）

> ア　カラーテレビ　イ　洗濯機　ウ　冷蔵庫　エ　掃除機

(5) 1920年代のアメリカは，経済の発展と豊かな生活を享受した反面，その社会において排外的で不寛容な傾向も表面化した。そのような傾向に関することがらとして正しくないものを下の選択肢から選び記号で答えよ。　　　　　　　　（　　　　　）

> ア　移民法　イ　反共産主義　ウ　新文化運動　エ　禁酒法

(6) (5)のような風潮が高まった背景には，建国以来，アメリカ社会の中心を構成するとみなされてきた人々の影響がある。そのような社会層を何というか。アルファベット4文字で答えよ。　　　　　　　　　　　　　　　（　　　　　　　　）

5 次の文中の①～⑨にあてはまる語句を，下の選択肢から選び記号で答えよ。

　　1914年に第一次世界大戦が勃発すると，立憲同志会の加藤高明を外相とする当時の第2次大隈重信内閣は，（　①　）を理由に参戦を決定した。日本は（　②　）におけるドイツ領の南洋諸島や，中国におけるドイツの拠点だった山東半島の（　③　）を占領した。さらに，翌年には，袁世凱の主導する中華民国の政府に対し，（　④　）を行った。それは，山東省のドイツ権益の継承，（　⑤　）の経営への参画などを内容とするものであった。第2次大隈内閣は強い態度で最後通牒を発し，希望条項とされた第5号の（　⑥　）の中国政府への雇用など一部を除いて，（　④　）の大部分を承認させた。中国ではこの要求を受諾した5月9日を，国恥記念日として，排日気運を高めた。

　　第一次世界大戦の勃発は，日本に大戦景気をもたらし，また，大正後期から昭和初期にかけて，社会は大きく変化した。都心部から郊外に延びる鉄道沿線には（　⑦　）向けの（　⑧　）が建設され，大阪の梅田などには私鉄が経営する（　⑨　）が出現した。

> ア　青島　　　　　イ　漢冶萍公司　　　　ウ　新中間層
> エ　日本人顧問　　オ　二十一か条要求　　カ　太平洋
> キ　日英同盟　　　ク　ターミナルデパート　ケ　文化住宅

①(　　) ②(　　) ③(　　) ④(　　) ⑤(　　)
⑥(　　) ⑦(　　) ⑧(　　) ⑨(　　)

6 次の表中の①～⑦にあてはまる語句を，下の選択肢から選び記号で答えよ。

条約名(成立年月)		内　容
ヴェルサイユ条約(1919.6)		第一次世界大戦後の処理。（　①　）設立(1920)。
ワシントン会議	（　②　）(1921.12)	米・英・日・仏。太平洋地域の平和に関する条約。これによって日英同盟終了。
	九か国条約(1922.2)	米・英・日・仏・伊・ベルギー・オランダ・ポルトガル・中国。（　③　）問題に関する条約。この条約に関連する山東懸案解決条約で日本は山東半島の旧ドイツ権益を返還。これによって石井・ランシング協定廃棄。
	海軍軍縮条約(1922.2)	米・英・日・仏・伊。（　④　）保有量の制限。今後10年間の（　④　）建造を禁止。
（　⑤　）軍縮会議(1927.6)		米・英・日。補助艦の保有制限。米・英の対立などで決裂。
（　⑥　）(1928.8)		武力による紛争解決を行わないことを規定。
（　⑦　）(1930.4)		米・英・日・仏・伊。（　④　）の保有制限・建造禁止を1936年まで延長。米・英・日の補助艦保有量の制限。

> ア　ロンドン海軍軍縮条約　　イ　中国　　　ウ　不戦条約
> エ　主力艦　　オ　ジュネーヴ　　カ　国際連盟　　キ　四か国条約

①(　　) ②(　　) ③(　　) ④(　　)
⑤(　　) ⑥(　　) ⑦(　　)

［解答→p.165］

6 アジアの経済成長と移動する人々➡教 p.102~103

アジアの経済発展

①日本の大戦景気…第一次世界大戦による好景気。
重工業化が進んだ。

　→都市経済の発展と大衆社会につながる。

②アジアでの経済発展…ヨーロッパが戦場となる
なかで，アジアでは経済発展が進行。

　▶インド…第一次世界大戦に勝利することを優
　　先したイギリスは，植民地の住民に戦争協力
　　を要請→インドに自治を約束し，インドの工
　　業化にも配慮。

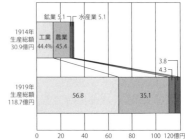

◇工業生産額と農業生産額の変化

　▶中国…輸入に依存していた製品の国内生産量を増やした。
　▶中国資本の紡績工場…日本の**在華紡***1と競合しつつ，中国経済の発展を支えた。

③第一次世界大戦後のアジア…経済発展がめざされたが，戦後ヨーロッパ各国がアジア
への輸出を再開した影響を受け難航した。

国境をこえて移動する人々

①日本人による海外への移動…1868年のハワイ移民以降，多くの人々が海外へ。

　▶沖縄県出身の移民者の移住先の中心は，ハワイ→南米（20世紀初頭）→東南アジア，
　　中南米（1920年代）と変化した。

②アメリカによる移民規制…アメリカ合衆国では，アジアなどからの移民を規制。

　▶1880年には，中国人移民を停止（10年間の期限付き）。1902年には，中国人移民を恒
　　久的に禁止。
　▶低賃金で働く中国人移民は白人労働者と競合。
　　→カリフォルニア州では，人口の1割近くを中国人移民が占めた。

③アメリカにおける日本人移民排斥問題

　▶日露戦争後…日本人移民の排斥問題がおこった。1906年，サンフランシスコ大地震
　　に際し，**黄禍論***2が高揚。
　　→日米紳士協約…1907年から翌年に合意された，日本人移民の自主規制をはかる協約。
　▶第一次世界大戦後…年間の移民総数の増加を受け，移民法が制定。
　　→1924年の移民法では，各国の人口構成を基準に各国に数が割りあてられた。アジ
　　　ア諸国からの移民を全面的に禁止するもので，すでに中国人移民が禁じられてい
　　　たため，排日移民法ともよばれる。
　　→1924年の移民法以後，中南米，東南アジア，朝鮮，台湾への日本人移民が増大。
　▶第二次世界大戦後…1952年に日本人の移民が認められたが，割りあて制度の廃止は，
　　1965年の新移民法の制定まで続いた。

④沖縄からの移民…1920年の戦後恐慌をはじめ，不況を背景に移民が増大。

　▶サトウキビ，サツマイモ栽培など零細な農業に従事する人々が多く，本土の経済と
　　密接に結びついていた→慢性的な恐慌に陥った1920年代には移民が増大。
　▶日本企業が進出していたフィリピンなどの東南アジア，中南米への移民が増大。

⬇沖縄県出身移民の分布

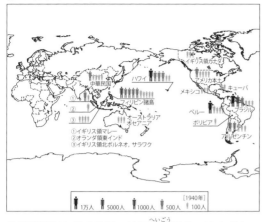

⬇在日朝鮮人数と在外日本人数
の推移

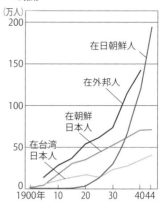

⑤朝鮮半島からの移民…韓国併合以後，日本列島への朝鮮人移民が増大。

▶朝鮮総督府は，土地所有権を明確にして統治のための財源を確保する事業として土地調査事業を推進した。

▶国策会社である東洋拓殖会社が朝鮮最大の巨大地主へと成長する一方，多くの朝鮮人が土地をうばわれた。

▶土地を失った朝鮮人のなかには，収入を求めて日本に移住する者もいた→関東大震災の混乱のなかで，朝鮮人殺害事件が発生。

⑥日本への留学…漢字文化圏をふくむアジアでは，日本は近代化モデルとみなされた。

▶中国は欧米諸国，日本に留学生を送り出した→欧米から近代的な文物を直接取り入れる，日本を経由して欧米の文物を取り入れるといった動きが加速。

▶フランスの支配下にあったベトナムでは，フランスの支配に反発する人々の間で，日本への留学をうながす運動が生まれた→日本とフランスの協約によって抑圧。

▶ベトナムから日本に留学生を派遣しようとする動きとして，**ファン・ボイ・チャウ**[*3]の東遊（ドンズー）運動が知られる。

▶中国では辛亥革命によって共和国が誕生→ベトナムでも民族の独立を共和制によって達成しようとする動きがみられた。

用語解説

*1 **在華紡**…日本の紡績資本が，上海・青島・天津など，中国各地に建設した紡績工場。

*2 **黄禍論**…「黄色人種がやがて世界に災禍をもたらすであろう」という，ヨーロッパでおこった黄色人種に対する警戒論。「Yellow peril（danger，terror）」などの訳語で，ドイツ皇帝ヴィルヘルム2世が三国干渉の際に述べたのが最初といわれる。

*3 **ファン・ボイ・チャウ**…ベトナムの民族運動を牽引した人物。1904年に反仏独立のための秘密結社である維新会を設立し，フランスへの抵抗運動を展開。翌年に来日し，東遊運動を開始した。のちに日本政府によって追放され，運動も挫折したが，日本留学の経験は，ベトナム独立運動に一定の影響を与えた。

🕰 歴史の舞台 **東南アジア**➡教 **p.104**　◆東南アジア地勢図

①東南アジア

▶東南アジアは，大陸部（ミャンマーからインドシナ半島）と群島部（マレー半島をふくむ海域の島々）からなり，多様な民族が混在。

▶群島部…赤道を跨ぐ場所に位置する熱帯雨林気候帯。高温多湿で，年間降水量2000ミリをこえるような多量の雨が一年を通じて降る。

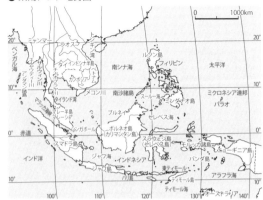

- 生産…香辛料の産出が多く，中世ヨーロッパでは新航路開拓の一因としてこの地の香辛料が求められた。列強の植民地支配のもとではコーヒーやゴムなどの商品作物が強制的に栽培され，海外へ輸出された。
- 大陸部…モンスーン気候で，一年は雨季（６月から）と乾季（12月から）にわかれる。
- 大陸部ではホン川，メコン川，チャオプラヤ川，エーヤワディー川が南北に流れ，河川流域では水稲耕作が行われる。一方，山地では焼畑農業が行われる。

▶生活…米と魚の食文化，巻きスカート，自然崇拝や祖先崇拝など。高床式住居に住む民族もいる。

▶民族…複雑な地形に加え，歴史上たびたび北から南への人の移動がおこり，大陸部では数百の民族が混在。

▶宗教…他地域との文化交流や，欧米諸国の植民地支配により多様な宗教が共存。
- 仏教…現在，ベトナムを除いた大陸部ではおもに上座部仏教が信仰される。
- キリスト教…フィリピンは植民地時代の影響でキリスト教徒が多数を占める。
- イスラーム…群島の大部分で広く信仰されている。インドネシアは国教でないにもかかわらず，世界で最もイスラーム教徒が多い国の一つである。

▶文化…インド洋と南シナ海を結ぶ海上交通の要衝であり，ここを通る「海の道」は古来，海上交易のルートとして東西交流がさかんに行われた。北の中国文明，西のインド文明といった二大文明に挟まれ，それら大文明の影響を受けつつも独自の文化を形成した。
- カンボジアのアンコール・ワットは当初ヒンドゥー教の寺院として造営されたが，12世紀末ごろに仏教寺院となった。
- ジャワ島には仏教遺跡のボロブドゥールやヒンドゥー教のプランバナン寺院などが残っている。

▶植民地支配と独立…20世紀はじめまでにタイを除くすべての地域が欧米諸国により植民地化され，商品作物の栽培を強制された。第二次世界大戦中は日本軍に占領されたが，大戦後は次々と独立を達成した。

▶地域統合…1967年にASEANが結成され，現在では地域経済協力が行われている。

──資料からよみとる── 風刺画から国際状況をよみとろう **➡** 教 p.105

①第一次世界大戦前のヨーロッパの状況をえがいた風刺画

- ▶バルカン半島の状況…第一次世界大戦前のバルカン
  半島は、「ヨーロッパの火薬庫」とよばれる不安定な
  状況。
  - 西ドイツは3B政策(パン・ゲルマン主義の動き)
    でアジア進出をはかり、ロシアは南下政策でバル
    カン半島への進出(パン・スラヴ主義の動き)を企
    図。
  - 風刺画では「BALKAN　TROUBLES」という文字
    が書かれた火薬樽のなかに火薬が詰まっており、
    その火薬が今にも爆発しそうな緊迫した状況がえ
    がかれている。

②ミュンヘン会談(1938年)についてえがいた風刺画

- ▶ミュンヘン会談…1938年、ナチス・ドイツはチェコスロヴァキアにズデーテン地方
  の割譲を要求。この問題をめぐり独・伊・英・仏の首脳が集まり、討議が行われた。
  - 会議室の壁にえがかれたチェコスロヴァキアの地図の前でヒトラー(独)、ムッソ
    リーニ(伊)、チェンバレン(英)、ダラディエ(仏)の4人が会議を行っている。
  - 軍服姿で腕を組み強気な姿勢のヒトラーとムッソリーニに対し、チェンバレンと
    ダラディエは後方をうかがい表情も冴えない。
  - この会議には当事国のチェコスロヴァキアとソ連(スターリン)はよばれていない。
  - 英仏はヒトラーの反ソ連的態度に期待し、宥和政策でヒトラーの要求を受け入れ
    た。

③ヤルタ会談(1945年)についてえがいた風刺画

- ▶ヤルタ会談…第二次世界大戦中の1945年2月に開かれた。フランクリン・ローズ
  ヴェルト(米)、チャーチル(英)、スターリン(ソ)で行われた会談。
  - ヤルタ協定では、ドイツの戦後4国管理のほか、ソ連の対日参戦、南樺太や千島
    列島のソ連取得が決められた。
  - ベッドには緯線と経線の刻まれた球体が横たわっている。これは擬人化された第
    二次世界大戦以前の国際社会ではないだろうか。傷つき瓦解した国際秩序を見送
    り、戦後は米英ソの3国が新しい国際秩序を構築することを示唆したものであろ
    う。

7 反植民地主義の高揚と国際秩序の変容➡教 p.106〜107

民族運動と植民地統治の変容

①**第一次世界大戦後の民族運動**…パリ講和会議で提唱された民族自決の原則はヨーロッパ諸国にのみ適用されるものであった。しかし列強の支配が続いていたアジア各地では，それに触発されて自立や独立を求める動きがおこった。

②**トルコ革命**…1922年にスルタン制が廃止されオスマン帝国が滅亡し，翌23年に**ムスタファ・ケマル**[*1]が**トルコ共和国**の成立を宣言。政教分離の政策と西欧式の近代化政策を進めた。

▶第一次世界大戦後の西アジア

③**西アジアの状況**…旧オスマン帝国領のアラブ地域は，戦時中の**サイクス・ピコ協定**[*2]にもとづきイギリスとフランスが**委任統治領**[*3]として支配。それらの地域の独立は1930年代以降にもちこされた。

　　▶エジプト…ワフド党の運動により，イギリスが1922年にエジプトの保護権を放棄し，エジプト王国の独立を認めた。

　　▶サウジアラビア…1932年，イブン・サウードにより建国。ワッハーブ派イスラームを国教とする。

　　▶アフガニスタン…第3次アフガン戦争に勝利し，1919年独立。

④**イラン**…1921年，**レザー・ハーン**[*4]がクーデタをおこし実権を掌握。その後カージャール朝を廃止して1925年に**パフレヴィー朝**を建国した。彼のもとで**立憲君主政**と近代化が進められた。

⑤**インド**…インドは第一次世界大戦への協力の見返りにイギリスから戦後の自治を約束され，戦争中は多くの兵員や物資を提供した。しかし，その約束は反故にされたため反英運動が高まっていった。

　　▶**ガンディー**はヒンドゥー教の教理にもとづく**非暴力・不服従運動**[*5]を展開。

⑥**反日運動**…1919年，朝鮮では**三・一独立運動**，中国では**五・四運動**がおこった。

　　▶**三・一独立運動**…1919年3月，京城のパゴダ公園に集まった知識人らが「独立宣言」を発表。運動は全土に広がった→朝鮮総督府は軍隊や警察によって鎮圧。

　　▶文化政治…三・一独立運動ののち，3代朝鮮総督斎藤実のもと，武断政治が改められ，憲兵警察制度が廃止されるなど，文化政治が推進された。

　　▶**五・四運動の発生**…1919年に開催されたパリ講和会議で，中国が要求した二十一か条要求の撤廃や山東省の権益返還要求が拒否されたことを契機に発生。

　　▶**五・四運動の展開**…北京の大学生を中心に展開。日貨排斥運動（日本商品の購買を拒否）をともなう反日帝国主義運動として，中国全土に拡大した。

　　▶中国政府の動き…五・四運動を受け，ヴェルサイユ条約調印拒否を決定。

対立へと向かう日中関係

①中国国内の動向…袁世凱の死後，中国では軍閥とよばれる地方勢力が各地に分立しており，北京政府の内部では軍閥が権力争いをくり返していた。

- ▶1919年に五・四運動が全国的に広がると，**孫文**は**中国国民党**を創立。
- ▶1921年，上海において陳独秀を委員長とする中国共産党が成立。
- ▶カラハン宣言…1919年，ソヴィエト政権は帝政時代に結んでいた対中国不平等条約の無償破棄を宣言。

②第1次国共合作…中国統一と列強からの権益回収などを目的として，実現。

- ▶孫文・ヨッフェ会談にもとづき，コミンテルンの指導を受ける。
- ▶軍閥の平定や中国統一をめざす孫文は，1921年に上海で誕生した中国共産党に接近し，1924年に第1次国共合作を成立させた。
- ▶1925年には**五・三〇事件**[6]が発生し，反帝国主義運動が全国へ広がった。
- ▶孫文は1925年に死去→遺志を継いだ**蔣介石**は，国民革命軍を率いて1926年7月から**北伐**(広東から武力討伐を進めながら北上する)を開始。
- ▶1927年，蔣介石は共産党を弾圧し，南京に**国民政府**を樹立。

③日本の動きとその影響…田中義一内閣は，3次にわたる山東出兵を断行。

- ▶張作霖爆殺事件…1928年，勢力を増大させた北伐軍に張作霖が敗れ，東北へと引き上げる途中，関東軍の河本大作は満洲全土の武力制圧を企図し，張作霖を爆殺。
- ▶子の張学良によって事態は収拾→関東軍は満洲の武力制圧を実行に移せなかった。
- ▶張作霖爆殺事件後，国民党に入党した張学良の易幟により中国は統一(北伐の完了)。
- ▶協調外交を推進する浜口内閣時の1930年には日中関税協定が締結され，日本は中国の関税自主権を認めた。しかし，その後も日中関係の緊張は緩和しなかった。

😈 用語解説

- *1　**ムスタファ・ケマル**…トルコ共和国初代大統領。戦後，連合国と結んでいた不平等なセーヴル条約を破棄し，1923年にはローザンヌ条約を結んで独立を保持した。また，カリフ制の廃止や女性解放，ローマ字の採用など近代化政策を進めた。
- *2　**サイクス・ピコ協定**…第一次世界大戦中の秘密外交の一つ。前年にイギリスはアラブ民族に対して戦後オスマン帝国からの独立を約束していたが，この協定で英仏露は戦後オスマン帝国領を自分たちで分割支配することを決定した。
- *3　**委任統治領**…イギリスはイラク，トランス・ヨルダン，パレスティナを，フランスはシリア，レバノンをそれぞれ委任統治した。
- *4　**レザー・ハーン**…イランでパフレヴィー朝を開く。皇帝即位後は独裁的な権力を行使して宗教色を排除し，近代化を進めた。
- *5　**非暴力・不服従運動**…ガンディーはイギリスの植民地支配に対し，ヒンドゥー教の理念で「真理の把持」を意味するサティヤーグラハを提唱し運動を行った。
- *6　**五・三〇事件**…在華紡での労働争議を機に反日デモが発生。デモ隊に対してイギリスの官憲(租界警察)が発砲して多数の死傷者を出した。中国全土に広がる反帝国主義運動へと発展。

8 民主主義の拡大と社会変革の動き➡教 p.108～109

世界における民主主義の進展

①<u>第一次世界大戦以降の世界</u>…総力戦体制の志向にともない，大衆を政治的に統合する
必要性が高まった。

②<u>労働運動の拡大</u>…世界諸地域で大衆による社会運動が高揚。

③<u>ヨーロッパの諸革命</u>…戦後不況により，ヨーロッパでは革命がおこって新たな共産主
義体制や**権威主義体制**[*1]が構築される国もあった。
- ▶ハンガリー…1919年，革命により共産党のソヴィエト政権が成立。
- ▶ポーランド…1926年，ピウツツキがクーデタで政権奪取。

④<u>民主主義の発展</u>…大衆の力に対して妥協せざるをえなくなった欧米諸国や日本では**普
通選挙権の確立**が進んだ。

⑤<u>欧米諸国の動向</u>…第一次世界大戦で疲弊したヨーロッパ諸国は国内で諸改革を行い，
戦後不況の打開をはかっていった。

⑥<u>ドイツ</u>…第一次世界大戦末期に兵士や労働者を中心にドイツ革命がおこり，帝政が崩
壊。その後は共産党勢力をおさえこんだ**ドイツ社会民主党**[*2]が主導権を掌握。
- ▶1919年，社会民主党のエーベルトが大統領に就任。**ワイマール共和政**が発足した。
- ▶ワイマール憲法…1919年制定。人民主権や社会権・労働権が保障され，世界ではじ
めて男女平等の普通選挙を憲法で規定した。
- ▶**賠償問題**[*3]に加え，保守派や反対勢力の活動によって政局は不安定化。
- ▶1923年にはフランスとベルギーによるルール占領で工業生産が低下し，経済は一層
不安定化した。

⑦<u>アメリカ</u>…1920年代は繁栄の時代。大衆文化が開花し，政治や社会も発展した。
- ▶女性参政権…20年代より前から多くの州で女性参政権は認められていたが，1920年
には憲法の修正条項で女性参政権の保障が規定された。

⑧<u>イギリス</u>…イギリスは数次にわたって選挙法改正を行い，1928年には男女普通選挙制
が成立した。

⚡イギリス選挙法改正

回次（年）	おもな内容
第1回（1832年）	・腐敗選挙区の廃止　・産業資本家に選挙権拡大
第2回（1867年）	・都市の工業労働者に選挙権拡大
第3回（1884年）	・農業労働者，鉱業労働者に選挙権拡大
第4回（1918年）	・21歳以上の男性，30歳以上の女性に選挙権拡大
第5回（1928年）	・21歳以上の男女に選挙権拡大

大正デモクラシー

①<u>民主主義的風潮の高揚</u>…世界的な国際協調の動き，民族自決の思想を背景に高揚。
- ▶吉野作造の**民本主義**，美濃部達吉の**天皇機関説**[*4]がデモクラシーの風潮を支えた。
- ▶権利を制限されていた人々は，「人格承認」運動を展開。
- ▶秩序の再構成を求める動きが強まるなかで，「改造」が流行語となった。

②諸団体の設立…明治末期から大正期にかけて，多様な団体が設立された。
- ▶ 女性団体として，1911年に平塚らいてうらによって青鞜社，1920年に**市川房枝**らによって**新婦人協会**が設立された。
- ▶ 1922年に西光万吉らによって設立された全国水平社は部落解放運動を展開。同年に賀川豊彦や杉山元治郎らによって設立された日本農民組合は小作争議を指導。

③植民地と民主主義…民主主義が拡大するなかで，植民地における矛盾は深刻化。
- ▶ 一部の植民地では自治権が拡大し，参政権も与えられたが，多くの植民地では本国の政府や議会への参政権は認められなかった。
- ▶ 日本統治下における朝鮮人や台湾人の選挙権…日本の内地に居住している者には選挙権が認められたが，植民地に居住する者には認められなかった。

④第二次護憲運動…貴族院議員中心の清浦奎吾内閣に対し，1924年，憲政会・立憲政友会・革新倶楽部の3党(護憲三派)を中心に第二次護憲運動が高揚した。

⑤護憲三派内閣の成立…護憲三派は清浦奎吾内閣の総辞職後，第1党の憲政会の総裁加藤高明を首相とする3党連立内閣を組織した。

⑥「憲政の常道」…加藤高明内閣の成立から昭和初期の犬養毅内閣の崩壊にいたる8年間，政党内閣の時代が続いた。

⑦普通選挙法と治安維持法…1925年，加藤高明内閣時に普通選挙法が制定された。一方で，同年に**治安維持法**が制定された。[7]

😈 用語解説

- *1 **権威主義体制**…民主主義的体制と全体主義体制の中間に位置する体制。この時期の東欧の強権体制や第二次世界大戦後の発展途上国で生まれた開発独裁を指すこともある。
- *2 **ドイツ社会民主党**…1890年にドイツ社会主義労働者党が改称したマルクス主義政党。1912年に国内第一党となるも大戦中は政府の戦争を支持したため，声望を失ったが，大戦後に政権をにぎった。
- *3 **賠償問題**…敗戦国ドイツには巨額の賠償金が課せられており，支払いが遅れたことによりルール地方が占領された。その後シュトレーゼマンが首相に就任すると国際協調政策をとり履行政策を進めた。
- *4 **民本主義**…吉野は「主権の所在の如何を問わず」としたうえで，政治の目的は民衆の福利を実現すること，政策の決定は民衆の意向にもとづいて行われることを重視し，政党内閣制や普通選挙制の実現を説いた。
- *5 **天皇機関説**…統治権の主体を法人としての国家に帰属させ，天皇は国家の最高機関として統治権を行使する(天皇は憲法に従って統治権を行使する)とする学説。
- *6 **市川房枝**…新婦人協会設立後，1924年に婦人参政権獲得期成同盟会を結成。戦後，一時公職追放となったが，1953年に参議院議員に当選し，政治家として活動した。
- *7 **治安維持法**…「国体」の変革(≒天皇制打倒)や私有財産制度の否認をめざす結社の組織者と参加者を，10年以下の懲役または禁錮刑に処すという内容をもつ法。

9 マスメディアの発達と日常生活➡教 p.110～111

マスメディアの発達と大衆社会の成立

①マスメディアの発達…民衆の政治的関心と大衆としての同質性を高めた。

②総合新聞…20世紀前半の欧米，日本，中国などでは，総合新聞の発行部数が拡大。
- ▶輪転機の普及，中国情勢の推移などへの関心の高まりが背景。
  - →日本では，1930年に日刊新聞の発行部数が1000万部をこえた。

③雑誌や書籍…日本では，『中央公論』や『改造』といった総合雑誌*1だけでなく，大衆娯楽雑誌の『キング』，円本*2などが部数を伸ばした。

④ラジオ…活字メディアと異なり，教養があることを前提としないメディアとして普及。
- ▶アメリカでは1920年に，民間ラジオ放送局が開局。
- ▶日本では1925年にラジオ放送が開始→満洲事変が勃発した1931年に聴取者は100万人を突破。日中戦争時には戦況を伝えるメディアとして役割を果たした。
- ▶ラジオ体操…正式には「国民保健体操」という。昭和天皇の即位を記念して，1928年に放送開始。学校などで実施→多くの人々がラジオにふれる機会となった。

日常生活に対する関心の高まり

①総力戦と国民への関心…総動員体制の構築を可能とするため，各国は国民の日常生活に関心をもつようになった。
- ▶国勢調査…日本では，1920年代から国勢調査が開始→家計・出生・死亡・結婚・娯楽など多方面にわたる調査が実施された。
- ▶労働力管理…アメリカで労働力を科学的に管理する方法が生まれ，各国で注目された。
  - →過度な労働は労働者を疲弊させることから，余暇や家庭生活の在り方も研究対象とされた。

②大衆の動き…消費・労働・娯楽など，日常生活の在り方を見直す動きが広まった。
- ▶1920年代から1930年代にかけての日本や中国などで，衛生面などの生活改善をめざす運動が展開→日本では，都市中間層を中心に広がった。
- ▶日本では，1920年の戦後恐慌，1923年の震災恐慌，1927年の金融恐慌*3，1930年の昭和恐慌を背景に，むだを省いた合理的生活習慣がめざされた。
- ▶大衆文学*4の隆盛…中里介山の『大菩薩峠』などが人気を博した。

③日常生活の研究や生活改善などを求める運動がもたらしたもの…社会保障制度の整備といった福祉の向上に貢献。一方で，総力戦体制の構築のための基盤となった。

④情報戦…世論が政治や戦争に与える影響は増大し，情報の重要性が高まった。
- ▶田中義一首相から昭和天皇への「田中上奏文」は，天皇に満洲侵略を上奏したものと，中国側は認識→中国の人々には，この上奏文が本物としてうけとめられた。
- ▶今日では，田中上奏文は，形式などの不備から偽造されたものとみなされている→真偽よりも，各国で，情報の操作がなされていたと考えられる点が注目される。
- ▶満洲事変勃発の契機となった1931年9月の柳条湖事件について，日本の新聞では事件をおこした軍部の策動に触れられることはなかった。
- ▶満洲事変は，おおむね国民の支持が得られた。

用語解説

*1 **総合雑誌**…小説・随筆・評論をはじめ，多様な情報を加えて編集した雑誌。

*2 **円本**…改造社の『現代日本文学全集』(1926年12月第1回配本)にはじまる，1冊1円で大量販売された全集類。以後の数年間，円本時代とよばれるほどの爆発的な出版ブームが継続。

*3 **金融恐慌**…1927年，震災手形善後処理法案審議中の片岡直温蔵相の失言から，庶民のあいだに銀行への取付け騒ぎが広まった。その過程において，台湾銀行による鈴木商店への巨額融資が表面化したため，憲政会の第1次若槻礼次郎内閣は，緊急勅令による台湾銀行救済策に奔走した。しかし，枢密院の了承をとることができず，総辞職に追いこまれた。代わって成立した田中義一内閣は，緊急勅令でモラトリアム(支払猶予令)を発し，ようやく金融恐慌を収拾した。

*4 **大衆文学**…新聞や大衆娯楽雑誌『キング』などに連載され，時代小説などで多くの読者を得た文学。代表作家として，中里介山のほか，直木三十五(『南国太平記』)，吉川英治(『宮本武蔵』)，大佛次郎(『鞍馬天狗』)らがあげられる。

演習問題 ❺

1 右の図を見て，問いに答えよ。

(1) 右の風刺画は，20世紀前半のある地域の状況の緊迫性を示しているが，その地域とはどこか。

（　　　　　　　　　　）

(2) 右図の樽の上には 5 人の人物が乗っているが，それぞれの人物が示している国として考えられないものを，次の選択肢から選び記号で答えよ。　　（　　　）

```
ア　アメリカ　　　　イ　ドイツ
ウ　オーストリア　　エ　イギリス
```

(3) 最終的にこの樽が爆発するきっかけとなった，ボスニアでおこった事件を何というか。（　　　　　　　　　）

2 次の文中の①~⑥にあてはまる語句を答えよ。

　　十四か条で提唱された（①　　　　　　　　　）が適用されなかったアジア地域では，戦後，独立や自立の運動が激化した。西アジアではオスマン帝国が崩壊し，（②　　　　　　　　　）が，トルコ共和国の成立を宣言した。イランではクーデタで実権をにぎったレザー・ハーンにより，1925年に（③　　　　　　　　）朝が建国された。インドでは，イギリスの植民地支配に対し，（④　　　　　　　　　）が非暴力・不服従の運動を展開した。東アジアでは，朝鮮で日本からの独立をめざす（⑤　　　　　　　）運動，中国では二十一か条要求問題に抗議して（⑥　　　　　　　）運動がおこった。

3 次の問いに答えよ。

(1) カンボジアにある寺院で，もとはヒンドゥー教寺院であったが，のちに仏教寺院となった建造物は何か。（　　　　　　　　）

(2) キリスト教徒が国民の多数を占める，東南アジア群島部にある国はどこか。

（　　　　　　　　）

(3) インドシナ半島部にある国のうち，20世紀はじめまでに列強による植民地支配をうけなかったのはどこか。（　　　　　　　　）

(4) 東南アジア地域の経済協力と地域発展をめざす，1967年に設立された組織は何か。アルファベット 5 文字で答えよ。（　　　　　　　　）

(5) 第一次世界大戦後のドイツで政権をにぎり，ワイマール共和政を発足させた社会主義政党は何か。（　　　　　　　　）

(6) 男女平等の普通選挙制を憲法ではじめて規定した国を，次の選択肢から選べ。

（　　　）

```
ア　アメリカ　　イ　イギリス　　ウ　ドイツ　　エ　日本
```

4 右の写真は，1928年，満洲における日本
の権益を守るために関東軍が引きおこしたあ
る事件の事後のようすである。これに関する
次の問いに答えよ。

(1) このとき爆殺された人物は誰か。
　　　　　　　　　　（　　　　　　）

(2) 北方軍閥を打倒するために，1926年から
　中国では北伐が行われていたが，そのとき
　の中国国民党の指導者は誰か。　　　　　　　　　　（　　　　　　）

(3) 北伐において当初国民党は共産党と協力関係にあったが，この国民党と共産党の
　協力体制は何というか。　　　　　　　　　　　　　　（　　　　　　）

(4) 北伐軍の北進を妨害し，満洲権益を守るために日本が1927年に中国東部で行った
　軍事行動を何というか。　　　　　　　　　　　　　　（　　　　　　）

5 次の文中の①〜⑦にあてはまる語句を，下の選択肢から選び記号で答えよ。

　1911年，平塚らいてうらは（　①　）社を設立し，雑誌『（　①　）』を創刊した。大正期に
入ると，市川房枝らによって（　②　）が設立され，その活動もあって治安警察法第5条
が改正され，女性の政治集会への参加が認められた。

　大正デモクラシーの風潮は，吉野作造の（　③　）や，美濃部達吉の（　④　）などに支え
られて高揚した。これらは民衆の政治参加をうながす効果を発揮し，普通選挙運動な
どが活発化した。第二次護憲運動をへて成立した（　⑤　）内閣のもとで，普通選挙法が
成立した。

　この間，西光万吉らによって（　⑥　）が結成され，部落解放運動を展開した。また，
それまで権利を制限されていた人々や貧困に苦しんでいた人々が，同じ人間としての
扱いを求める「（　⑦　）」運動をおこした。

| ア　人格承認 | イ　民本主義 | ウ　青鞜 |
| エ　全国水平社 | オ　新婦人協会 | カ　加藤高明　　キ　天皇機関説 |

　　　　　　　　　①（　　　）　②（　　　）　③（　　　）　④（　　　）
　　　　　　　　　　　　　⑤（　　　）　⑥（　　　）　⑦（　　　）

6 次の問いに答えよ。

(1) 1925年に創刊された，「日本一面白い！　日本一為になる！　日本一安い！」をキャッ
　チフレーズとする大衆娯楽雑誌の名称は何か。　　　　　　（　　　　　　）

(2) 1925年に制定された，国体の変革や私有財産制度の否定をめざす結社の組織者と
　その参加者を，10年以下の懲役または禁錮の刑に処することを規定した法の名称は何
　か。　　　　　　　　　　　　　　　　　　　　　　　（　　　　　　）

［解答→p.165］

3節　経済危機と第二次世界大戦　　教科書 p.112~135

1 世界恐慌➡教 p.112~113

世界恐慌の発生

①世界恐慌の背景…ヨーロッパ諸国は第一次世界大戦において多額の債務をアメリカに負っていた。債権の回収により，アメリカの金融市場には多額の余剰資本が発生。

②アメリカの不況…1929年10月24日，ニューヨークのウォール街にある証券取引所で株価が大暴落し，銀行や企業が相次いで倒産。

③世界への波及…アメリカはヨーロッパへ導入していた資本を撤収。ヨーロッパ諸国もアメリカへの輸出を減少させ，恐慌は世界へ波及した。

各国の対応

①ブロック経済化[*1]…世界恐慌を受け，各国は自国の産業を保護するために，保護貿易の拡大による経済の立てなおしをはかった。

　→ブロック経済により世界全体の貿易が縮小。新たな対立を生み出した。

②イギリス…1931年，労働党のマクドナルドは保守党や自由党と連立して挙国一致内閣を成立させ，金本位制を停止[*2]。翌年，イギリス連邦経済会議(オタワ連邦会議)においてブロック経済(スターリング・ブロック)を決定し，イギリス連邦[*3]内での貿易保護を強化した。

③アメリカ…民主党のフランクリン・ローズヴェルトが大統領に就任。金本位制から離脱し，善隣外交によるブロック経済(ドル・ブロック)の形成がはかられた。

　▶ニュー・ディール政策[*4]…政府の経済介入を強化して諸産業の生産調整を行った。

　▶ワグナー法…労働者の団結権や団体交渉権が保障された。

⬇各国のブロック経済圏

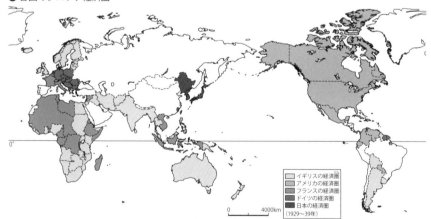

イギリスの経済圏
アメリカの経済圏
フランスの経済圏
ドイツの経済圏
日本の経済圏

0　　　4000km
(1929~39年)

④日本…1930年に昭和恐慌に陥ったが，高橋財政によって経済は回復。

　▶昭和恐慌…浜口雄幸内閣の蔵相井上準之助は，緊縮財政や産業合理化を推進し，1930年1月に金輸出解禁(金解禁)を断行。デフレ政策による不況に世界恐慌が重なり，日本経済は昭和恐慌に陥った。

▶政府の対応
- 第2次若槻礼次郎内閣に代わって内閣を組織した犬養毅内閣の蔵相高橋是清は，1931年12月に金輸出再禁止を実施した→金本位制からの離脱。管理通貨制度へ。[*5]
- 高橋財政の一環としてとられた円の金兌換停止にともなう円安を放置する低為替政策は，輸出の活況をもたらした。
- 高橋財政下では，軍事費の増大など積極財政政策によって産業界は活気づき，日本は他の資本主義諸国に先駆けて，1933年ごろには世界恐慌以前の生産水準に回復。

▶日産や日窒といった新興財閥も成長し，重化学工業の発展が促された。
▶満洲を軸にした経済ブロック化の強化も進められた。

⑤ソ連…ロシア革命により，1922年にソ連が成立。レーニンの死後，一国社会主義論を掲げるスターリンが独裁的体制をきずいた。

▶五か年計画…農業の集団化と重工業の建設。他国が不況で苦しむ中，ソ連は経済成長を遂げた。

↓ スターリンの五か年計画

回次	時期(年)	内容
第1次	1928〜1932年	重工業中心
第2次	1933〜1937年	軽工業中心
第3次	1938〜1942年	軍需工業中心

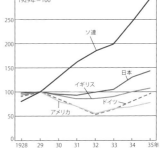

↓各国の工業生産の推移

⑥ドイツ…ドイツではナチスの支持が高まり，ファシズムが成長した。

→世界恐慌は各国で国家の経済介入の潮流を拡大した。

用語解説

*1 **ブロック経済**…本国と海外植民地，自治領などからなる排他的な経済圏を形成すること。これにより自由貿易は制限され，ブロック間の摩擦をうんだ。

*2 **金本位制**…金を本位通貨として貨幣価値の安定をはかる制度。

*3 **イギリス連邦**…イギリス本国と自治領による緩やかな結合体。1931年に発表されたウェストミンスター憲章では本国と自治領は平等な立場であることが規定された。

*4 **ニュー・ディール政策**…アメリカのフランクリン・ローズヴェルト大統領が実施した恐慌打開策。農業調整法(AAA)，全国産業復興法(NIRA)，テネシー川流域開発公社(TVA)などにより，政府が積極的に経済介入し，生産調整を行った。

*5 **高橋是清**…犬養・斎藤・岡田各内閣時に蔵相を務め，一連の財政政策を推進した。この時期の財政政策は，井上財政に対して，高橋財政とよばれる。軍事費抑制による財政の健全化をはかろうとした高橋是清は，1936年，二・二六事件で殺害された。

歴史のまなざし 国際金本位制とブレトン・ウッズ体制 ➡ 教 **p.114**

▶金本位制のはじまり…1844年，イングランド銀行が金と交換可能なポンドを兌換紙幣として発行したことで確立した。

▶1870年代に欧米諸国でしだいに金本位制が採用され国際金本位制が確立。

▶日本の金本位制…1897年，第２次松方正義内閣時の貨幣法によって導入。
- 金本位制とは，自国の通貨の価値を一定の金の量目で明示し，通貨発行量が金の保有量に応じて自動的に決定される貨幣制度。
- 中央銀行は，自国通貨の価値を一定量の金(正貨)で表示する。発行する銀行券と金との交換の基準のことを法定平価(もしくは平価)という。
- 貨幣法では純金の量目２分(750mg)が１円とされた。そのため，金75gに対する日米両国の法定平価によって，100円≒50ドルとされた。
- 日清戦争で得た賠償金の一部を準備金として，金本位制が導入された。

▶金本位制の動揺…1914年の第一次世界大戦の勃発や，1929年のニューヨーク株式取引所の株価大暴落など，世界的な戦争や金融危機の際には度々金本位制は停止された。

▶ブレトン・ウッズ体制…第二次世界大戦後，各国は自由貿易体制と世界経済安定のため，ブレトン・ウッズ会議において国際通貨基金(IMF)と国際復興開発銀行(IBRD)の設立を決定。
- 金・ドル本位制による固定為替相場制が取り決められた。

▶ブレトン・ウッズ体制の崩壊…1960年代以降，アメリカはベトナム戦争の支出などで国際収支の赤字が拡大。1971年にはニクソン大統領がドルと金の兌換停止を発表(ドル・ショック)。各国は変動相場制へ移行し，ブレトン・ウッズ体制は崩壊した。

☟国際金本位制のしくみ

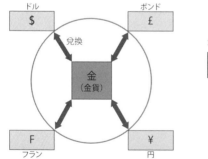

☟ブレトン・ウッズ体制のしくみ

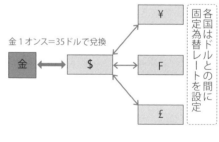

暮らしのなかの歴史 イヌと私たち ➡ 教 p.115

▶日本の歴史とイヌ…江戸幕府５代将軍徳川綱吉は，「犬公方」とよばれた。
- 17世紀後半には，極端な動物愛護政策である生類憐みの令が出された。
- 文明開化期に特定の飼い主のいないイヌの存在は否定され，昭和期には秋田犬や柴犬などが天然記念物に指定され，日本犬が増加した。
- 18世紀の絵画によれば，当時のオーストリアの宮廷でイヌが飼われていたようすがうかがえる。

2 アジア・アフリカと大衆社会➡教 p.116~117

アジア・アフリカの自立化の模索

①アジア経済の動向…ブロック経済化の進展で本国と植民地の依存関係が進展。本国の植民地に対する姿勢も軟化した。
→アジア地域間の経済的結びつきが強化される一方，紡績業などの分野では日中間や日印間で貿易摩擦もおこった。

②中国…北伐を成功させた**蔣介石**の国民党が中国の再統一に成功(中華民国国民政府)。
▶日本の満洲侵略で打撃をうけ，日中対立激化。
▶近代国家建設の事業を進め，軽工業の分野では製品の自給化に成功。

③東南アジア…植民地からの独立運動が高まり民族運動がおこった。
▶タイ…ラタナコーシン朝は東南アジアで唯一独立を維持しており，**ラーマ5世**[*1]以降は専制君主制のもとで近代化が進められていたが，1932年に人民党がクーデタをおこし立憲君主制に移行，1939年に現在の「タイ」と改称した。
▶インド…イギリスに対する多額の債務に苦しむ状況下で工業化が進展。第一次世界大戦以降，国内では**ガンディー**を中心に反英民族運動が激化した。一方，**新インド統治法**[*2]に対するインド人の不満が高まり，ガンディーらの抵抗運動は大衆の支持を一層集めた。
▶「塩の行進」…ガンディーが行った抵抗運動の一つ。イギリスによる塩の専売制に反対して350km以上の距離を行進し，みずから海水から塩をつくった。

④中東地域…二つの世界大戦をとおして，世界は石油資源の重要性を痛感。欧米諸国は石油利権を求め中東へ積極的に干渉した。
▶イラン…1908年に油田が発見されたイランでは，石油はイギリスの石油会社の支配下におかれた。パフレヴィー朝は石油利権をイギリスに委ねることでイギリスの支援を受け近代国家の建設を進めた。
▶サウジアラビア…アメリカ資本による石油開発が進んだ。
▶エジプト…第一次世界大戦後もイギリスの支配が続いていた。1922年にはエジプト王国が形式的に独立したが，イギリス軍はスエズ運河地帯駐兵権などを確保しており，軍による占領は続いた。大衆の支持を集めた民族主義政党が，イスラーム復興を掲げて独立運動を展開した。

⑤アフリカ…パリ講和会議で民族自決が提唱されたにもかかわらず，それがアフリカ諸国には適用されなかったことで植民地支配に対する抵抗運動は再燃。**パン・アフリカ運動**[*3]がおこり，アフリカの解放をめざした。

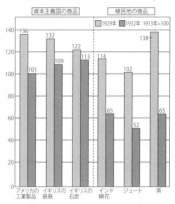

⬇世界恐慌期の資本主義諸国と植民地の価格指数

資本主義国の商品			植民地の商品		

1913年=100　■1929年　■1932年

アメリカの工業製品：136／101
イギリスの銑鉄：132／109
イギリスの石炭：122／113
インド綿花：114／65
ジュート：102／52
茶：138／65

大衆社会と大衆運動

①消費社会の拡大…教育の普及や経済の発展を背景に，アジアは自立の動きを加速。
 ▶ デパート…東京，大阪，上海(シャンハイ)など，東アジアの各地域にみられるようになった。
 ▶ モダンガール[*4]…大衆の消費欲に影響を与えた。
②農民・労働者の状況…都市と農村，都市内部で格差が拡大した。
 ▶ 昭和恐慌(きょうこう)により，輸出は大幅に減少し，企業倒産や失業者が増大した。
 ▶ アメリカへの輸出が激減した生糸(きいと)をはじめ，農作物の価格が暴落したことや大凶作のため，農村も深刻な恐慌状態となった(農業恐慌)。
 ▶ 東北地方を中心に農家の窮乏(きゅうぼう)は深刻で，欠食児童や女性の身売りが相次いだ。
 ▶ 労働争議(そうぎ)や小作争議は，1930年代に激化(げきか)した。

📥 日本における農産物価格の下落

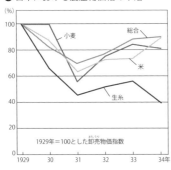

📥 日本における小作争議と労働争議の件数と参加人員の推移

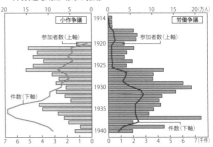

😈 用語解説

*1 **ラーマ5世**…ラタナコーシン朝第5代国王(在位1868～1910年)。専制的支配により西欧化改革を進め，列強(れっきょう)との不平等条約も一部改正に成功。東南アジアで唯一独立を維持(いじ)した。

*2 **新インド統治法**…大戦後，1919年に制定されたインド統治法が不徹底であったため反英運動が激しくなった。イギリスは1935年に新インド統治法を制定して各州の自治を拡大し連邦(れんぽう)制を認めた。しかし主権決定権は中央の総督が維持していた。

*3 **パン・アフリカ運動**…アフリカ大陸諸民族と南北アメリカ地域に居住するアフリカ系住民による政治的，文化的な連帯をめざす運動。アフリカ大陸諸地域の独立と統一を目標とした。

*4 **モダンガール**…モガとも言う。洋装のファッションを身にまとった若い女性。日本では，大正末期から昭和初期に出現。洋装・洋髪のモガは，銀座通りなど，大都市を行き交う人々の象徴となった。

3 国際協調体制の崩壊　➡教 p.118〜119

ヨーロッパにおけるファシズムの伸長

①ファシズム台頭の背景…世界恐慌により各国の政治体制は不安定化し，国民の社会不安は増大。西欧諸国では排他的なナショナリズムと反共産主義の風潮が拡大。

②ファシズム…議会制民主主義や共産主義が国内の分裂をうながす要因であるとし，非同調的な勢力を暴力によって抑圧。国民を国家のもとに一元的に統合し，国民生活を統制して国家の危機を克服することを主張した。

③ヨーロッパ各国のファシズム…ファシズムは経済的不満をもつ資本家や中産階級，ナショナリズムの主張に共感する大衆の支持を獲得し，勢力を伸長した。

④イタリア…戦後不況に陥っていたイタリアではファシズムが台頭。
- ▶1919年，**ムッソリーニ**はファシスト党を結成，資本家や地主，軍人がこれを支持。
- ▶1922年，ローマ進軍でファシスト党は政権獲得。ムッソリーニが首相に就任。
- ▶1935年，**エチオピアに侵攻**し，征服→国際連盟は経済制裁をかけるも効果なし。

⑤ドイツ…ヴェルサイユ体制への不満から，国内では反ユダヤ感情が増大。ヴェルサイユ体制の打破とユダヤ人排斥を主張した**ヒトラー**が支持を集めた。

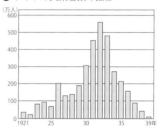

⬇ドイツの失業者数の推移

- ▶1929年，世界恐慌の波及により国内では失業者が激増。共産党と**ナチス**が躍進したが，共産主義を嫌う資本家や中産階級はナチスを支持。
- ▶1932年，選挙でナチスが第一党に。
- ▶1933年，ヒトラーが首相に任命され内閣を組織。同年には**全権委任法***1を制定して，ワイマール憲法の民主主義体制を解体，一党独裁を樹立した。
- ▶1935年，ヒトラーはヴェルサイユ条約で禁止されていた**再軍備を宣言**。
- ▶1936年，ロカルノ条約を破棄して**ラインラントへ進駐***2。

⑥国際連盟脱退…1933年にドイツが，1937年にイタリアが国際連盟を脱退。

⑦人民戦線政府…ファシズムの拡大に対抗し，各国では**人民戦線政府***3が成立。
- ▶スペインではアサーニャ，フランスではブルムによる人民戦線政府が成立。

⑧スペイン内戦…スペインではアサーニャ人民戦線政府に対し，将軍のフランコがモロッコで反乱をおこし内戦が勃発。

⬇ピカソ作「ゲルニカ」

- ▶ドイツ（ヒトラー），イタリア（ムッソリーニ）は**フランコ**を支援し，ソ連や知識人による国際義勇軍は政府を支援したが，イギリスとフランスは不干渉政策をとった。

- ▶ドイツはゲルニカ爆撃を行い，多くの一般人民が殺害された。
- ▶フランコが勝利し，ファシズムの影響は中欧や東欧に拡大した。

満洲事変と日本における軍部の台頭

①**満洲事変**…1931年9月18日，**関東軍**は奉天（現在の瀋陽）郊外で，南満洲鉄道の線路の爆破事件（柳条湖事件）をおこし，中国軍のしわざとして軍事行動を開始。

↓ 満洲事変

- ▶政府と関東軍の動き…第2次若槻礼次郎内閣は不拡大方針をとったが，事態を収拾できずに総辞職。不拡大方針を無視して，関東軍は戦線を拡大。
- ▶関東軍は，半年ほどで満洲の主要地域を占領し，1932年3月，清朝最後の皇帝だった溥儀を執政（のちに皇帝）として，「**満洲国**」の建国を宣言させた。
- ▶満洲国不承認の立場をとる犬養毅内閣が総辞職したのち，斎藤実内閣は，1932年，日満議定書を調印し，「満洲国」を承認した。

②**国際連盟からの脱退**…1933年，斎藤実内閣は国際連盟からの脱退を通告。

- ▶国際連盟が派遣したリットン調査団は，1932年2月から，日本と中国で調査活動を行った。
- ▶1933年2月，国際連盟の臨時総会で，リットン報告書が42対1（棄権1）で採択→主席全権松岡洋石は総会を退場。同年3月，日本は国際連盟からの脱退を通告。

③**軍部の台頭**…1936年の二・二六事件ののち，軍部は政治への干渉を強めた。

- ▶陸軍の皇道派は二・二六事件で斎藤実内大臣や高橋是清蔵相らを殺害。岡田啓介内閣が総辞職し，統制派の影響のもと，広田弘毅内閣が成立した。

④**中国の動向**…中国では北伐完成後，国民党と共産党による内戦が激化した。

- ▶**長征**…毛沢東を首班とする共産党は国民党の攻撃をうけ，江西省の瑞金から陝西省の延安まで大移動を行った。
- ▶**西安事件**…毛沢東は長征中の1935年，八・一宣言を出し，国民党に対して内戦停止と抗日民族統一戦線の結成をよびかけた。蒋介石はこれを無視したが，張学良が西安において蒋介石を監禁。のち蒋介石は宣言を受諾し，解放された。

👿 用語解説

*1 **全権委任法**…ナチス政権成立直後に制定。政府に立法権が付与されることが規定された。これによりナチスの独裁が可能となった。

*2 **ラインラント**…ライン川中流域の工業地帯で，ヴェルサイユ条約ではラインラントの非武装化が約束されていた。

*3 **人民戦線政府**…各国の共産党を中心に組織された，ファシズム，帝国主義，戦争に反対する政府。

*4 **関東軍**…1906年，遼東半島南端に位置した関東州の管轄と満鉄の保護・監督にあたる機関として旅順に関東都督府を設置。1919年，行政を担当する関東庁と軍事を担当する関東軍に分離した。

4 日中戦争と深刻化する世界の危機➡教 p.120〜121

日中戦争

①**日中関係**…太平洋秩序を維持してきたワシントン体制が動揺し，日中関係が悪化。
　→そのころヨーロッパ諸国は，**スペイン内戦**[*1]により関係が複雑化していた。

②**ドイツとソ連への接近**
　▶中国…共産主義のソ連を牽制しつつ，ソ連との交渉を重ねる。
　▶日本…反共産主義，反ソ連の外交方針をとった。
　　→1936年，広田弘毅内閣時に，日独防共協定を締結。ドイツとの関係強化。

③**盧溝橋事件**…1937年7月，北京郊外でおこった，
日中戦争の契機となった事件。

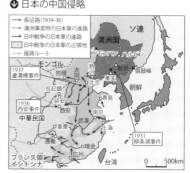

🔻日本の中国侵略

　▶8月には上海でも戦闘がはじまり(第2次上
　海事変)，戦火は中国南部にまで拡大。
　▶同年12月，日本軍は国民政府の拠点だった南
　京を占領。

④**中国側の動き**…国民政府はその拠点を南京から
重慶に移した。
　▶国民政府は9月に第2次国共合作を成立させ，
　抗日民族統一戦線の組織を実現。

⑤**日本軍の動向**…1937年12月に南京を占領したが，膠着状態へ。
　▶南京占領時に，日本軍は多くの一般住民と捕虜を虐殺(**南京事件**)。
　▶1938年12月以降，国民政府の拠点となった重慶への空爆を実行(重慶爆撃)。

⑥**近衛声明**…1938年，**日中戦争**時の首相**近衛文麿**[*2]は，声明を発表。
　▶1月に「国民政府を対手とせず」とする声明，11月に日・満・華による「東亜新秩序」
　建設の声明を発表。12月に「善隣友好」など近衛三原則の声明を発表。
　▶日本軍は，国民政府の要人汪精衛(汪兆銘)を重慶から脱出させ，1940年には各地に
　樹立していた傀儡政権を統合して，南京に新国民政府(南京政府)を樹立させた。

ファシズムの対外膨張

①**ドイツの膨張**…第一次世界大戦後，ドイツは全海外植民地を喪失。
　▶ヒトラーはドイツ民族の「**生存圏**」の確立を提唱して東方へ領土拡大をはかり，1938
　年に**オーストリアを併合**。

②**ミュンヘン会談**…ヒトラーはチェコスロヴァキアに対して**ズデーテン地方**[*3]の割譲を要
求。この問題を討議するため1938年9月，ドイツ・イタリア・イギリス・フランスの
首脳陣による会談が開かれた。
　▶**宥和政策**[*4]…ヒトラーの反ソ的立場に期待したイギリスとフランスは，妥協してヒト
　ラーの要求を承認。
　　→承認を受け，ドイツは今後のイギリスとフランスの不干渉を確信し，チェコスロ
　　ヴァキアを占領・解体した。

③**ソ連の動き**…ドイツの対外膨張や反共産主義に対して，またスペイン内戦において不
干渉政策をとったイギリスとフランスに対して不信感を抱く。

→1939年 8 月，ドイツと**独ソ不可侵条約**を結び，世界に衝撃を与えた。[*5]

④<u>日本とソ連の紛争</u>…1938年の張鼓峰事件と翌年の**ノモンハン事件**で北進挫折。

　▶日本軍は満洲国とソ連の国境である張鼓峰でソ連軍と衝突（張鼓峰事件）。満洲国・モンゴルの国境のノモンハンでも大規模な戦闘を展開（ノモンハン事件）。

　▶ノモンハンでの日ソ両軍の交戦中に届いた独ソ不可侵条約締結の情報は，日本政府に衝撃を与え，平沼騏一郎内閣は情勢判断への自信を失い，退陣した。

　▶ソ連の機械化部隊に敗れたこれらの事件をへて，日本軍は北進（対ソ開戦）から南進へと目標を転換していった。

🔲 用語解説

[*1] **スペイン内戦**…スペインのアサーニャ人民戦線政府に対して将軍のフランコが反乱をおこすと，ドイツとイタリアはそれを支援し，ソ連は人民戦線政府を支援した。しかし，戦火の拡大を恐れたイギリスとフランスは不干渉政策をとった。

[*2] **近衛文麿**…1937年 6 月に第 1 次近衛内閣を組織したが，翌月に盧溝橋事件が勃発し，日中戦争が長期化するなかで1939年 1 月に総辞職。1940年には新体制運動を展開し，第 2 次近衛文麿内閣を組織した。第二次世界大戦後，戦犯容疑者に指名されると服毒自殺した。

[*3] **ズデーテン地方**…ドイツ・チェコスロヴァキア・ポーランドの国境地帯に位置する地域で，ドイツ人が多く住んでいた。

[*4] **宥和政策**…協議と譲歩により妥協点をはかり，衝突を避けようとする外交政策。

[*5] **独ソ不可侵条約**…ドイツは英仏と開戦した際のソ連の中立をねらい，ソ連は戦争に備え軍事力を強化するための時間確保をはかった。反共を主張するドイツと反ファシズムを掲げるソ連の同盟は当時，世界中に大きな衝撃を与えた。

5 第二次世界大戦の勃発➡教 p.122～123

第二次世界大戦の勃発

①ドイツのポーランド侵攻…独ソ不可侵条約を締結し，ソ連の中立を確保したドイツは，1939年9月1日，ポーランド侵攻を開始。

②イギリスとフランスの参戦…ドイツのポーランド侵攻の2日後，イギリスとフランスがドイツに宣戦し，第二次世界大戦が勃発。

③侵略戦争の展開

▶独ソによるヨーロッパ侵攻（独ソ戦開始まで）は，次のように展開した。

年　月　日	ドイツ・ソ連の動き
1939. 9 . 1	ドイツ軍，ポーランド侵攻。
1939. 9 . 3	イギリス・フランス対ドイツ宣戦。
1939. 9 .17	ソ連軍，ポーランド侵攻。
1939～40	ソ連軍，フィンランド侵攻⇒国際連盟はソ連を除名。
1940. 4	ドイツ軍，デンマーク・ノルウェー侵入。
1940. 5	ドイツ軍，オランダ・ベルギー侵入。
1940. 6 .14	ドイツ軍，パリ占領⇒フランス降伏。
1940. 7	ソ連軍，バルト3国併合。[1]
1941. 4	ドイツ軍，バルカン半島制圧。
1941. 6	ドイツ軍，独ソ不可侵条約を破棄し，独ソ戦開始。

④欧米諸国の対応

▶フランス…降伏後，フランス南部にはペタンの対独協力政府が成立。ド・ゴールはイギリスへ亡命して「自由フランス」政府を樹立。ラジオや無線を通じてフランス国内に残る国民へドイツへの抵抗運動（**レジスタンス**）をよびかけた。

▶イギリス…チェンバレンに代わり，**チャーチル**が首相[2]に就任。1941年，大西洋上でアメリカのフランクリン・ローズヴェルトと会談を行い，**大西洋憲章**を発表→反ファシズムの連合軍を形成。

⑤ドイツ占領下のヨーロッパ…ドイツが占領したヨーロッパでは，各国でユダヤ人が逮捕され，**アウシュヴィッツ**などの強制収容所へ連行されて虐殺された（**ホロコースト**[3]）。

→約600万の人々が犠牲になった。

↓第二次世界大戦中のヨーロッパ

結び付く日中戦争と第二次世界大戦

①日中戦争と第二次世界大戦…日独伊三国同盟の締結などにより両戦争が結び付いた。

②戦争の長期化と南進，日米関係・日ソ関係…重慶の蔣介石政権は，抗戦を継続。

- ▶1940年3月に，汪精衛（汪兆銘）を首班とする新国民政府（南京国民政府）が成立。
- ▶ドイツにフランスが降伏→援蔣ルートの遮断や資源獲得などを目的に，1940年9月に日本軍が北部仏印に進駐。第2次近衛内閣は日独伊三国同盟を締結する。
- ▶1941年4月，**日ソ中立条約**締結。一方で，戦争回避のための日米交渉を開始。
- ▶1941年6月，独ソ戦の開始→7月，日本軍が南部仏印に進駐。
- ▶アメリカは対日石油輸出を全面的に禁止。

③太平洋戦争の勃発…第3次近衛内閣に代わって成立した東条英機内閣時に勃発。

- ▶アメリカの要求（ハル・ノート）を拒否。日米交渉は決裂。
- ▶1941年12月8日，日本陸軍はマレー半島に上陸し，日本海軍はハワイの**真珠湾を奇襲攻撃**。これらにより，**アジア太平洋戦争**[4]（太平洋戦争）勃発。
- ▶日本は，欧米による植民地支配からアジア諸民族を解放し「**大東亜共栄圏**」を建設するという戦争目的を掲げた→太平洋戦争は当時，「大東亜戦争」とよばれた。

🔷 用語解説

*1 **バルト3国**…バルト海に面するエストニア，ラトヴィア，リトアニアをさす。

*2 **チャーチル**…イギリス首相（在任1940~45，51~55）。早くからナチスの台頭を警戒し，宥和政策にも批判的であった。就任後は米ソと連携し，戦争を主導した。

*3 **ホロコースト**…「虐殺」を意味する『旧約聖書』に由来する宗教用語。

*4 **アジア太平洋戦争**…当初日本軍が優勢であったが，1942年なかばから連合軍の反攻が本格化した。なかでもミッドウェー・ガダルカナル島・サイパン・沖縄などで日本軍は致命的打撃を受けた。

演習問題❻

1 次の文中の①〜④にあてはまる語句を答え，下線部に関する問いに答えよ。

　　1929年10月24日，ニューヨーク証券取引所で株価が大暴落し，アメリカが経済恐慌に陥ったことをきっかけに，(1)恐慌は世界に波及した。

　　各国は植民地や自治領を囲いこんだ（①　　　　　　　）経済によって貿易を縮小し，自国の産業を保護する政策を進めた。イギリスではマクドナルドが（②　　　　　　　）内閣を成立させ，金本位制を停止した。アメリカでは（③　　　　　　　）大統領が就任し，国内では(2)ニュー・ディール政策で経済回復をはかり，対外的には（④　　　　　　　）外交を提唱してラテンアメリカ諸国との経済的つながりを強化した。

(1)　下線部(1)について，右のグラフは世界恐慌の時期の各国の工業生産指数を示したものである。1929年に世界恐慌が発生してから停滞を続ける西欧や日本に対し，ソ連だけは経済成長を遂げているが，それにはどのような理由が考えられるか答えよ。

　　（　　　　　　　　　　　　　　　　　　）

(2)　下線部(2)についての内容として正しくないものを下の選択肢から選び記号で答えよ。　　（　　　）

　　　ア　農産物の生産量を調整した。　　　イ　大規模な公共事業を行った。
　　　ウ　労働者の団体交渉権を否認した。　エ　ワグナー法を制定した。

2 ファシズムの台頭に関する次の問いに答えよ。

(1)　イタリアでファシスト党を結成し，ローマ進軍を行って政権を獲得したのは誰か。
　　　　　　　　　　　　　　　　　　　　　　（　　　　　　　　　）

(2)　(1)の人物は，世界恐慌後，市場の拡大を目的として1935年にアフリカのある国へ侵攻するが，その国名を答えよ。　　　　　　（　　　　　　　　　）

(3)　ヒトラーは1933年に内閣を組織し，独裁体制をきずいた。その年に制定された，ナチスの独裁を可能にした法は何か。　　　　　（　　　　　　　　　）

(4)　ファシズムの台頭に対し，フランスやスペインでは反ファシズムを掲げる政府が成立したが，そのような政府は何とよばれるか。　（　　　　　　　　　）

(5)　スペインでつくられた(4)に対して1936年に反乱をおこし，内戦を引きおこしたのは誰か。　　（　　　　　　　　　）

(6)　(5)の内戦に関係する右の絵の作品名を答えよ。
　　　　（　　　　　　　　　）

(7)　右の絵の作者を答えよ。

❸ 右の風刺画に関連する次の文の下線部に対する問いに答えよ。

　右の風刺画は1939年8月に結ばれた(1)ある条約を風刺している。反共を掲げるヒトラーに対してスターリンはもともと不信感をもっていたが，1938年に(2)チェコスロヴァキアの領土割譲問題を討議する会談にまねかれなかったスターリンは英仏にも不信感を抱き，ヒトラーと急接近した。その会談で英仏は(3)ヒトラーの要求に妥協的な態度を示したため，ヒトラーはその後さらなる勢力拡大をはかった。

(1)　下線部(1)が示す条約の名を答えよ。　　　　　　　　（　　　　　　　）
(2)　下線部(2)が示す会談の名を答えよ。　　　　　　　　（　　　　　　　）
(3)　下線部(3)のような英仏の外交政策は何とよばれるか。（　　　　　　　）

❹ 次の問いに答えよ。

(1)　第二次世界大戦後，連合国により構築された，新たな自由貿易体制と安定的な国際通貨体制を何とよぶか。　　　　　　　　　　　　　　　　　（　　　　　　　）
(2)　(1)の一環として設立された，安定した為替相場の構築を目的とする，IMFとよばれる国際機関は何か。　　　　　　　　　　　　　　　　　　　（　　　　　　　）
(3)　(1)の一環として設立された，世界経済の復興と発展途上国の開発を目的とした国際機関は何か。　　　　　　　　　　　　　　　　　　　　　（　　　　　　　）

❺ 次の文中の①~⑦にあてはまる語句を，下の選択肢から選び記号で答えよ。

　1930年，（　①　）内閣の蔵相井上準之助のもとで，緊縮財政政策が進められ，金輸出解禁が断行された。しかし，この措置は世界恐慌の影響とあいまって，日本経済を（　②　）へと陥らせた。そのため，第2次若槻礼次郎内閣に代わって成立した犬養毅内閣の蔵相（　③　）は，金輸出を再禁止し，続く（　④　）内閣・岡田啓介内閣のもとでも輸出の促進や軍事費をふくむ財政膨張策をとり，恐慌からの脱出をはかった。しかし，（　③　）は，当時内大臣だった（　④　）らとともに，1936年の（　⑤　）で殺害された。

　相次ぐ恐慌のなかで，中国への進出によって経済危機を打開しようとする動きも強まった。中国国民政府が国権回復運動を展開するなかで，関東軍は1931年に（　⑥　）をおこし，軍事行動を開始した。関東軍のもとで建国された「満洲国」は，（　④　）内閣時の（　⑦　）によって承認されたが，国際連盟はイギリス人リットンを団長とする調査団を派遣した。

ア　二・二六事件	イ　高橋是清	ウ　浜口雄幸	エ　斎藤実
オ　日満議定書	カ　金融恐慌	キ　昭和恐慌	ク　柳条湖事件

①（　　　）　②（　　　）　③（　　　）　④（　　　）
⑤（　　　）　⑥（　　　）　⑦（　　　）

6 次の(1)～(3)の「この地」にあてはまる地名をあげ，その場所を地図中の選択肢から選び記号で答えよ。

(1) この地の郊外でおこった事件は，満洲事変勃発の契機となった。

地名（　　　　　　　）　地図中の場所（　　　）

(2) この地でのソ連軍との交戦で敗北したことは，日本の北進政策を挫折させることとなった。

地名（　　　　　　　）　地図中の場所（　　　）

(3) この地に置かれた関東都督府は，のちに関東庁と関東軍に分離された。

地名（　　　　　　　）　地図中の場所（　　　）

7 次の問いに答えよ。

(1) 第1次近衛文麿内閣時の1937年7月7日，北京郊外で発生した，日中戦争の契機となった事件を何というか。

（　　　　　　　　　）

(2) 日中戦争が長期化するなかで，1938年12月以降に国民政府の拠点となったことや，日本軍が空爆をくり返したことで知られる都市はどこか。

（　　　　　　　　　）

(3) 1939年に独ソ不可侵条約が締結されたことをうけ，「欧州情勢は複雑怪奇」として総辞職した内閣の首相は誰か。

（　　　　　　　　　）

(4) 1940年3月に南京に新たに設立され，日本の傀儡政権となった新たな国民政府の中心人物は誰か。

（　　　　　　　　　）

(5) 1940年9月，日本軍がフランス領インドシナ北部に進駐したのとほぼ同時期に，日本・ドイツ・イタリアとの間で何が成立したか。

（　　　　　　　　　）

(6) 満洲を満洲事変以前の状態に戻すことなどを内容とする，日米交渉決裂の契機となった要求は，何とよばれるか。

（　　　　　　　　　）

(7) 太平洋戦争勃発の契機の一つとなったことで知られる日本海軍の軍事行動は，ハワイのどこを奇襲攻撃したものであったか。

（　　　　　　　　　）

(8) 今日において，アジア太平洋戦争，太平洋戦争とよばれる戦争は，当時はどのようによばれたか。

（　　　　　　　　　）

［解答→p.166］

6 第二次世界大戦における連合国と戦後構想➡教 p.124～125

大戦の終結

①**ドイツ軍の後退**…1943年，ドイツ軍は**スターリングラード**（現ヴォルゴグラード）の戦いで大敗し後退を開始。

②**イタリアの敗北**…1943年，連合軍はシチリア島に上陸。ムッソリーニが解任されバドリオ政権が成立→9月に**無条件降伏**。

③**大戦中の戦時会談**…大戦中には戦況の変化に応じてさまざまな戦時会談が行われた。

④**大西洋会談**…**ローズヴェルト**は参戦前に**チャーチル**と大西洋上で会談を行い，大西洋憲章を発表。ファシズム打倒と戦後の平和構想が示された。

⑤**カサブランカ会談**…ローズヴェルトとチャーチルの会談。イタリア打倒のため，北アフリカと地中海方面の作戦が協議された。

⑥**カイロ会談**…戦局は連合国優位に。アメリカのローズヴェルトはイギリスのチャーチル，中国の蔣介石とともにカイロで会談。日本の無条件降伏や対日処理の方針を決定した。

⑦**テヘラン会談**…ローズヴェルト，チャーチル，**スターリン**による会談。米英はスターリンの要求に応じ，西部戦線（第二戦線）の形成を決定した。これにより翌年6月に連合軍は**ノルマンディー上陸作戦**を敢行。8月にパリを解放した。

⑧**ヤルタ会談**…連合軍の優位が確定的となった，1945年2月の米英ソの首脳3人による会談。ドイツの戦後4国**分割占領**やヨーロッパの戦後処理が決められ，ソ連の対日参戦，南樺太や千島のソ連取得などが秘密協定として締結された。

⑨**ドイツ降伏**…ソ連軍のベルリン侵入により，1945年4月，ヒトラーは自殺。**ドイツは無条件降伏**した。

⤵ 第二次世界大戦中に行われた戦時会談と出席者・おもな内容

年　月	会談名	出席者とおもな内容
1941.8	大西洋会談	ローズヴェルト・チャーチル
		ファシズム打倒と戦後の平和構想発表
1943.1	カサブランカ会談	ローズヴェルト・チャーチル
		北アフリカ，地中海方面の作戦協議
1943.11	カイロ会談	ローズヴェルト・チャーチル・蔣介石
		対日処理の方針決定
1943.11~12	テヘラン会談	ローズヴェルト・チャーチル・スターリン
		北フランス（ノルマンディー）上陸作戦協議
1945.2	ヤルタ会談	ローズヴェルト・チャーチル・スターリン
		①ドイツの戦後4国占領　②ソ連の対日参戦など
1945.7~8	**ポツダム会談**	トルーマン・チャーチル（のちアトリー）・スターリン
		ドイツの戦後処理決定
	ポツダム宣言	日本の無条件降伏や戦後の管理方針

新たな国際秩序と人権の理念

① **ブレトン・ウッズ体制**…1944年7月，ブレトン・ウッズにおいて戦後の経済復興に関する話し合いが行われ，**金ドル本位制**による固定為替相場制で世界経済の安定がめざされるとともに，さまざまな国際機関が設立された。

● ヨーロッパの第二次世界大戦

▶ 国際通貨基金…略称はIMF。国際通貨体制の確立と為替相場の安定が目的。

▶ 国際復興開発銀行…通称，世界銀行。世界経済の復興と発展途上国の開発が目的。

▶ **関税と貿易に関する一般協定**…通称GATT。第二次世界大戦の遠因となったブロック経済を反省し，国際的な自由貿易の維持と拡大がめざされた。1995年に世界貿易機関（WTO）に継承。

② **国際連合**

▶ ダンバートン・オークス会議…1944年8月～10月。アメリカ・イギリス・ソ連・中国により国際連合憲章の原案が作成された。拒否権などの扱いをめぐっては意見が対立した。

▶ **サンフランシスコ会議**…1945年4月～6月。国際連合憲章を採択，集団安全保障体制が構築された。

▶ 国際連合発足…1945年10月，51か国が加盟して発足。第3回国連総会で世界人権宣言が採択され，保障すべき基本的人権が示された。

▶ 国際連盟と国際連合

● 国際連盟と国際連合

機　関	国際連盟	国際連合
設立年月	1920年1月	1945年10月
本部	スイスのジュネーヴ	アメリカのニューヨーク
総会の議決法	全会一致を原則	加盟各国一票の多数決制
最高機関	総会＞理事会	安全保障理事会＞総会
常任理事国*3	英・仏・伊・日	米・英・仏・ソ・中

🎓 用語解説

*1 **分割占領**…ドイツの国土は戦後，米・英・仏・ソにより，それぞれの国家の方式による統治の下におかれることになった。

*2 **金ドル本位制**…基軸通貨のアメリカドルと金を基準にした固定為替相場制度。

*3 **常任理事国**…国際連盟では当初，英・仏・伊・日が常任理事国であったが，独・ソは加盟後に常任理事国となった。また国際連合では，当初は中華民国が中国代表であったが，1971年に代表権は中華人民共和国に移った。

7 アジア太平洋戦争と日本の敗戦➡教 p.126~127

アジア戦線の拡大と人々の生活

①**国家総動員法**…1938年，第1次近衛内閣時に制定。総力戦体制の根幹となった法令。

- ▶戦時に際して労働力・物資割当などの統制運用が勅令の形で行えるようになった。
  - →議会や政党の存在意義は低下。
- ▶同法にもとづいて，翌1939年に，国民徴用令や価格等統制令なども制定。

②労働者の戦争協力

- ▶日中戦争が長期化するなかで，1940年，産業報国会の全国連合体として**大日本産業報国会**が組織され，労働組合は解散を強制された。
- ▶大日本産業報国会は，1940年の**新体制運動**[*1]をへて成立した，**大政翼賛会**[*2]の下部組織の一つとされた。

③**配給制**…生活必需品の消費を制限するために，配給制が導入された。

- ▶1940年に砂糖とマッチの切符制が導入。砂糖とマッチは代金の他に国から割りあてられた切符がないと購入できなくなった。
- ▶1941年には米の配給制が実施され，家族数に応じて各家庭に米が割りあてられるようになった。

④**日本の植民や占領地域の動き**…これらの地域の住民にも戦争協力が求められた。

- ▶皇民化政策…朝鮮や台湾で実施。神社参拝や日本語教育の徹底など。その一環として，名前を日本風に改める創氏改名も強制された。
- ▶「**大東亜共栄圏**」建設への協力…労働力や物資が動員された。日本の支配に対し，しだいに抵抗運動が展開されるようになった。
- ▶日本への抵抗運動は，連合国に対する民族独立を求める動きにつながった。
  - →ベトナムでは1941年，ホー・チ・ミンがベトナム独立同盟会(ベトミン)を結成。
  - →フィリピンやビルマ(ミャンマー)でも抗日運動が激化した。

⑤**徴兵と勤労動員**…兵役の年齢が広げられ，女性は軍需工場に動員された。

- ▶**学徒出陣**…1943年，戦局悪化にともない，兵力不足のため理工系と教員養成系以外の学生の徴兵猶予が停止され，20歳をこえた学生を入隊させた。
- ▶勤労動員…労働力不足を補うために，政府は学校に残る学生・生徒や女子挺身隊に編成された14~25歳の未婚の女性を徴用。軍需工場などで働かせた。

大日本帝国の崩壊

①終戦までの連合国と枢軸国の動き

- ▶1943年9月，イタリアが降伏。
  - 11月，**カイロ会談**が開かれる。
- ▶1944年11月，アメリカがサイパン島などから日本本土への空襲開始。
- ▶1945年2月，**ヤルタ会談**が開かれる。
  - 5月，ドイツが降伏。
  - 6月，アメリカ軍が沖縄を占領する。
  - 7月，ポツダム会談→日本に無条件降伏を勧告するポツダム宣言の発表。

⚫ 終戦までに行われた会談と出席者・おもな内容

会談名	年　月	出席者	おもな内容(対日条項)
カイロ会談	1943.11	・フランクリン・ローズヴェルト(米) ・チャーチル(英) ・蔣介石(中)	・満洲・台湾の中国への返還 ・朝鮮の独立 　→カイロ宣言
ヤルタ会談	1945.2	・フランクリン・ローズヴェルト(米) ・チャーチル(英) ・スターリン(ソ)	・ソ連の対日参戦合意 ・ソ連による千島列島・南樺太の領有 　→ヤルタ協定
ポツダム会談	1945.7 ~ 8	・トルーマン(米) ・チャーチル 　→アトリー(英) ・スターリン(ソ)	・日本への無条件降伏の勧告 ・日本の戦後処理方針 　→ポツダム宣言 　(※米・英・中の名で発表)

②日本の戦局の悪化…1942年なかばころから，日本は守勢にたたされた。

⚫ アジア太平洋戦争

- ▶ミッドウェー海戦…1942年6月。日本の連合艦隊は壊滅的な打撃を受け，日本はこれにより制空権・制海権を失った。
- ▶ガダルカナル島撤退…1943年2月，日本軍はガダルカナル島から撤退。
- ▶サイパン島陥落…1944年7月，マリアナ諸島のサイパン島が陥落→絶対国防圏(絶対に確保すべき圏域)が陥落→東条内閣は退陣に追いこまれた。
- ▶沖縄戦…アメリカ軍が沖縄本島に上陸。県民を巻きこむ形で地上戦が展開。
- ▶ポツダム宣言の発表…1945年7月に発表。鈴木貫太郎内閣は黙殺した。
- ▶戦争終結までの経緯…広島への原子爆弾投下(8月6日)→ソ連の対日宣戦布告(8日)→長崎への**原子爆弾投下**(9日)→**ポツダム宣言受諾**(14日)。

③敗戦後の日本の主権範囲…カイロ会談にもとづき，本州，北海道，九州および四国，連合国が決定する島々に限定。
　→東アジアでの日本の植民地支配は終わった。

👹 用語解説

- *1　**新体制運動**…1940年，近衛文麿を中心に推進された政治運動。ドイツにならった強力な政治指導体制がめざされた。
- *2　**大政翼賛会**…1940年成立。当初めざした一国一党の政治組織ではなく，上意下達機関となった。総裁は首相，最末端組織は隣組とされた。

8 連合国の占領政策と冷戦 ➡教 p.128～129

連合国の占領政策

①連合国による占領…敗戦国が今後軍事的脅威とならないように，連合国は戦争犯罪裁判や占領政策を進めた。ドイツ・オーストリアは米英仏ソに分割され直接占領された。

▶日本は**連合国軍最高司令官総司令部**（GHQ／SCAP）が発する指令・勧告を受けて日本政府が政治を行う間接統治。GHQの最高司令官は**マッカーサー**。

▶マッカーサーから女性参政権の付与，労働組合の結成奨励，教育の自由主義的改革，秘密警察などの廃止，経済機構の民主化の五大改革が指令された。

②非軍事化・民主化…民主化政策が推進。

▶財閥解体…持株会社解体指令。持株会社整理委員会。独占禁止法。過度経済力集中排除法。

▶衆議院議員選挙法改正…男女20歳以上が選挙人。

▶労働改革…労働組合法。労働関係調整法。労働基準法。

▶農地改革…寄生地主制の解体などが目的。農地調整法改正，再改正。自作農創設特別措置法。

③憲法の改正…GHQ作成の憲法案→日本政府が再作成。

▶**国民主権**，**基本的人権の尊重**，**平和主義**。

④法の整備…**日本国憲法**にもとづく法の改正，制定。

▶1947年に**地方自治法**，**教育基本法**，学校教育法。

冷戦と日本の主権回復

①冷戦…アメリカを中心とする資本主義陣営，ソ連を中心とする社会主義陣営にわかれて世界が対立。

②アメリカの動き…**トルーマン**大統領は共産主義の**封じ込め**をはかり，ギリシアとトルコへ軍事支援を開始。さらに，ヨーロッパ経済援助計画（**マーシャル・プラン**）を発表し，1949年に**北大西洋条約機構（NATO）**を結成した。

③ソ連の動き…1947年，ソ連は東欧諸国にフランスやイタリアの共産党を組みこんで情報を交換する**コミンフォルム**を結成し，1955年には**ワルシャワ条約機構**を結成して対決姿勢を強めた。

④占領政策の転換…アメリカは，日本の経済的自立と再軍備を求めるようになった。

▶1948年に経済安定九原則を支持。1949年にはドッジ・ライン（1ドル＝360円の単一為替レートなど），シャウプ勧告（直接税中心の税制勧告）。

▶1950年に朝鮮戦争が勃発→レッド・パージ。**警察予備隊**の創設。

⑤日本の主権回復…1951年，第3次**吉田茂**内閣時に**サンフランシスコ平和条約**締結。

▶中華民国，中華人民共和国はサンフランシスコ講和会議にまねかれず，インド，ビルマ，ユーゴスラヴィアは不参加。ソ連，ポーランド，チェコスロヴァキアはサンフランシスコ平和条約に署名しなかった。条約は翌1952年に発効。

▶琉球諸島（沖縄），奄美群島，小笠原諸島はアメリカの施政権下におかれた。

▶平和条約と同日に**日米安全保障条約**→米軍は引き続き日本に駐留。

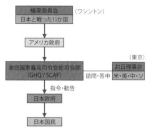

◆ 連合国軍の統治機構

| 極東委員会 | （ワシントン） |
| 日本と戦った11か国 | |

↓

| アメリカ政府 |

↓（東京）

| 連合国軍最高司令官総司令部 | 諮問・答申 | 対日理事会 |
| （GHQ／SCAP） | | 米・英・中・ソ |

↓指令・勧告

| 日本政府 |

↓

| 日本国民 |

◆ 新旧憲法の比較

大日本帝国憲法		日本国憲法
1889（明治22年）2月11日	発布・公布	1946（昭和21年）11月3日
1890年11月29日	施行	1947年5月3日
欽定憲法	形式	民定憲法
天皇主権	主権	国民主権
神聖不可侵で統治権をもつ元首	天皇	国家と国民統合の象徴
各大臣が天皇を補佐する	内閣	国会に責任を負う行政機関
天皇の協賛機関衆議院と貴族院	議会国会	国権の最高機関，唯一の立法機関衆議院と参議院
法律の範囲内	人権	基本的人権の尊重
兵役の義務天皇に統帥権	軍隊	平和主義（戦争放棄）
規定なし	地方自治	首長と議員を住民が選挙

歴史のまなざし　日本とドイツの戦後／戦争と記憶　➡ 教 p.130～131

①日本とドイツの戦後

- ▶日本とドイツの共通点…両国は国家主導で近代化を推進した。
  - •世界恐慌後の1930年代にファシズムが浸透し，軍国主義化が進展。
  - •敗戦後に安定した民主政を樹立。経済大国に成長。
- ▶ドイツ…首都ベルリンの陥落まで徹底抗戦したドイツは，中央政府が廃止され，占領軍による直接統治が行われた。
  - •戦後は米・英・仏・ソによる4国分割占領。米・英・仏が西ドイツと西ベルリンを，ソ連が東ドイツと東ベルリンを占領。
  - •東西分裂…西側占領地区と西ベルリンをつなぐ道路をソ連が遮断した「ベルリン封鎖」解除後，ドイツ連邦共和国(西ドイツ)とドイツ民主共和国(東ドイツ)に分断。その後，西ドイツはパリ協定で主権を回復した後NATOに加盟してアメリカ陣営へ，東ドイツはソ連陣営へと組みこまれていった。
  - •ニュルンベルク国際軍事裁判…ナチスの指導者12名に死刑判決が下された。
- ▶日本…本土決戦を回避した日本では，政府が存続し，間接統治が進められた。
  - •実質的にはアメリカの単独占領，間接統治といった体制のもとで，政治改革，経済改革が徹底して推進された。天皇制存続のためには民主化が不可欠だった。
  - •西側陣営の一員として主権を回復し，経済的にも軍事的にもアメリカに依存した。
  - •東アジアではナショナリズムが高まったため，他国との地域主義的なつながりをもつことはなかった。
  - •極東国際軍事裁判(東京裁判)や公職追放にもかかわらず，間接統治のもとで，戦前の指導者が戦後にも残った→過去の精算が不十分な要因ともされる。
  - •極東国際軍事裁判…1946年5月に開廷。A級戦犯容疑者として戦争犯罪人28名が起訴。25名が有罪とされ，東条英機・広田弘毅ら7名に死刑判決。

②戦争と記憶

- ▶戦争にかかわる記憶…国家の栄光，苦難の歴史として後世に継承されている。
  - •戦争の記念日，戦争にかかわる建造物…戦争を記憶するための装置として機能。
  - •20世紀の戦争…総力戦が展開され，女性や子どもまでも戦争に巻きこまれた。

③第二次世界大戦に関する記憶や記録…後世にどのように継承するかが課題。

- ▶無差別爆撃，占領，強制移住，強制労働など，多くの人々に負の記憶を残した。
- ▶戦争の記憶の性格は，国境をこえれば加害者側と被害者側が逆転することもある。
- ▶**戦争の記憶の事例**
  - •アウシュヴィッツ…戦時中，ヨーロッパ中からユダヤ人が連行，虐殺された。その数は600万人ともいわれる。ナチス・ドイツの戦争犯罪を象徴する施設である。
  - •原爆ドーム…旧産業奨励館の廃墟は「原爆ドーム」とよばれ，1950年代に平和記念公園が完成。広島市議会の保存決議をへて，1990年代に世界文化遺産に登録。
  - •平和祈念像…長崎の国際平和公園にある，北村西望作の彫像。上をさした手は原爆の脅威を，横にのばした手は平和を示している。
  - •平和の礎…沖縄の平和祈念公園にある。戦争終結50周年を記念して建設。

9 再編されるアジアと冷戦➡教 p.132〜133

ナショナリズムと冷戦

①日本の敗戦…それまで日本に支配されていたアジアの諸民族に多大な影響。

②中国…戦勝国である**中華民国**は，国連安全保障理事会の**常任理事国**に。[*1]

- ▶国共内戦…大戦直後，国民党と共産党は内戦回避の道を探るも決裂。
- ▶国民党の動向…アメリカの支援をうけ，共産党の拠点である延安を占領。当初優勢であったが，党内の汚職や腐敗で経済悪化。最後は内戦に敗れ台湾へ逃亡。しかし，国際連合内においては1971年まで中国代表として認められた。
- ▶共産党の動向…ソ連の支援をうけた共産党は，指導者**毛沢東**を中心に反撃。農民には土地改革を約束して支持を獲得。最後は国民党に勝利し，1949年10月1日，**中華人民共和国**の成立を宣言した。

③台湾…大陸での内戦に敗れた国民党が支配。1954年にはアメリカと米華相互防衛条約を結び，冷戦下ではアメリカ陣営へ。

- ▶**二・二八事件**…闇タバコを販売していた民間人を政府が暴力的に取り締まったことに対して抗議していた人々に，政府側が発砲し多くの死傷者を出した事件。**外省人**と**本省人**[*2]の対立を象徴する事件。
- ▶日華平和条約…朝鮮戦争勃発を契機に東アジアの反共包囲網の一環として，日本と台湾の蔣介石政権のあいだで結ばれた。

④朝鮮半島…日本の敗戦後，米ソ両軍が進駐し，**北緯38度線**を境に分割統治。

- ▶北朝鮮…1948年9月，ソ連の占領下で**金日成**を首相とする**朝鮮民主主義人民共和国**が成立。首都はピョンヤンにおかれた。
- ▶韓国…1948年8月，東アジアでの社会主義の拡大を恐れるアメリカは，その軍政下で**李承晩**を大統領とする**大韓民国**を樹立。首都はソウルにおかれた。
- ▶朝鮮戦争[*3]…1950年6月，北朝鮮軍の韓国侵攻により朝鮮戦争勃発。**国連安全保障理事会**は北朝鮮の侵略と断定し，国連軍（司令官**マッカーサー**[*4]）が出動。中国国境まで北朝鮮軍を押し戻したが，中華人民共和国が義勇軍を派遣し北朝鮮を支援。**38度線**付近まで挽回し，1953年に**板門店**で休戦協定が成立した。

⑤東南アジアの動向

⬇ 第二次世界大戦後の東南アジアの動き

国　名	戦後の独立の動き	
インドネシア	1945	**スカルノ**，インドネシア共和国独立宣言
		→宗主国オランダと武力闘争
	1949	インドネシア共和国として完全独立
フィリピン	1946	フィリピン共和国としてアメリカから独立
ビルマ	1948	ビルマ連邦共和国としてイギリスから独立
カンボジア	1953	カンボジア王国としてフランスから独立
マレーシア	1957	マラヤ連邦としてイギリスから独立
	1963	マレーシア連邦結成

↓ 第二次世界大戦後のアジア

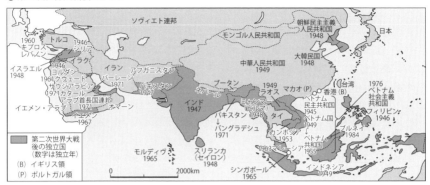

⑥ベトナム…第二次世界大戦前はフランスに支配されていたが，第二次世界大戦中に日本軍がベトナムへ進駐し，フランス軍は本国へ撤退。**ホー・チ・ミン**はベトナム独立同盟を組織して対日武装抵抗。日本敗退後の1945年，ベトナム民主共和国を樹立。

> ▶**インドシナ戦争**…旧宗主国のフランスはベトナムの独立を認めず，戦争に発展。1954年，**ジュネーヴ休戦協定**が結ばれ，**北緯17度線**を暫定軍事境界線とすることが決定しフランス軍は本国へ撤退した。

> ▶アメリカの介入…共産主義の拡大を恐れるアメリカはジュネーヴ休戦協定の調印を拒否，南ベトナムに樹立されたベトナム共和国を支援した。これによりベトナムは南北に分断された。

⑦インド…第二次世界大戦中もガンディーらによる独立運動は続いたが，イギリスの干渉によりヒンドゥー教徒とイスラーム教徒の対立は深化。

> ▶1947年，ヒンドゥー教徒とシク教徒が多く住む地域はインドとして，イスラーム教徒が多く住む地域はパキスタンとして分離独立した。

世界の結節点としてのアジア

①戦後のアジア…ナショナリズムの高揚と冷戦による分断がおこる中で，東西の橋渡しを担う地域や国家が出現した。

> ▶香港…戦後もイギリスの統治下におかれ，東アジアと欧米をつなぐ結節点となった。

> ▶シンガポール…戦前から華僑や華人が多く居住していたため，東西を結ぶ中継貿易の拠点となった。

🔲 用語解説

* 1 **常任理事国**…1971年に国連代表権は中華民国から中華人民共和国に交代した。

* 2 **外省人と本省人**…外省人は戦後，中国大陸からわたってきた人，本省人は戦前から台湾に住んでいた人のことを指す。

* 3 **国連安全保障理事会**…このときソ連は中華人民共和国の国連入りを主張し，欠席戦術を行っていたため拒否権を行使できなかった。

* 4 **マッカーサー**…朝鮮戦争においてマッカーサーは核兵器の使用を主張し，トルーマン大統領により解任された。

生活と文化　大衆化 ➡ 教 p.134~135

① 1910~1920年代中心

▶ 蓄音機…1870年代にアメリカのエジソンが発明。

- 日本国内では，明治後期にはじめて蓄音機とレコードが発売。大正時代になると普及した。

▶ 電話機…1870年代にベルが発明。

- ベルは1876年に磁石式電話機を発明。情報の世界一体化を促進した。
- 日本では1877年に輸入。1900年に自動電話（公衆電話）が，新橋・上野駅に設置。

▶ 百貨店（デパート）…パリで1850年代に設立されたデパートが最初。

- 1852年にパリで世界初のデパート「ボン・マルシェ」がつくられ，1858年にはニューヨークで「メイシーズ」が誕生した。
- 日本では日本橋の三越，阪急，白木屋など。ショッピングは都市生活の娯楽化。

▶ 遊園地…17世紀，ヨーロッパに広まったプレジャー・ガーデンがその起源とされる。

- ニューヨークの遊園地で1927年につくられた木製ジェットコースターは現存する最古のものとされる。
- 日本では大正期に阪急電鉄が沿線の住宅地とともに遊園地を建設。昭和期の1930年代にはデパートの屋上に遊園地が設けられた。

② 1920~1940年代中心

▶ 自動車…アメリカのフォードなどで「組み立てライン方式」が導入。

- 1914年，フォードの生産工場で導入され作業効率化と低価格化に成功した。
- 1910年代に最初の国産自動車→昭和初期にトヨタ・日産が量産。

▶ 飛行機…1903年，ライト兄弟が世界最初の動力飛行に成功。

- 第一次世界大戦では戦闘用に用いられた。戦間期には各国が民用航空を運用。
- 日本では1910年に飛行実験が成功。戦中期にはゼロ戦が生産された。

▶ スポーツ…ベースボール（野球），サッカーが世界的に普及。オリンピックも開催。

- 1930年，第1回FIFAワールドカップが開催。
- 1915年，第1回全国中等学校野球大会が開催。1934年アメリカ大リーグ選抜チームが来日→日本にプロ野球が生まれる契機となった。
- 1936年のベルリンオリンピックのようすはラジオ放送で日本にも伝えられた。

▶ ラジオ放送…1920年にアメリカでラジオ放送開始。

- 1925年，日本では東京，名古屋，大阪に放送局が開局→翌1926年には3局が合同し，日本放送協会（NHK）が設立。

▶ 映画…1895年のフランスのリュミエール兄弟による上映が映画の誕生とされる。

- 1910年代にはアメリカ・カリフォルニアのハリウッドが映画産業の中心となった。30年代にはカラーでの制作がはじまり，90年代にはCGも導入された。
- 明治期に無声映画が広まり活動弁士が活躍。大正期に映画制作会社が設立。昭和期にトーキー（音声映画）が登場した。

▶ 雑誌…日本では明治初期以降，多くの雑誌が創刊。大正期には娯楽雑誌が普及。

- 1918年に児童文芸雑誌『赤い鳥』，1925年に大衆娯楽雑誌『キング』が創刊。

4節　国際秩序の変化や大衆化と現代的な諸課題　　教科書 **p.136~141**

1 統合・分化

▶朝鮮への移住者の事例…植民地への移住者には優遇措置がとられることがあった。

- 九州地方の工場労働者は，朝鮮への移住によって準社員に昇格，生活水準は向上 →領土拡大や植民地での労働需要の増大が背景にあった。
- 現地の住民である朝鮮人の待遇が改善されることはなかった。
- 植民地となった朝鮮の人々の教育は，日本人と差別されていたが，1938年には朝鮮教育令が改められ，日本人と同様の内容の教育が施された→皇民化政策の一環。

▶南洋諸島への移住者の事例…沖縄から南洋諸島への移住者が増大した。

- 日本の委任統治領となった旧ドイツ領南洋諸島では，現地の住民に日本国籍は与えられなかった。一方で，日本の歴史，日本語などが教えられた。
- 南洋諸島で製糖事業を展開していた南洋興発株式会社のもとで土地を借りてサトウキビを生産すれば，沖縄にいるよりも豊かな生活を送ることができた。
- 朝鮮人は準小作となれず，人夫として働くことを強いられた。
- 南洋諸島に住む「国民」の間には序列が存在→住民にも意識された。

2 自由・制限

▶ナチスの事例…ナチス統制下では言論機関やマスコミ，文化領域全般をナチスの宣伝省が管轄し，言論や出版を制限した。

- 日本国憲法21条では表現の自由が認められている。ただし，公共の福祉の観点から，制限が加えられることもある。

3 平等・格差

▶ワイマール憲法の事例…第一次世界大戦後ドイツでは民主化社会改革が進展。

- 世界ではじめて男女平等の選挙権や社会権が憲法で規定された。

▶日本の事例…資本主義の確立にともない，資本家と労働者の格差が増大。

- 1900年に制定された治安警察法では，ストライキが実質的に禁じられるなど，労働運動が制限→1920年には，待遇の改善を求め，最初のメーデーが催された。

4 開発・保全

▶産業革命の影響…イギリスやドイツでは工業化による大気汚染が深刻化。

▶日本の事例…産業革命の進展にともない，公害が問題化。

- 煤煙問題…1888年に大阪で防止令が出され，北九州では大気汚染が広がった。
- 鉱毒問題…足尾銅山で鉱毒問題が発生。田中正造が解決に取り組んだ。
- 第二次世界大戦後の1967年には公害対策基本法が制定。

5 対立・協調

▶米軍基地問題…沖縄だけでなく，韓国，イタリア，ドイツなどでも発生。

- 1950年代の日米安全保障条約，日米行政協定は1960年の日米相互協力および安全保障条約，日米地位協定に継承→合法的に基地が置かれ，日米政府間では協調維持。
- 戦後，沖縄の住民は米軍基地の排除を求める運動を展開。
- 近年，普天間飛行場を名護市辺野古へ移設する動きに住民らは反対運動を展開。

演習問題 ❼

1 次の文中の①〜④にあてはまる語句を答えよ。

　第二次世界大戦のヨーロッパ戦線は，1943年の（①　　　　　　　　）の戦いてドイツ
がソ連に敗北したことて転換点をむかえた。同年にはイタリアの（②　　　　　　　　）
政権が崩壊し無条件降伏を受け入れた。1943年11月から12月にかけてテヘラン会談が
行われ，ソ連の（③　　　　　　　　）の要求に応じて第二戦線の形成が討議され，翌年
の6月に連合軍は（④　　　　　　　　）上陸作戦を実行した。1945年5月，ドイツは無
条件降伏を受け入れた。

2 次の第二次世界大戦後のアメリカ・ヨーロッパに関する問いに答えよ。

(1)　ナチスの戦争犯罪者に対する軍事裁判が行われたドイツの都市はどこか。

（　　　　　　　　）

(2)　第二次世界大戦後，トルーマン大統領の封じ込め政策で援助の対象となった2国
はギリシアとどこか。　　　　　　　　　　　　　　（　　　　　　　　）

(3)　アメリカのマーシャルがヨーロッパ経済援助計画を発表すると，対抗したソ連が
東欧諸国や各国共産党と結成した組織は何か。　　　（　　　　　　　　）

(4)　冷戦期にアメリカやイギリスなど12か国が1949年に結成した軍事同盟は何か。漢
字で答えよ。　　　　　　　　　　　　　　　　　　（　　　　　　　　）

(5)　(4)の軍事同盟に対抗してソ連陣営が1955年に結成した軍事同盟は何か。

（　　　　　　　　）

3 次の第二次世界大戦後のアジアに関する問いに答えよ。

(1)　第二次世界大戦後にはアジアの多くの国が成立したが，その国と指導者の組み合
わせが正しいものを下の選択肢から選び記号で答えよ。　　　　（　　　　）

> ア　中華人民共和国－蔣介石　　　　イ　大韓民国－金日成
> ウ　インドネシア－ホー・チ・ミン　　エ　インド－ネルー

(2)　右の写真は，冷戦期のある戦争に関係する写真
である。その戦争とは何か，下の選択肢から選び
記号で答えよ。　　　　　　（　　　　）

> ア　朝鮮戦争　　　　　イ　ベトナム戦争
> ウ　インドシナ戦争　　エ　国共内戦

(3)　インドは，第二次世界大戦後の1947年に分離独立したが，そのうちイスラーム教
徒が多く住む地域に成立した当時の国の名を下の選択肢から選び記号で答えよ。

> ア　スリランカ　　イ　バングラデシュ
> ウ　パキスタン　　エ　アフガニスタン

（　　　　　　　　）

4 次の文中の①～⑥にあてはまる語句を，下の選択肢から選び記号で答えよ。

　日中戦争開戦の翌年にあたる1938年には，（　①　）が制定され，政府は議会の承認なしに，勅令によって労働力や物資を運用・統制できるようになった。労働者にも戦争協力が求められるなかで，1940年には（　②　）が設立された。

　日中戦争が長期化するなか，1941年4月，ソ連と（　③　）を締結する一方で，戦争を回避するための日米交渉が開始された。同年6月に独ソ戦がはじまり，国際情勢が一変するなかで，7月に日本軍は（　④　）を断行した。こうした日本の動きに対し，アメリカは対日（　⑤　）の輸出を禁止する措置をとった。

　1941年12月に勃発した太平洋戦争の緒戦では，日本軍は優勢であったものの，翌年には早くも日本は劣勢にたたされた。戦局が悪化するなかで兵役の年齢が引き下げられ，（　⑥　）が行われた。

> ア　日ソ中立条約　　イ　国家総動員法　　ウ　大日本産業報国会
> エ　学徒出陣　　　　オ　石油　　　　　　カ　南部仏印進駐

①（　　　）　②（　　　）　③（　　　）
④（　　　）　⑤（　　　）　⑥（　　　）

5 次の表中の①～③にあてはまる語句を答えよ。

会談名	年　月	おもな内容（対日条項）
（　①　）	1943.11	・連合国は日本の無条件降伏まで戦う ・満洲・台湾の中国への返還・朝鮮の独立
ヤルタ会談	1945.2	・ソ連の対日参戦合意 ・ソ連による（　②　）・南樺太の領有
（　③　）	1945.7～8	・日本への無条件降伏の勧告 ・日本の戦後処理方針

①（　　　　　）　②（　　　　　）　③（　　　　　）

6 次の問いに答えよ。

(1) 連合国軍の日本本土統治機構のうち，ワシントンに設置された，日本占領政策の最高決定機関を何というか。　　　　　　　　　（　　　　　　　）

(2) 1945年に制定された労働組合法，1946年に制定された労働関係調整法に加え，労働三法に数えられる1947年に制定された法は何か。

（　　　　　　　）

(3) 連合国軍最高司令官総司令部（GHQ／SCAP）の最高司令官で，幣原喜重郎首相に五大改革を指令したのは誰か。

（　　　　　　　）

(4) 1946年11月3日に公布された日本国憲法において，国民主権，平和主義とともに，3原則とされているものは何か。　　　　　　（　　　　　　　）

［解答→p.166］

第4章　グローバル化と私たち

1節　グローバル化への問い　　教科書 p.144~149

グローバル化とは何か ➡ 教 p.144~149

①グローバル化…国境をこえた資本や労働力移動の自由化，サービスの取り引きや海外投資が増大すること。

- ▶13世紀のモンゴル帝国のユーラシア支配による東西文明の交流促進，大航海時代の到来による世界的な交易の活発化，植民地帝国の成立とその支配による商業取り引きの拡大などもグローバル化の一つとして位置づけられる。

②冷戦と国際関係

- ▶米ソ間やヨーロッパでの実際の戦争はなかったため「冷たい戦争」とよばれる。
- ▶一方，アフリカ，中東，東南アジアなど列強の旧植民地では紛争が頻発した。

③植民地からの独立と冷戦

- ▶19世紀のアフリカは，資源を求める列強により，本来の各部族の言語・文化や居住地域を無視した分割が進んだ。戦後は列強の定めた境界線を維持したまま独立したため，経済的利権に固執する列強の干渉をうけ，部族間の対立が表面化した。

④人と資本の移動

- ▶冷戦期には社会主義陣営で人の移動がほぼみられない一方，資本主義陣営では旧宗主国と植民地の間で活発な移動がおこった。21世紀になると，グローバル化により地域やイデオロギーの枠にとらわれない移動が行われるようになった。

⑤感染症

- ▶近代以降，感染症のウイルスの特定やワクチンの製造，伝播経路の解明が進んだ一方，グローバル化によりヒトやモノの移動規模や速度が進展したことで，感染の拡大が見られている。

⑥高度情報通信

- ▶インターネットの発達により，情報や資本が瞬時に世界とつながるようになった。それを支えるインフラは衛星と海底ケーブルのネットワークであるが，それらは世界均等ではなく，北半球の先進国を中心に張りめぐらされている。

⑦食料と人口

- ▶平和や医療の充実などにより人口は増加する。近年は中国やインドが経済成長を遂げて人口が増加し，それにともない世界の食料事情へ与える影響が強くなった。

⑧資源・エネルギーと地球環境

- ▶産業革命の結果，エネルギー源として石炭が重視されるようになったが，20世紀には天然ガスや石油の需要が増大した。それらの大量使用によって発生する環境問題については先進国と途上国で立場が異なっている。

⑨多様な人々の共存

- ▶戦争・植民地支配の影響…戦争終結後，故郷に戻った人，戻らなかった人がいた。

2節　冷戦と世界経済

1 冷戦の拡大と第三勢力 ➡教 p.150～151

冷戦下の対立と共存

①冷戦の拡大…1950年代になると，米ソの対立は世界に拡大。世界各国が両陣営にわかれて対立を深めた。

②軍事同盟の構築…アメリカは各国と反共軍事同盟を構築。

⚓おもな西側軍事同盟

軍事同盟	結成年	参加国
北大西洋条約機構（NATO）	1949	アメリカ・イギリス・フランス・カナダ イタリア・オランダなど12か国（原加盟国）
太平洋安全保障条約（ANZUS）	1951	アメリカ・オーストラリア・ニュージーランド
東南アジア条約機構（SEATO）	1954	アメリカ・イギリス・フランス・フィリピン・タイ オーストラリア・ニュージーランド・パキスタン
バグダード条約機構（METO）	1955	イギリス・トルコ・イラク・イラン・パキスタン

③日本…1951年9月，サンフランシスコ平和条約を48の連合国と調印して翌年に主権を回復。同年，**日米安全保障条約**を締結して米軍の駐留や軍事基地の存続を承認し西側陣営に→アメリカのアジアでの戦略基地化。

④西ドイツ…1954年10月，アメリカ・イギリス・フランスなどとパリ協定を結び主権を回復し，再軍備を承認された。翌年NATOに加盟し西側陣営に。

⑤ソ連の動き…西ドイツのNATO加盟を契機に，1955年東欧諸国と**ワルシャワ条約機構**を結成。

⑥緊張緩和…1953年以降は「雪どけ」とよばれる緊張緩和の動きが世界でみられた。

　▶アメリカ…1953年1月，アイゼンハワーが大統領に就任。平和共存路線を発表。

　▶ソ連…1953年3月，スターリンが死去し，**フルシチョフ**が第一書記に就任。56年に**「スターリン批判」演説**を行い積極的な平和外交を推進し，コミンフォルムを解散した。また，日本と国交を回復し日本の国連加盟が実現した。

　▶アジア…1953年，朝鮮戦争休戦。1954年，インドシナ戦争休戦。

⑦ジュネーヴ4巨頭会談…1955年7月，アメリカ：アイゼンハワー，イギリス：イーデン，フランス：フォール，ソ連：ブルガーニンによる会談。ジュネーヴ精神が強調され，国際問題を話し合いで解決することを約束。

⑧東欧の動き…フルシチョフの「スターリン批判」以降，ソ連の指導力が低下。東欧では民主化の動きがおこった。

　▶ポーランド…1956年6月にポズナニで反ソ暴動が発生。ゴムウカ第一書記はソ連軍の出動を拒否する一方，国民には改革を約束して自主的解決に成功。

　▶ハンガリー…1956年10月に首都ブダペストで反ソ暴動が発生。ナジ・イムレ首相は国民の要求に応え，複数政党制の導入とワルシャワ条約機構からの脱退を表明したが，ソ連軍の介入により鎮圧され，のちにナジは処刑された。

⑨<u>中国の動き</u>…中華人民共和国の**毛沢東**はソ連の平和共存路線を批判，中ソ論争に発展した。関係悪化により1959年には**中ソ技術協定が破棄**された。[*3]

⑩ベルリンの東西分断までの動き

▶1957年，ソ連は大陸間弾道ミサイルと人工衛星スプートニクの打ち上げに成功し，東西間の緊張が再燃。

▶1959年，フルシチョフが訪米し，アメリカのアイゼンハワーとキャンプ・デーヴィッド会談を行い，緊張緩和の道を模索するも進展せず。

▶U2型機事件…1960年，アメリカの偵察機がモスクワ上空で撃墜。

▶**ベルリンの壁**構築…1961年，東ドイツは国民が西ドイツへ脱出・亡命するのを防止する目的で東西ベルリン間に壁を構築。

第三勢力の台頭

①**非同盟主義**…植民地支配から独立したアジア・アフリカ諸国の立場。

②**周恩来・ネルー会談**…1954年，中国の周恩来とインドのネルーによる会談。**平和五原則**[*4]が提唱され，翌年のアジア・アフリカ会議の開催に発展した。

③**アジア・アフリカ会議**…1955年，インドネシアのバンドンで開催。インドネシアのスカルノをはじめネルー，周恩来を中心に29か国が参加。平和共存や反植民地主義を軸

🔽 東西両陣営の集団安全保障と第三勢力

①太平洋安全保障条約(ANZUS) 1951～85
②米比相互防衛条約 1951
③米華相互防衛条約 1954～79
④日米安全保障条約 1951
⑤米韓相互防衛条約 1953
⑥ソ連・北朝鮮相互援助条約 1961
⑦中国・北朝鮮友好協力相互援助条約 1961
⑧中ソ友好同盟相互援助条約 1950～80

■北大西洋条約機構
　(NATO)加盟国 (1955年時点)
■ワルシャワ条約機構加盟国
　(1955年時点)
■アジア・アフリカ会議
　(1955年) 参加国

とする平和十原則がとなえられた。それまで植民地として従属的・受動的な立場におかれてきたアジア・アフリカ諸国が国際的にはじめて自己主張した会議。

④**第1回非同盟諸国首脳会議**…1961年，ユーゴスラヴィアのベオグラードで開催。大統領**ティトー**[*5]，ネルー，スカルノ，エジプトのナセルらが中心。

😠 用語解説

*1 **フルシチョフ**…1934年ソ連共産党中央委員，47年ウクライナ首相などを歴任後，スターリンの死後に第一書記に就任。キューバ危機ののち部分的核実験禁止条約を締結したが，キューバ危機の対応などが批判され，64年に解任された。

*2 **「スターリン批判」演説**…ソ連共産党第20回大会で，スターリンの個人崇拝や彼の独裁・粛清の誤りを認め平和共存路線を表明した。

*3 **中ソ技術協定が破棄**…ソ連と中国は1957年に「国防新技術についての協定」を結んでいたが，中ソ対立が深まったことを機にソ連が中国に派遣していた科学技術者を引き上げた。

*4 **平和五原則**…領土主権の尊重，相互不可侵，内政不干渉，平和共存，平等互恵。

*5 **ティトー**…第二次世界大戦中はパルチザン部隊を率い，ナチス・ドイツの占領に対して抵抗運動を展開し，解放を進めた。戦後はユーゴスラヴィア首相・大統領として対ソ独自路線をとった。

2 キューバ危機と核兵器の管理➡教 p.152〜153

核開発競争と宇宙開発競争

①**核開発と実験**…1950年代前半，米ソが
水爆実験に成功。以後，各国が開発と
実験を行い競い合うようになった。

②**ビキニ水爆実験**…1954年，アメリカは
ビキニ環礁で水爆実験を実施。

◎核保有国の核開発競争

	最初の原爆実験	最初の水爆実験
アメリカ	1945年 7 月	1952年11月
ソ連	1949年 8 月	1953年 8 月
イギリス	1952年10月	1957年 5 月
フランス	1960年 2 月	1968年 8 月
中国	1964年10月	1967年 6 月

- ▶第五福竜丸事件…マーシャル群島ビキニ環礁の水爆実験で日本漁船の第五福竜丸などが「死の灰」を浴び，被曝した乗組員は死亡。
- ▶**原水爆禁止運動**の高揚…日本漁船の第五福竜丸事件によって，翌1955年には広島で第 1 回原水爆禁止世界大会が開かれた。

③**パグウォッシュ会議**…1955年，バートランド・ラッセルとアインシュタインらにより，核軍拡の批判と核廃絶が提唱(ラッセル・アインシュタイン宣言)されると，これを受けて1957年にカナダで科学者たちによる核廃絶の運動として会議が開催された。

- ▶日本からは湯川秀樹らが参加。1995年に会議自体がノーベル平和賞を受賞。

④**『ゴジラ』**…1954年公開の映画。怪獣ゴジラが水爆実験で目覚めたという設定。

- ▶映画『ゴジラ』は第五福竜丸事件がおきた当時の核開発競争の脅威を象徴。
- ▶アイゼンハワー…1953年に「原子力の平和利用」の演説を行い，国際原子力機関(IAEA)を設立。各国による原子力の平和利用と軍事転用の防止を訴えた。
- ▶IAEA…「核の番人」として軍事転用防止のための監視活動を行う。

⑤**非核三原則**…佐藤栄作首相が1960年代後半に発表。

- ▶核兵器を「持たず，つくらず，持ちこませず」とする三原則。以後，国是として定着。佐藤栄作は政界引退後の1974年にノーベル平和賞を受賞した。

⑥**日本の原子力発電**…原子力の平和利用がめざされるなか，原子力は発電に利用。

- ▶茨城県東海村の原子力研究所で，1960年代前半に最初の原子力発電に成功。
- ▶1960年代なかば以降，各地で原子力発電所(原発)の建設が進められた。
- ▶2011年 3 月の東日本大震災にともなう福島第一原子力発電所事故の発生によって，政府の原発推進政策は見直されている。

⑦**宇宙開発**…1950年代後半から60年代にかけて米ソは「雪どけ」を模索する一方，宇宙開発における競争が激化し，緊張再開の一因となった。

- ▶1957年，ソ連が**大陸間弾道ミサイル**(ICBM)と人工衛星スプートニクの打ち上げに成功。
- ▶1961年，ソ連のガガーリンが有人人工衛星で地球 1 周飛行に成功。
- ▶宇宙開発とミサイル開発においてソ連に遅れたアメリカでは「ミサイル・ギャップ」論が台頭。
- ▶1969年，宇宙飛行士を乗せたアメリカのアポロ11号が月面着陸に成功した。

キューバ危機と核兵器の管理

①**キューバ革命**…1952年，キューバには親米のバティスタ政権が成立し，アメリカ資本と結合して独裁体制を構築。キューバでは貧富の差が拡大。

▶1959年，**カストロ**[*2]，ゲバラらが蜂起してバティスタ政権を打倒。

▶アメリカは親米政権が打倒されたことを受け，キューバとの断交を表明。

▶1961年5月，キューバはソ連に接近し社会主義を宣言。ラテンアメリカ初の社会主義国家が誕生した。これに衝撃を受けたアメリカ大統領**ケネディ**[*3]は，ラテンアメリカ諸国に「**進歩のための同盟**」[*4]を提唱。

②キューバ危機…1962年10月，アメリカの偵察機が，キューバにソ連のミサイル基地が建設されているのを発見し，ケネディ政権はただちに基地の撤去を要求した。

⚓ キューバ危機の経過

・海上封鎖後，アメリカは空軍の主力をフロリダに集結させ，ケネディ大統領は上陸作戦を検討。
・10月27日，キューバ上空で米軍機が撃墜→米ソともに24時間体制へ。
・アメリカは所有するB52爆撃機をメキシコ湾岸へ集結させ，そのうちの8分の1をキューバ上空へ旋回させ，残りはフロリダの空港でエンジンをかけた状態で待機。
・10月28日，ソ連のフルシチョフがモスクワからの国際ラジオ放送でキューバからのミサイル撤去を発表→人類初の核戦争の危機を回避。
・1963年，米ソ両首脳は**直通通信協定**[*5]を締結。

③核兵器の管理…キューバ危機で核戦争の脅威を実感した世界は軍縮の道を模索。

▶**部分的核実験禁止条約**（PTBT）…1963年，米・英・ソが調印。地下実験を除く大気圏内外および水中核実験を禁止→仏・中は反対。

▶**核拡散防止条約**（NPT）…1968年，米・英・ソが調印。非核保有国の新たな核保有を禁止→仏・中は反対。

▶米ソ両国が軍縮の動きを進める一方，両陣営の主要国であるフランスや中国はこれに反対。インド・パキスタン・イスラエル・キューバなど，周辺国とイデオロギー対立の問題を抱える国々も条約には署名しなかった。

😊 用語解説

*1　**大陸間弾道ミサイル**…核弾頭を装備できる射程距離の長いミサイル。米ソはおたがいを有効射程距離におく戦略兵器を開発。

*2　**カストロ**…反米勢力の指導者として国内においてはアメリカ資本を接収するなど徹底的な反米政策をとった。一方で反カストロ勢力もあらわれ，アメリカのフロリダにはカストロに反発するキューバ人が亡命した。

*3　**ケネディ**…アイルランド系カトリック初のアメリカ大統領。国内的には公民権法を整備し，対外的にはキューバ危機を回避したのち米ソ対立の緩和を進める一方，ベトナムへの介入も強化した。1963年テキサス州のダラスで暗殺された。

*4　**「進歩のための同盟」**…キューバ革命が周辺国へ波及することを防止するためにケネディ大統領が提唱した，アメリカとラテンアメリカ諸国の協力・団結をめざす同盟。

*5　**直通通信協定**…キューバ危機における対応を反省し，緊急事態に対処するため米ソ首脳間に直通通話回線を設けることが決められた。

3 脱植民地化の進展と地域紛争➡教 p.154〜155

アジア・アフリカにおける脱植民地化と地域紛争

①アジア・アフリカ諸国の背景…第二次世界大戦後に独立が進んだが，独立後もその地の経済的利権に固執する旧宗主国が干渉し，国境問題もあいまって民族問題が複雑化。

②国境線の画定
- ▶19世紀に行われた列強による「アフリカ分割」では，ベルリン会議の決議にもとづき，現地の歴史的背景や原住民の分布を無視して列強が支配するための国境線を人為的に画定した。
- ▶第二次世界大戦後には列強が人為的に画定した国境線をほぼそのままにして独立を実現したため，多くの国では一つの民族が国民の大部分を構成するような国家形成にならなかった。
- ▶国内に主要な部族が複数存在する国では，政治的主導権をめぐって紛争が発生。

南アジアの地域紛争

①インドとパキスタンの紛争…1947年，ヒンドゥー教徒を中心とするインドとイスラーム教徒を中心とする**パキスタン**[*1]がイギリスの支配から分離独立。
- ▶**カシミール帰属問題**[*2]…インド北西部に位置するカシミール地方の帰属をめぐり，インドとパキスタンの軍事衝突がおこる。
- ▶**印パ戦争**…パキスタンは東西二つの地域に国土がわかれて独立していたが，東部（東パキスタン）は西部（西パキスタン）からの独立を企図。これをインドが支援したことでインドと西パキスタンの間で戦争に発展。その結果，東パキスタンは1971年に**バングラデシュ**として独立を達成した。

②冷戦期の南アジア…インドやパキスタンは冷戦構造のなかへ組みこまれた。
- ▶インド…ネルー首相のもとで非同盟政策を推進し，アジア・アフリカ会議に参加するなど第三勢力を形成。一方，中国とは1962年に**中印国境紛争**[*3]が発生。その後は経済が停滞し，ソ連へ接近した。
- ▶パキスタン…アメリカ・中国へ接近。1954年には東南アジア条約機構へ参加。

アフリカ諸国の独立

①アフリカ諸国の独立とその後の動き

年	独立した国と動向
1951年	イタリアからリビアが独立。1969年の革命後，カダフィが最高指導者
1952年	**ナセル**らのエジプト革命で国王追放→共和国成立（53年）
1956年	フランスからモロッコ，チュニジアが独立
1957年	**ンクルマ**（エンクルマ）の指導でイギリスからガーナが独立
1960年	**「アフリカの年」**17か国が独立
	ベルギーからコンゴが独立→**コンゴ動乱**へ
1962年	フランスからアルジェリアが独立

②独立後の連帯と問題

▶1963年，独立した国々は**アフリカ統一機構**(OAU)を結成。[*4]

▶独立後も経済的自立が困難な国はモノカルチャー経済の構造。

▶南アフリカ…人種隔離政策（アパルトヘイト）による人種差別が表面化。

中東における脱植民地化と冷戦の影響

①**中東戦争**…中東は第一次世界大戦中の秘密外交や，戦後に委任統治とされた影響でアラブ人とユダヤ人の民族対立が生じていた。

▼ 中東戦争とイスラエル占領地の拡大

凡例：
- 国連の分割案(1947)によるイスラエル領
- 第1次中東戦争でのイスラエル占領地
- 第3次中東戦争でのイスラエル占領地
- 1994パレスチナ暫定自治政府

▶第1次中東戦争（**パレスティナ戦争**）…1948年，国際連合のパレスティナ分割案決議により**イスラエル**が建国された。これに対しエジプトを中心とするアラブ諸国が反発し勃発。勝利したイスラエルは支配領域を拡大した。

▶第2次中東戦争（**スエズ戦争**）…1956年，実権をにぎったエジプトの**ナセル**は**スエズ運河の国有化**を宣言。運河の利権をめぐり英・仏・イスラエルがエジプトに侵攻し，勃発。国連の撤退勧告により3国は撤退。アラブ世界におけるナセルの威信が高まった。

▶**第3次中東戦争**…1967年，イスラエルがアラブ諸国に先制攻撃をかけて圧勝。シナイ半島など支配領域を大幅に拡大した。

▶**第4次中東戦争**…1973年，エジプトとシリアがイスラエルに先制攻撃をかけたが，イスラエル側が巻き返す。この戦争に際して，アラブ石油輸出国機構はイスラエル支持の国への石油輸出を停止したため，**第1次石油危機**がおこった。

②**イラク**…1958年，カセムのクーデタにより親米英の王政から共和政へ移行。

③**イラン革命**…イギリスからの経済的自立をめざすイランの**モサデグ**首相は1951年に**石油国有化**を宣言。国王パフレヴィー2世は英米の支持でクーデタをおこしモサデグを失脚させた。1979年，**ホメイニ**を指導者とする革命がおこり，王政が打倒されイラン・イスラーム共和国が誕生した。

用語解説

*1 **パキスタン**…1947年，東部と西部の二つの地域にわかれて独立していた。

*2 **カシミール帰属問題**…カシミール藩王国は，住民の多数派はイスラーム教徒であったのに対し，統治者の藩王はヒンドゥー教徒であった。そのため，この地の帰属をめぐって1947年と65年にインドとパキスタンの軍事衝突がおこった。なお現在でも未解決である。

*3 **中印国境紛争**…1959年，ラサで発生した中国政府に対する暴動を中国軍が鎮圧し，チベットの最高指導者ダライ・ラマ14世がインドに亡命したことを契機に，中印国境で武力衝突がおこった。

*4 **アフリカ統一機構**…パン・アフリカニズムを掲げて創設。アフリカ諸国の連帯と植民地主義の排除をめざした。

歴史のまなざし　パレスティナ　➡ 教 p.156

①古代

▶ 古くはカナーンとよばれイスラエル王国(前11~前8世紀)の時代に首都となり，ソロモン王のときにヤハウェ神殿がきずかれた。その後，ユダヤ教が成立した。

▶ 1世紀にはローマ帝国が支配。ローマ帝国ではキリスト教が公認・国教化されたため，イエスが没した地とされるイェルサレムはキリスト教の聖地とされる一方，ユダヤ教を信仰するユダヤ人は迫害され，ヨーロッパ各地に離散した。

②中世

▶ 7世紀以降，アラビア半島でイスラーム教徒が勢力を拡大しイェルサレムを支配，メッカ・メディナに次ぐイスラーム教の聖地とされた。以降は歴代イスラーム王朝がこの地を支配。

▶ 11世紀，ヨーロッパで十字軍運動がおこると，イェルサレムはキリスト・イスラーム両教徒の争奪の地となったが，キリスト教徒の聖地回復はならず，イスラーム教徒の支配が続くこととなった。

▶ 16世紀以降はオスマン帝国の領土となった。オスマン帝国ではイスラーム教徒以外の宗教にも一定の自治と信仰が許されたため，大きな紛争はみられなかった。

③近世

▶ ヨーロッパでユダヤ人に対する迫害が激しくなり，19世紀のフランスではユダヤ人の軍人に対する冤罪事件がおこった。これらのことを背景に，ユダヤ人がパレスティナへの復帰と建国をめざす「シオニズム運動」が高揚した。

▶ 第一次世界大戦中，イギリスはバルフォア宣言でユダヤ人にパレスティナでの建国支援を約束。戦後はイギリスの委任統治となったことでユダヤ人の移住が増加したが，現地のアラブ人との対立が生じた。1947年，国際連合はパレスティナ分割案決議を発表し，翌年にユダヤ人はイスラエルの建国を強行した。

暮らしのなかの歴史　野球と私たち　➡ 教 p.157

①日本の野球…1870年代，お雇い外国人によって日本に伝えられたとされている。

▶ お雇い外国人…1870年代を中心に，文明開化の風潮のなかで西洋美術などの積極的な受容が進められた。その導入にはお雇い外国人が大きな役割を果たした。

▶ 野球は，アメリカ人教師が教壇にたった学校を通じて流入したとされている。

▶ 俳句や短歌の革新運動に取り組んだ正岡子規は，野球に熱中したとされる。

▶ 1915年に全国中等学校優勝野球大会(夏の甲子園，現在の全国高等学校野球選手権大会)，1925年に東京六大学リーグ戦，1927年に社会人野球の全国都市対抗が開始され，1934年のアメリカ・オールスターチームの来日を機に，プロ・チームも発足。

▶ 戦中期には敵性語が禁じられ，ストライクは「よし」などとされた。

▶ 六大学野球や甲子園大会，プロ野球などは戦時期に中止されたが，戦後復活し，高度経済成長期には人気を博した。

▶ ワールド・ベースボール・クラシックなども開催され，野球は国際交流の手段ともなっている。

4 計画経済と開発➡教 p.158～159

社会主義国の計画経済と西側先進国の福祉国家化

①第二次世界大戦後の東欧…戦後，東欧に生まれた社会主義国はソ連が組織した**経済相互援助会議（コメコン）**に参加し，経済的なつながりを強化した。

▶計画経済の進展…土地や工場は原則的に国有化・公有化され，国家主導によるインフラ整備と工業化が進められた。

▶農村地域…土地は**国営農場**[*1]や**集団農場**に再編され，農村と都市間の人々の移動も制限された。

▶政府は五か年計画などにより経済目標を定め，それにもとづき必要な資源を配分し，流通・販売・価格規制も政府が行った。

②計画経済の成果…社会主義経済は重化学工業化や生活水準の向上においては一定の成果をあげた。世界恐慌期もソ連は経済恐慌に苦しむ資本主義諸国とは対照的に，急速な経済成長を遂げていた。しかし，政府主導の硬直的な計画経済は国民の生産意欲と生産効率を低下させる面もあった。

③中国の社会主義の動き…中国は1958年から**毛沢東**[*2]による「**大躍進**」政策を開始し，工業・農業の急速な発展をめざした。**人民公社**[*3]を各地に設け，政治・経済を一体化させた農業の集団化を実施。しかし，急激な改革は農民の生産意欲を低下させ，自然災害なども重なり，多くの餓死者を出す結果となった。

④第二次世界大戦後の西欧諸国…西欧諸国では，市場経済を基盤としながらも，議会政治を通じて富の再分配や社会の平等化を志向する諸政党が台頭。

▶混合経済体制…国家が国民に対して最低限の生活保障を達成すべきとする考え方をもとに，完全雇用や社会福祉の実現のために政府が積極的に介入する体制が成立。

⑤イギリス…1945年の総選挙で労働党が勝利。アトリーは「ゆりかごから墓場まで」をスローガンに重要産業の国有化や社会福祉制度の充実をはかる政策を進めた。

▶ベバリッジ報告…イギリス政府が発表した社会保障制度改革に関する報告書。社会進歩のために貧困，疾病，無知，不潔，怠惰の五つと戦うことが述べられ，健康保険，失業保険，老齢年金などを全国民等しく対象とすることを求めた。

⑥フランス…第二次世界大戦後，第四共和政が成立し，1946年の総選挙でフランス共産党が第一党に躍進。

⑦イタリア…イタリア共産党が台頭し，連立内閣に参加。

開発途上国の経済政策と開発援助

①発展途上国での工業化政策…第二次世界大戦後に独立したアジア・アフリカ諸国の多くは，植民地時代に形成されたモノカルチャー経済の構造が残り，経済的な自立が困難であることから，政府主導の工業化政策が行われるようになった。

②開発主義…途上国では，政府の積極的な経済介入により人的物的資源を集中的に投入する開発主義が台頭した。

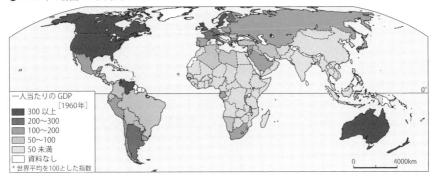

↓ 1960年の各国の一人あたりのGDP

一人当たりのGDP
[1960年]
■ 300以上
■ 200〜300
■ 100〜200
□ 50〜100
□ 50未満
□ 資料なし
* 世界平均を100とした指数

0　　　　4000km

③<u>開発独裁</u>…軍事政権や独裁的な体制によって経済発展をはかる考え方。政治的な自由など，個人の基本的人権を犠牲にしても経済成長を優先することが志向された。

　▶アジアのおもな開発独裁

　　●韓国…1963年に大統領に就任した朴正熙は輸出志向型工業路線で経済成長を実現。日韓基本条約では日本からの無償資金と技術協力を獲得した。

　　●インドネシア…1968年にスハルトが大統領に就任。アメリカや西側陣営の資本を導入して工業化をはかる一方，共産党を弾圧して厳しい言論・出版統制を行った。

④<u>開発援助</u>…先進国による開発途上国への賃金や技術の援助。冷戦期には米ソ両国は途上国への援助や技術協力を行うことで影響力の拡大をはかった。

　▶**南北問題**…南半球に多い開発途上国と北半球に多い先進国との経済格差の問題。先進国から途上国への援助とそれによる工業化は必ずしも成功したとはいえず，先進国と途上国の間で大きな経済格差が発生した。

　▶南南格差…「南」の途上国のなかでも豊富な資源を有する国や工業化に成功した国は経済が発展し，それらをもたない国との格差が生まれた。

⑤<u>国際社会の動き</u>…1961年の国連総会で「国連開発の10年」を採択。1950年代の国際協力の成果が不十分であったこと，格差が拡大したことを反省し，つぎの10年における支援の強化と各国における明確な経済成長の目標が示された。

　▶UNCTAD…1964年設立。先進国の途上国への協力強化がめざされた。

用語解説

*1 **国営農場・集団農場**…国営農場（ソフホーズ）では土地と農具は国有で，耕作者は国から賃金を受け取る賃金労働者となった。集団農場（コルホーズ）では土地・家畜・農具を共有し，農場は共同経営化された。五か年計画で全国に拡大した。

*2 **毛沢東**…長征の前後から徐々に共産党の実権をにぎり，第二次世界大戦後に国民党との内戦に勝利して，1949年中華人民共和国を設立し，国家主席に就任した。

*3 **人民公社**…「大躍進」政策の柱として中国各地の農村で編成された組織。平均5千戸からなる集団農場で，人民公社の単位で生産活動を行い，行政や教育活動も一体化された。

演習問題❽

１ 次の文中の①～⑤にあてはまる語句を，下の選択肢から選び記号で答えよ。

　1940年代後半から米ソ両陣営は，おたがいに経済組織や軍事同盟をつくることで自陣営の強化をはかった。1947年にアメリカが（ ① ）を発表してヨーロッパ経済援助計画を提示すると，同年ソ連はソ連と東欧諸国の情報交換組織として（ ② ）を結成した。

　ドイツが東西分裂した1949年，ソ連は東欧6か国と（ ③ ）を結成して経済的な結束を固めた。これに対抗してアメリカは同年，西側最大の軍事同盟である（ ④ ）を組織した。1954年にパリ協定で主権を回復した西ドイツが翌年（ ④ ）に加盟すると，ソ連は，（ ⑤ ）を結成した。

ア　ワルシャワ条約機構	イ　北大西洋条約機構	ウ　マーシャル・プラン
エ　コミンテルン	オ　コメコン	カ　コミンフォルム

①（　　　）　②（　　　）　③（　　　）　④（　　　）　⑤（　　　）

２ 次の問いに答えよ。

　パレスティナは第一次世界大戦中に連合国によって交わされた ₐ秘密条約や，戦後に（ ① ）の委任統治領とされた影響でこの地の民族問題が複雑化していた。1948年，（ ② ）が建国されたことにアラブ諸国が反発し第1次中東戦争がおこった。1956年にはエジプトのナセルによる（ ③ ）の国有化宣言を契機に第2次中東戦争が勃発した。その後も対立は続き，1967年には ᵦ第3次中東戦争，1973年には第4次中東戦争がおこり，第4次中東戦争の際にはアラブの産油国がイスラエル支持の国に対する石油の輸出を停止し，第1次（ ④ ）がおこった。

(1)　文中の①～④にあてはまる語句を答えよ。　　　　　　①（　　　　　　　）
　　　　　　　　　　　　　　　②（　　　　　　　）　③（　　　　　　　）　④（　　　　　　　）

(2)　下線部 a について，イギリスがユダヤ人に戦争協力と引き換えに，戦後パレスティナでのユダヤ人居住地の建設支援を約束したものはどれか，下の選択肢から選び記号で答えよ。　　　　　　　　　　　　　　　　　　（　　　）

ア　サイクス・ピコ協定　イ　フサイン・マクマホン協定
ウ　バルフォア宣言　　　エ　トルーマン宣言

(3)　下線部 b について，戦争後にイスラエルが拡大した支配領域として正しいものを，右の図中のA～Cから選び記号で答えよ。

（　　　）

3 次の問いに答えよ。

(1) 1955年にインドネシアのバンドンで開かれ，平和共存や反植民地主義などを盛り
こんだ「平和十原則」を採択した会議は何か。　　　　　　（　　　　　　　　）

(2) 1961年，ユーゴスラヴィアのベオグラードで第三世界の国々による国際会議が開
かれたが，その会議の名称は何か。　　　　　　　　　　（　　　　　　　　）

(3) 第二次世界大戦後には植民地支配を受け続けてきたアフリカ諸国が独立を達成し
ていった。特に17か国もの国々が独立した「アフリカの年」は何年のことか。
　　　　　　　　　　　　　　　　　　　　　　　　　　（　　　　　　　　）

(4) 独立したアフリカ諸国に対して先進諸国は，その経済的自立を援助するためさま
ざまな支援を行ったが，じゅうぶんな成果があがらず，かえって先進国と途上国の
経済格差は拡大した。このような北半球と南半球にある国の経済格差問題は何とよ
ばれるか。　　　　　　　　　　　　　　　　　　　　　（　　　　　　　　）

(5) イランで1979年に革命をおこして王政を打倒し，イラン・イスラーム共和国を樹
立した宗教指導者は誰か。　　　　　　　　　　　　　　（　　　　　　　　）

(6) 1971年，カシミール帰属問題から発展し，国内地域の独立問題からおこった南ア
ジアの戦争は何か。　　　　　　　　　　　　　　　　　（　　　　　　　　）

4 核の脅威と軍縮に関する次の年表にあてはまる語句・数字を答えよ。

年	できごと
1954	アメリカがビキニ環礁で水爆実験を実施
1955	広島で第1回原水爆禁止世界大会開催
1957	カナダで科学者たちによる（　A　）会議開催 ソ連が大陸間弾道ミサイルの打ち上げに成功
（　B　）	キューバ危機
1963	（　C　）条約（PTBT）の締結
1968	（　D　）条約（NPT）の締結

A（　　　　　　　）　B（　　　　　　　）
C（　　　　　　　）　D（　　　　　　　）

5 次の文中の①～③にあてはまる語句を答えよ。

　1954年，日本漁船の（①　　　　　　　　）が，マーシャル群島ビキニ環礁で行われた
アメリカによる水爆実験で「死の灰」を浴び，被曝した乗組員が死亡した。
　原子力の平和利用がめざされるなか，茨城県東海村に設置された原子力研究所で
は1960年代前半に最初の原子力発電に成功した。一方，（②　　　　　　　　）首相は，
1960年代後半に，核兵器を「持たず，つくらず，持ちこませず」の非核三原則を発表し
た。2011年3月の（③　　　　　　　　）にともなう福島第一原子力発電所事故の発生以
降，原子力エネルギー依存からの脱却が求められている。

[解答→p.167]

5 冷戦下の日本とアジア➡教 p.160〜161

55年体制と日本の国内政治

①敗戦〜主権回復…GHQによる間接統治→1952年に主権回復。

②**55年体制の成立**…冷戦の影響をうけ，保守勢力と革新勢力の対立が鮮明となった。
- ▶**憲法改正**と再軍備を打ち出した鳩山一郎内閣(日本民主党)が成立すると，改憲を阻止するために，左右両派社会党は1955年に再統一。
- ▶日本民主党と自由党の**保守合同**が成立→**自由民主党**(初代総裁鳩山一郎)が結党。
- ▶日本社会党と自由民主党の2党を軸とする，**55年体制**とよばれる政治体制が成立し，1993年まで，38年間にわたって自由民主党の一党優位体制が維持された。

③**安保改定**…自由民主党と日本社会党の保革対立の頂点とされる。
- ▶1951年に全権吉田茂により締結された日米安全保障条約では，条約の有効期限やアメリカ軍の日本防衛の義務が明文化されないなど，片務的な点が多かった。
- ▶**岸信介**内閣は安保改定に着手し，1960年1月，新安保条約(**日米相互協力及び安全保障条約**)に調印。
- ▶1960年5月，岸内閣が警官隊を導入して衆議院での条約批准を強行採決。
- ▶国民のあいだには議会制民主主義に対する危機感が高まり，安保改定阻止国民会議や全学連などが中心となって，国民各層に反対運動が高揚(60年**安保闘争**)。

④沖縄の祖国復帰運動…戦後，沖縄などは，アメリカの単独占領による直接軍政。
- ▶1952年，サンフランシスコ平和条約発効後もアメリカの施政権がおよぶとされた。
- ▶米軍基地の建設が強制接収によって進められるなか，1950年代には沖縄住民による島ぐるみ闘争がおこり，1960年には沖縄県祖国復帰協議会が結成。
- ▶嘉手納基地など，沖縄はベトナム戦争の基地として利用された。
- ▶1971年6月，沖縄返還協定(**佐藤栄作**内閣)→翌1972年5月，沖縄本土復帰。

冷戦と日本のアジア外交

①戦後の日本の外交…サンフランシスコ平和条約で西側陣営の一員として独立回復。
- →東側陣営やアジア諸国などとの国交回復が課題となった。

②**日ソ共同宣言**…1956年。鳩山一郎内閣。ソ連との国交回復。
- ▶日本の国際連合加盟…日本の国連加盟を拒否していたソ連が支持にまわったので，同年12月に日本の加盟が実現。
- ▶北方領土…平和条約締結後に歯舞群島・色丹島がソ連から日本へ引き渡されることに決まった→平和条約は締結されていない。

③**日韓基本条約**…1965年。佐藤栄作内閣と朴正煕政権。韓国との国交樹立。
- ▶韓国政府が「朝鮮にある唯一の合法的な政府である」ことや，「韓国併合以前の諸条約・協定はもはや無効である」ことなどが確認された。
- ▶日本が経済協力を行うかわりに韓国は賠償請求権を放棄。
- →韓国併合の合法性や竹島をめぐる問題は解決をみなかった。

④賠償問題…敗戦国となった日本は，連合国などに賠償や補償を行う必要があった。
- ▶サンフランシスコ平和条約は，日本が交戦国の戦争被害に対し，主として役務の供与により，賠償金を支払う義務を定めた。

　　　→アメリカをはじめ連合国の多くは，対日賠償を放棄。

▶日本軍の占領によって損害が生じたフィリピン・インドネシア・ビルマ・南ベトナ
　ムは，日本と賠償協定を締結→1976年までに賠償金を支払った。

▶非交戦国のタイや韓国に対しても，賠償に準ずる支払いが行われた。

　　→日本政府は，賠償問題は個人への補償もふくみ，解決済みとしている。

▶1980年代以降，おもに個人から国家(日本)，企業などへの賠償請求が行われた。

　　→当初，日本の裁判所は一連の条約で個人賠償請求権は残されていると判断。

▶慰安婦には，アジア女性基金が部分的に補償を行った。

🎓 用語解説

*1　**憲法改正**…現行の日本国憲法は，憲法改正について，「この憲法の改正は，各議
　　院の総議員の3分の2以上の賛成で，国会が，これを発議し，国民に提案してそ
　　の承認を経なければならない」(第96条)と規定している。

*2　**日米相互協力及び安全保障条約**…①在日アメリカ軍の日本防衛の義務，②在日ア
　　メリカ軍の軍事行動に関する事前協議制，③条約の有効期限10年，④日米経済協
　　力の促進，などが定められ，双務的性格が強くなった。

*3　**朴正煕**…1961年のクーデタで政権を掌握し，1963年に韓国大統領に就任した。韓
　　国の経済発展を実現したが，大統領の権限を強化するなど独裁を強め，1979年に
　　暗殺された。

6 日本と欧米先進国の経済成長➡教 p.162～163

欧米先進国と日本の経済成長

①**高度経済成長**…1955～1973年まで，平均成長率は9％をこえる。

②**特需景気**…ドッジ・ライン[*1]で安定恐慌の様相→日本経済は一変して好景気へ。
- ▶**朝鮮特需**…1950年に朝鮮戦争が勃発すると，日本はアメリカを中心とする国連軍の後方基地としての役割を果たした。
  - →武器・弾薬の製造，自動車・機械の修理などの需要の発生，世界的な景気回復のなかで対米輸出が増大。繊維・金属を中心に生産が拡大。
- ▶1951年には，工業生産・実質国民総生産・実質個人消費などが戦前の水準(1934～36年の平均)に回復。

③**ブレトン・ウッズ体制**…ドルを基軸とした通貨体制。日本は，1952年にはIMF(国際通貨基金)，1955年にはGATT(関税と貿易に関する一般協定)に加盟。

④**神武景気**…1955～57年に到来した大型景気。1956年度の『経済白書』(経済企画庁が毎年夏に発表していた年次報告書)には，「もはや戦後ではない」と記された。

⑤**神武景気後の大型景気**…岩戸景気(1958～61)，オリンピック景気(1963～64)，ベトナム戦争の勃発にともなう特需などを背景にいざなぎ景気(1966～70)が到来。
- ▶1968年，日本の**GNP**[*2]は，資本主義国の中でアメリカに次ぐ世界第2位となった。

⑥**高度経済成長の要因**…国内的要因，国際的要因が重なって実現したとされている。
- ▶教育水準の向上により良質な労働力が生み出された→生産性の向上や技術革新。なお，中学校を卒業したのち，都会で集団就職した若年労働者は「金の卵」などとよばれた。

◆GDP成長率の国際比較[*3*4]

	1950-55	1955-60	1960-65	1965-70	1970-75
フランス	4.4%	4.7%	5.8%	5.4%	3.4%
西ドイツ	8.9%	8.9%	4.5%	3.9%	2.4%
イギリス	2.9%	2.9%	3.2%	2.5%	2.1%
アメリカ	4.4%	4.4%	5.0%	3.4%	2.7%
ソ連	4.9%	4.9%	4.8%	4.8%	2.9%
日本	9.1%	9.1%	9.4%	11.6%	4.5%

- ▶国民の高い貯蓄率によって政府の資金調達が容易になった。
- ▶春闘の定着などにより賃金が上昇し，購買力が上昇した。
- ▶**池田勇人**[*5]内閣時には，経済成長をさらに促進させる政策が推進された。
- ▶為替の固定相場制が維持され，中近東から安価な石油が獲得できた。

⑦**貿易黒字と設備投資**…技術革新や積極的な設備投資により，日本は国際競争力を強化→1960年代後半からは大幅な貿易黒字。
- ▶大企業による積極的な設備投資は，「投資が投資をよぶ」といわれた。

⑧**消費革命**…1950年代から60年代にかけて大型の耐久消費財が各世帯に普及。
- ▶1950年代前半以降，耐久消費財として「三種の神器」とされた白黒テレビ・電気冷蔵庫・電気洗濯機が普及した。
- ▶1960年代後半から70年代にかけて普及したカラーテレビ・クーラー・カー(自動車)は，「新三種の神器」(3C)と称された。

⑨**開放経済体制**…欧米から保護貿易的な措置の撤廃が求められた。
- ▶1963年，日本はGATT11条国に移行…貿易の自由化。
- ▶1964年，日本はIMF8条国に移行…為替の自由化。

▶1964年，日本はOECD(経済協力開発機構)に加盟…資本の自由化。

経済成長と社会の変容

①工業化の進展…地方から大都市圏への人口移動が促された。
- ▶大都市では過密化が進んで大規模な団地が建設された。農村部では過疎化が進展→地域間の経済格差が問題化。
- ▶工業化が進展したフランスやドイツでは，1960年代に多くの移民を受け入れた→人口が増加。

②工業化がもたらした問題…環境破壊，**公害**といった問題が世界的に発生。
- ▶大気汚染，水質汚濁，酸性雨の発生，熱帯林の崩壊，産業廃棄物の投棄など。
- ▶1972年，ストックホルムで国連人間環境会議が開催。しかし，石油危機などで環境問題への取り組みは停滞。

用語解説

*1 **ドッジ・ライン**…GHQの財政顧問のドッジの立案にもとづく施策。一切の赤字を許さない超均衡予算の編成などにより緊縮財政が実現。1ドル＝360円の単一為替レートの設定により円を国際経済に直結させ，輸出振興をはかるための前提条件が整備された。インフレは収束したが，ドッジ不況ともよばれるデフレが進行した。

*2 **ＧＮＰ**…国民総生産。同一国籍の国民が国の内外で生産した全生産物の価格から，原材料などの中間生産物価格を排除したもの。

*3 **ＧＤＰ**…国内総生産。1年間に一国の国内で新たに生み出された付加価値の合計(国内の外国系企業の所得もふくむ)。

*4 **ＧＮＰとＧＤＰ**…経済の国際化などが進むなかで，GNPが国の豊かさを表す目安として適切ではなくなったことなどから，国際連合からの勧告を受け，日本では1993年以降，GNPに代わり，おもにGDPが用いられるようになった。

*5 **池田勇人**…安保闘争終結後の1960年7月，岸信介内閣にかわって内閣を組織した。池田内閣は「寛容と忍耐」を掲げて革新勢力との真正面からの対決を回避しようとした。国民所得倍増計画を閣議決定し，高度経済成長をさらに推進する政策を展開。

歴史のまなざし　万国博覧会 ➡ 教 p.164

① 万国博覧会とそのはじまり

- ▶ 18世紀後半以降，ヨーロッパ各国は産業革命を達成した。その成果として自国の最先端技術・工業製品・美術工芸品を出品展示し，その存在感を内外にアピールするとともに商品の売りこみをはかる場として万国博覧会が開催された。

- ▶ 内国博覧会…ヨーロッパでは，フランス革命期以降に国内向けのものとしてフランスやベルギーなどで産業博覧会を開催。

- ▶ 万国博覧会…1851年にイギリスのロンドンで初の国際的な博覧会が開催された。来場者は600万人以上を記録し，クック旅行社が団体旅行を企画してイギリスの先進的な鉄道網を利用しつつ多くの見学者を集めた。
  - 19世紀なかばはヨーロッパでの開催が多く，パリでは1855年から1900年までに5回のパリ万博が開催された。その後，19世紀後半から20世紀にかけてはアメリカでの開催も増え，工業分野でのアメリカの先進性が示された。

- ▶ 万博と歴史…万博はしばしば歴史的背景に絡めて開催されることもあった。1873年のウィーン万博は皇帝在位25周年を記念したものとして開催され，1876年にはアメリカ独立宣言100周年を掲げてフィラデルフィア万博が開かれた。また，1889年にはフランス革命100周年を記念してパリ万博が開かれた。

② 日本と博覧会との関係

- ▶ 幕末期…1862年，ロンドン世界産業博覧会に，イギリス公使だったオールコックにより，日本の工芸美術品が出品された。

- ▶ パリ万国博覧会…1867年，日本が正式に参加。15代将軍徳川慶喜の弟である徳川昭武が代表として参加。

- ▶ ジャポニスム…19世紀後半のヨーロッパ，特にフランスで高まった日本熱。
  - パリ万国博覧会への出品などを機に，日本の浮世絵・陶磁器・漆器などの美術工芸品への関心が高まった。
  - ゴッホやマネなど印象派の画家がえがいた作品群には，日本の浮世絵の構図や絵柄を取り入れたものが多数みられる。

- ▶ 内国勧業博覧会…万国博覧会に参加した経験をもとに，日本国内で開かれた博覧会。
  - 産業技術の交流と発展を目的に政府が開催した商品展示会。
  - 1877年に第1回，次いで1881年・1890年・1895年・1903年と，明治時代に計5回開催。第1回は大久保利通の提案により，内務省が主催して東京上野で開催。

- ▶ 日本万国博覧会…1940年予定の東京の万国博覧会中止を経て，はじめて日本で開催。
  - 「人類の進歩と調和」をテーマに，1970年に大阪府の千里丘陵で開催。
  - 月からもち帰られた「月の石」などを展示。アメリカ館やソ連館などのパビリオン（展示用の建物）が人気を集めた。
  - 1964年の東京オリンピックとともに，日本の復興と高度経済成長をアピールするイベントとなった。
  - 2025年にも，大阪で万国博覧会が開催される予定となっている。

🌐 歴史の舞台　アフリカ　➡ 教 p.165

▶アフリカの地勢…アフリカ大陸北部には大陸全体の約3分の1を占めるサハラ砂漠があり、その南北にはステップ気候がみられる。地中海沿岸地域は古代ローマとの関係も深く、古代ローマの劇場跡など多くの遺跡が残る。赤道直下は熱帯雨林地帯で、その周縁にはサバナ地帯が広がる。東部にはアフリカ大地溝帯が走っており、多くの化石人骨や石器が発掘される。

▶文化と民族…アフリカの文化や民族はサハラ砂漠を境に北部と中南部にわかれ、それぞれ独自に発展。

▶北アフリカのイスラーム化…7世紀以降しだいにイスラーム化した。

• 7世紀前半までは北アフリカの地中海沿岸は東ローマ帝国が支配。7世紀なかばころからイスラーム教徒が進出、ウマイヤ朝(661〜750年)の時代に**マグリブ地方**[*1]に支配を拡大し、イスラームが拡大した。

▶東アフリカ…イスラーム商人の往来によりアラビア語などのイスラーム文化と在来の文化が融合してスワヒリ語が成立。共通語として用いられるようになった。

▶西アフリカ…7世紀ごろ、ガーナ王国が成立。金を産出したためイスラーム商人との**サハラ交易**[*2]で繁栄。11世紀ごろから北アフリカのムラービト朝の侵入を受け衰退したが、それにより西アフリカにイスラームが広まった。

▶アフリカ中南部…15世紀以降、ヨーロッパが大航海時代にはいったことでアフリカ大陸もその貿易圏に組みこまれ社会・経済的に多大な影響を受けた。

• 奴隷貿易…アフリカ中部のギニア湾岸地域にあった諸国はヨーロッパの**大西洋三角貿易**[*3]に組みこまれ、16世紀から18世紀にかけては大量の奴隷がアメリカ大陸に送られた。

▶帝国主義の進出…19世紀以降、ヨーロッパ列強の進出によりアフリカ諸国は次第に植民地化されていった。

• 列強は1884年のベルリン会議でアフリカ分割の原則を定めアフリカへ進出。それにより従来の民族や部族の分布を無視した人為的な国境線が引かれた。

• 列強により押しつけられた、特定の生産物栽培を行うモノカルチャー経済への依存は現代アフリカの課題ともなっている。

▶第二次世界大戦後…戦後は独立が相次ぎ、「アフリカの年」とよばれる1960年には17か国の独立国が誕生した。

• 独立後の課題…列強の定めた国境のままに独立したことで民族紛争・宗教対立が頻発。現在はアフリカ連合(AU)のもとでそれらの課題解決がめざされている。

👹 用語解説

*1 **マグリブ地方**…およそ現在のモロッコからアルジェリアの地域をさす。

*2 **サハラ交易**…サハラ砂漠のオアシスを中継地とした縦断貿易。ニジェール川流域で産出される金と砂漠地域で採掘される岩塩などを取り引きした。

*3 **大西洋三角貿易**…ヨーロッパからの火器や雑貨と引き換えに西アフリカから大量の黒人奴隷がアメリカ大陸に運ばれた。

7 地域連携の拡大 ➡教 p.166～167

西ヨーロッパの域内協力とヨーロッパ共同体の発足

①西ヨーロッパの地域統合の動き…第二次世界大戦後，アメリカの援助によって次第に復興したヨーロッパはその経済的地位が向上し，米ソに対抗してヨーロッパ域内を統合した第三の経済圏をつくる動きが進んだ。

▶シューマン・プラン…1950年，フランス外相シューマンにより提唱。ECSCの原案となる石炭と鉄鋼業の共同管理についての提案がなされた。

▶ヨーロッパの域内統合

名　称	発足	概　要
ヨーロッパ石炭鉄鋼共同体 （ECSC）	1952	フランス・西ドイツ・イタリア・ベネルクス3国[*1]の6か国で発足。石炭・鉄鋼資源の共同管理と市場統合が進められた。中世以降，アルザス・ロレーヌの石炭鉄鋼資源をめぐり争ってきたフランスと(西)ドイツが同時に加盟している点は世界史的にも非常に意義が大きい。
ヨーロッパ経済共同体 （EEC）	1958	ECSCの6か国は1957年にさらなる市場統合の拡大を目的とするローマ条約を締結し，翌58年にヨーロッパ経済共同体(EEC)が発足。加盟国間の関税を廃止し，資本や労働力移動の自由化をはかる一方，非加盟国との貿易には共通関税をかける政策を志向。
ヨーロッパ原子力共同体 （EURATOM）	1958	EECの6か国をメンバーとして原子力の平和利用と共同研究を目標に結成。
ヨーロッパ共同体 （EC）	1967	ECSCとEECとEURATOMを発展的に統合し，成立。域内貿易の自由化に加え域内外関税同盟を形成し，共通の農業，エネルギー，運輸政策も実現。

②イギリスの動向…ヨーロッパ統合による主権の制限を嫌ったイギリスは，EECに参加せず，北欧諸国とともにヨーロッパ自由貿易連合（EFTA）[*2]を結成し対抗。

▶EECの優位をうけ1961年にEECに加盟申請するも，イギリスと関係の深いアメリカの影響がおよぶことを恐れたフランスのド・ゴール[*3]はイギリスの参加を拒否。

▶1973年，イギリスはアイルランド，デンマークとともにECに加盟(拡大EC)した。

▶イギリスのEFTA脱退によりEFTAの加盟国は減少していった。

EU加盟国の拡大

原加盟国
（1967年）
1973年
1981年
1986年
1995年
2004年
2007年
2013年
離脱した国

*イギリスは
「1973年に加盟」
2020年に離脱

（赤道はの長さとしない）

0　　1000km
（2004年）

アジアにおける地域連携

①アジアの地域統合の動き…第二次世界大戦後に独立を達成していった東南アジア地域でも域内の政治的・経済的な統合を志向する動きがみられた。

②マレーシア…イギリス領マラヤでは1957年，マレー人を中心に統合をめざすマラヤ連邦が独立。1963年，マラヤ連邦に北ボルネオのサバ州とサラワク州，さらにシンガポールが統合し，マレーシア連邦が成立した。

③シンガポール…マレーシアに統合されていたが，華人が多数派を占めるシンガポールはマレー人優遇政策に反発し，1965年に分離独立。初代首相となったリー・クアンユーによる開発独裁が行われた。

④インドネシア…独立後はスカルノ政権のもとで非同盟政策を推進し，アジア・アフリカ会議を開催。抗争相手マレーシアが国連安全保障理事会に加入したため国際連合を脱退した。内政面では民族主義者・イスラーム教徒・共産党勢力を統一した政治体制(NASAKOM)をすすめたが，1965年の軍事クーデタ(九・三〇事件[*4])で失脚した。その後クーデタを鎮圧したスハルト[*5]が実権をにぎって親米反共路線をとり，国際連合に復帰した。

⑤ASEAN…1967年，インドネシア・マレーシア・シンガポール・フィリピン・タイの5か国が東南アジア諸国連合を結成。結成当初は反共軍事同盟としての性格が強かったが，現在は地域経済協力機構的組織となっている。

▶加盟国の増加…ブルネイ(84年)，ベトナム(95年)，ラオス(97年)，ミャンマー(97年)，カンボジア(99年)がそれぞれ加盟。

◆ ASEAN加盟国

用語解説

*1　ベネルクス3国…ベルギー，オランダ，ルクセンブルクの3国をさす。

*2　EFTA…1960年結成。イギリス，スウェーデン，ノルウェー，デンマーク，スイス，オーストリア，ポルトガルが加盟した。

*3　ド・ゴール…第二次世界大戦中，自由フランス亡命政府の代表として対独レジスタンスを指導し，戦後は1958年に第五共和政を樹立した。1962年にはアルジェリアの独立を認める一方，NATOからの脱退や核開発，中華人民共和国の承認など対米独自路線をとった。

*4　九・三〇事件…1965年9月30日におこった，共産党系の軍人による反スカルノのクーデタ。のちにこれを鎮圧したスハルトが実権を掌握した。

*5　スハルト…インドネシアの軍人・大統領。九・三〇事件を契機に実権をにぎり共産党勢力を弾圧。開発独裁を行って経済開発を推進した。1997年のアジア通貨危機による経済混乱で支持を失い，翌98年に辞任した。

8 ベトナム戦争と冷戦構造の変容 ➡教 p.168~169

ベトナム戦争とアメリカの覇権の動揺

①キューバ危機後のベトナムとアメリカ

▶ベトナム…インドシナ戦争が**ジュネーヴ協定**[*1]で休戦すると，ベトナムは北緯17度線を暫定軍事境界線として南北に分断された。

▶アメリカ…南部への共産主義拡大を警戒し，ジュネーヴ協定の調印を拒否。南部に成立したゴ・ディン・ディエムを大統領とするベトナム共和国を支援した。

②**南ベトナム解放民族戦線**[*2]…南ベトナム国内に親米政権の打倒と南北統一をめざす組織として成立。北ベトナムの指示を受け南ベトナム国内でゲリラ活動を行った。

③アメリカの介入とベトナム戦争…アメリカはケネディ大統領以降ベトナムへの関与を深めた。

▶北爆…ケネディ暗殺後に就任したジョンソン大統領は**トンキン湾事件**[*3]を口実に北爆を行い，本格的な地上戦を開始して**ベトナム戦争**への介入を強化した。

ベトナム戦争

▶戦争の長期化…中国やソ連の北ベトナム支援，南ベトナム解放民族戦線の激しい抵抗で戦争は長期化した。解放民族戦線は地下トンネルを使ったゲリラ作戦やテト攻勢などでアメリカ軍に大打撃を与えた。アメリカ軍は上空から枯葉剤を散布するなどして対抗したが，戦況は泥沼化した。

▶撤退…戦況の悪化でアメリカ国内では反戦運動が高揚。「名誉ある撤退」を公約に掲げて大統領に当選したニクソンは「**ベトナム化政策**[*4]」にもとづき撤収を進めつつも，空爆は強化されていった。

▶ニクソン訪中…1972年，ニクソンは戦局を打開するため，北ベトナムを支援する中国を訪問し関係の改善をはかった。

④**パリ和平協定**と終戦…1973年，パリ和平協定が結ばれアメリカ軍は撤退。

→その後も2年間にわたり北ベトナムと南ベトナム政府によるベトナム人同士の凄惨な戦いが続いた。

▶1975年，北ベトナムと南ベトナム解放民族戦線がサイゴンを陥落させ，南ベトナム政府は崩壊。翌年，南北ベトナム統一選挙が行われ，**ベトナム社会主義共和国**が誕生した。

⑤「安全への逃避」…沢田教一が撮影した，アメリカ軍の攻撃から逃れるために川をわたる親子の写真は，ベトナム戦争を象徴するもので，1966年ピュリッツァー賞を受賞した。

中ソ対立と東側陣営の変容

①**中ソ対立**…1956年のソ連共産党第20回大会でフルシチョフがスターリン批判を行うと中ソ論争がおこり，社会主義路線や核開発の問題をふくんで対立は表面化。1960年にソ連は派遣していた技術者を中国から引きあげた。

②中国国内の動向
- ▶核開発…1963年の部分的核実験禁止条約に反対した中国は，翌年，核開発に成功。
- ▶毛沢東による「**大躍進**」政策の失敗後，劉少奇(国家主席)と鄧小平(党総書記)が実権をにぎり経済調整を行った。個人の利益を尊重し集団化を緩和する政策をすすめ生産復興を実現。

③**文化大革命**…指導権の奪還をめざす毛沢東は，軍の指導者と結び，劉少奇らを**実権派(走資派)**[*5]と糾弾し彼らの打倒を画策。青少年らを中心とする紅衛兵を動員して失脚に追いこんだ。**文化大革命**は中国の社会を混乱させ，政治・文化の発展を阻害し，経済的困窮を深めた。

④ソ連の動向…ソ連は民主化運動や反ソ運動を軍事行動で弾圧。
- ▶「**プラハの春**」…1968年，チェコスロヴァキアのドプチェク第一書記は国内で民主化の動きを推進。ソ連はブレジネフ指導のもとでワルシャワ条約機構軍を派遣し鎮圧。
- ▶**中ソ国境紛争**…キューバ危機においてソ連が消極的姿勢をとったことで，中国は批判を強め，中ソ論争は公開論争へと発展。1969年，中ソ国境のダマンスキー島で軍事衝突が発生した。

⑤日中関係の推移…台湾の中華民国と国交樹立→中華人民共和国と国交樹立。
- ▶1952年，主権回復にともない，第3次吉田茂内閣時に台湾の中華民国と日華平和条約が締結され，国交が開かれた。
- ▶1962年，池田勇人内閣時には国交のない中華人民共和国と**ＬＴ貿易**[*6]の取決めが結ばれ，貿易の拡大がはかられた。
- ▶1972年，田中角栄内閣時には**日中共同声明**が発表されて中華人民共和国との国交が正常化。日華平和条約は破棄されたが，台湾との経済文化面での関係は継続。
- ▶1978年，福田赳夫内閣時には日中平和友好条約が締結された。

用語解説

*1　**ジュネーヴ協定**…1954年，インドシナ戦争の休戦協定として結ばれ，北緯17度線を境界に北をベトナム民主共和国，南をベトナム国とすること，1956年に南北統一選挙を実施することを約束した。

*2　**南ベトナム解放民族戦線**…軍人だけでなく，知識人や農民，労働者，学生らにより組織された反米組織。アメリカ側はベトコンとよんだ。

*3　**トンキン湾事件**…北ベトナム沿岸のトンキン湾でアメリカの駆逐艦が北ベトナムの魚雷艇の攻撃を受けたとしてベトナム戦争介入の口実とした捏造事件。

*4　「**ベトナム化政策**」…アメリカが行った，南ベトナム政府への支援を強化することで自国軍をベトナムから撤退させる計画。

*5　**実権派(走資派)**…「資本主義の道を歩む者」の意味。

*6　**ＬＴ貿易**…1962年11月，高碕達之助と，廖承志とのあいだに，「日中長期総合貿易に関する覚書」が締結された。廖承志(「L」)と高碕達之助(「T」)の名をとって，この覚書による新方式の貿易は「LT貿易」とよばれる。LT貿易は形式こそ民間協定であるが，両国政府が背後に控えており，いわば準政府間協定であった。

演習問題 ❾

1 次の文中の①～⑤にあてはまる語句や数字を答えよ。

　アフリカ大陸は人類発祥の地でもあり，その歴史は深い。北アフリカには大陸のおよそ3分の1を占める（①　　　　　　　）砂漠が広がり，アフリカの文化や民族はこの砂漠によって北部と中南部に大きく分断される。東アフリカでは7世紀以降，イスラーム商人の往来によりアラビア語の影響をうけた（②　　　　　　　）語が成立し，共通語として商業に用いられた。アフリカ中南部は15世紀以降のヨーロッパの進出によりギニア湾岸の国からは多くの（③　　　　　　　）がアメリカ大陸へ供給されていった。19世紀以降は列強による植民地化が進み，人為的な国境線が引かれるとともに（④　　　　　　　）経済を押しつけられた。第二次世界大戦が終わるとアフリカ諸国は独立が相次ぎ，（⑤　　　　　　　）年には17か国もの国が独立し「アフリカの年」とよばれた。

2 次の地域統合に関する表中の①～⑨にあてはまる語句を，下の選択肢から選び記号で答えよ。

名称	略称	概要
（①　　　）	ECSC	1951年の（②　　　　　　　）・プランで原案が作成され，翌年，仏・西独・伊・ベネルクス3国で発足
（③　　　）	EEC	1957年の（④　　　　　　　）条約で調印，翌年発足 1961年，（⑤　　　　　　）がイギリスの参加に反対
（⑥　　　）	EURATOM	1958年，原子力の平和利用を推進
（⑦　　　）	EC	1967年，上記の三機関を統合
（⑧　　　）	EFTA	1960年，（⑨　　　）中心の7か国で発足
―	拡大EC	1973年，（　⑨　），デンマーク，アイルランドがEFTAを脱退しECに加盟

> ア　パリ　　イ　ローマ　　ウ　ド・ゴール　　エ　シューマン
> オ　ヨーロッパ原子力共同体　　カ　ヨーロッパ自由貿易連合
> キ　ヨーロッパ石炭鉄鋼共同体　　ク　ヨーロッパ経済共同体
> ケ　ヨーロッパ共同体　　コ　オランダ　　サ　イギリス

3 第二次世界大戦後の東南アジアに関する次の問いに答えよ。

（1）　華人が多数派を占めていたために，1965年にマラヤ連邦から独立した国はどこか。
（　　　　　　　　）

（2）　インドネシアで軍事クーデタ（九・三〇事件）を鎮圧して軍事政権を樹立したのは誰か。
（　　　　　　　　）

（3）　1967年にインドネシア，マレーシア，シンガポール，フィリピン，タイの5か国で発足した東南アジア諸国連合の略称をアルファベットで答えよ。（　　　　　　　　）

4 ベトナム戦争の経過に関する次の年表にあてはまる語句・数字を答えよ。

年	できごと
1954	ジュネーヴ協定により北緯（ A ）度線で南北分断
1964	アメリカが（ B ）事件を口実に軍事介入を決定
1965	アメリカが北爆を開始。（ C ）の抵抗で戦況悪化
1969	アメリカで（ D ）大統領が就任し，撤収を推進
1973	（ E ）で和平協定が結ばれ米軍は撤退
1975	南ベトナムのサイゴン陥落
1976	南北ベトナムが統一され（ F ）が成立

A（　　　　　　　）　B（　　　　　　　）　C（　　　　　　　　）
D（　　　　　　　）　E（　　　　　　　）　F（　　　　　　　　）

5 次の文中の①～⑧にあてはまる語句を，下の選択肢から選び記号で答えよ。

　　左派と右派に分裂していた（ ① ）は，1955年の衆議院議員総選挙で，再軍備反対・憲法擁護をとなえて躍進し，左右社会党あわせて改憲阻止を可能にする（ ② ）以上の議席を確保した。同年10月に（ ① ）が再統一されると，翌月には（ ③ ）と自由党の保守合同がなされ，自由民主党が結成された。（ ① ）と自由民主党の2党を軸として存続した政治体制は，（ ④ ）とよばれる。この政治体制は，日本共産党を除く非自民8党派が政治改革を目標に結束して細川護熙連立政権が誕生するまで，（ ⑤ ）年間続いた。

　　この間，サンフランシスコ平和条約を調印しなかった国々との国交が開かれた。1950年代には，鳩山一郎内閣時の（ ⑥ ）によってソ連との国交が回復し，日本の国際連合加盟も実現した。1960年代には，佐藤栄作内閣時の（ ⑦ ）によって韓国との国交が開かれた。1970年代には，田中角栄内閣時の（ ⑧ ）によって中華人民共和国との国交が正常化したが，日華平和条約は破棄されることとなった。

ア　55年体制	イ　日本社会党	ウ　日本民主党	エ　3分の1
オ　日ソ共同宣言	カ　日中共同声明	キ　日韓基本条約	ク　38

①（　　　）②（　　　　）③（　　　　）④（　　　）
⑤（　　　）⑥（　　　　）⑦（　　　　）⑧（　　　）

6 次の問いに答えよ。
(1) 東条英機内閣の商工大臣をつとめたのち，戦後にA級戦犯として逮捕されたが，のち首相となり，日米安全保障条約の改定に取り組んだ人物は誰か。

（　　　　　　　　　　）

(2) 1949年，吉田茂内閣の大蔵大臣となり，その後も通産大臣などを務め，1960年に内閣を組織し，「寛容と忍耐」を掲げる一方，「所得倍増」をめざした人物は誰か。

（　　　　　　　　　　）

［解答→p.167］

3節　世界秩序の変容と日本

1 問い直される近代➡教 p.170～171

公民権運動とベトナム反戦運動

①<u>新たな思想</u>…1960年代末，経済成長とそれにもとづく豊かな生活を享受するようになった先進諸国では，従来の考え方や豊かさそのものの意味を問い直すようになった。

▶**エコロジー**…人間は生態系の一部であるという視点から，経済を優先するのではなく，生物と自然環境の関係を考慮し，環境を保護しようとする考え方。

▶**フェミニズム**…1960年代なかばからおこった，男性中心の価値観を見直し，女性自身の主体性を尊重する考え方が生まれ，女性解放運動へつながった。

▶**多文化主義**…マイノリティーの文化や思考を尊重し，国民国家の在り方を再構築していこうとする考え方。

②<u>公民権運動</u>…アメリカ合衆国南部では「ジム・クロウ」とよばれる人種隔離政策が続いていた。1955年，**キング牧師**らは黒人差別に抗議する**公民権運動**を展開。

▶1964年，公民権法が成立し，黒人選挙権の保障，公教育における白人との分離教育の禁止，雇用における人種差別の禁止などが規定され，法の下では黒人は白人と同等の権利を与えられることになった。

③<u>ベトナム反戦運動</u>…ベトナム戦争の戦況悪化にともない，1960年代後半にはアメリカ国内でも若者を中心にベトナム反戦運動が高揚した。

▶ロック音楽…多くの若者が戦地へ送られていく社会状況の中で「愛と平和」を訴えるロック・コンサートが行われ，ビートルズやローリング・ストーンズなどによる名盤が生まれた。

▶ヒッピー文化…カウンター・カルチャー(対抗文化)ともよばれ，若者たちは長髪にジーンズといった格好で既存の価値観への抵抗を示した。

日本の動向

①<u>社会運動</u>…1960～1970年代にはベトナム反戦運動や大学紛争が広がった。

▶ベトナム反戦運動…日本国内では反戦運動団体「ベトナムに平和を！市民文化団体連合(ベ平連)」が結成され，大規模な反戦運動が展開された。

▶大学紛争…既成の体制によりかかり，特権化していた大学やその研究体制に，学生が異議をとなえた。特に東大や日大での闘争が激しかった。

②<u>公害</u>…**四大公害訴訟**は，1970年代前半に，いずれも原告側の勝訴が決定。

▶水俣病(熊本県，鹿児島県)，イタイイタイ病(富山県)，新潟水俣病，四日市ぜんそく(三重県)の四大公害の被害者が，企業相手に損害賠償請求の訴訟をおこした。

▶1967年，佐藤栄作内閣時に公害対策基本法が制定。1971年には，環境の保全に関する行政を一元的に遂行することを目的に，**環境庁**(現在の環境省)が設置された。

▶革新自治体…公害問題などを背景に，多くの大都市の市長が革新系で占められた(革新首長)。革新自治体は，公害規制の制定など，福祉政策に尽力した。

▶1967年，日本社会党や日本共産党が推薦する美濃部亮吉が東京都知事に当選→1970年代には東京・大阪・京都の三大都市の知事が革新系となった。

歴史のまなざし　近現代における女性 ➡ 教 **p.172**

▶ 世界史にみる女性の地位向上…18世紀から19世紀に世界各地でおこった産業革命は経済の発展とともに女性の地位も向上させた。また，総力戦となり女性も戦時協力に貢献した第一次世界大戦以降はより女性の社会進出がすすんだ。

- 世界における女性の権利拡大

年	経　過
1848	アメリカのニューヨーク州で女性参政権などを求める会議が開かれ，アメリカ独立宣言の文言を取り入れた「意見宣言」が発表された。
1869	現在のワイオミング州において州単位ではじめて女性参政権が認められた。
1893	ニュージーランドが世界ではじめて国家全土で女性参政権を導入。
1916	アメリカではじめて女性連邦議会議員が誕生。
1918	イギリスで選挙法改正が行われ，満30歳以上の女性に参政権が与えられた。
1920	アメリカで憲法が改正され，アメリカ全土で女性参政権実現。

- ウーマン・リブ…ベトナム戦争泥沼化を契機に男性エリート層が影響力を失うとともに女性解放運動が高揚し，ヨーロッパや日本へ拡大。

▶ 近現代における日本の女性…「良妻賢母」から「新しい女性」へ。
- 女工…日本の産業革命を牽引したのは繊維産業であり，その労働力の多くを女性が占めていた。女工の低賃金・長時間労働が日本の近代化を支えた。
- 明治期には男尊女卑的な風潮が強く，女性の役割は良妻賢母という語に象徴されるように，家庭のみに求められていた。
- 「家」を中心とした良妻賢母をめざす女性の生き方に疑問をもち，新しい女性の生き方を主張する女性たちもあらわれた。
- 産児制限運動…女性の過重な負担や家族の貧困を防止するため，産児を制限するよう指導する運動。アメリカから運動家サンガー夫人が来日して活発化。
- 1924年には婦人参政権獲得期成同盟会が結成され，参政権を求める運動が高揚したが，女性に参政権が認められたのは第二次世界大戦終結後の1945年であった。

暮らしのなかの歴史　タピオカと私たち ➡ 教 **p.173**

▶ タピオカの発祥と伝播…タピオカの原料キャッサバはマヤ文明で栽培されていた。
- スペイン植民地時代に南北アメリカや西インド諸島へ主食として拡大。
- 大航海時代にアメリカ大陸からアフリカ，アジアへと広がっていった。
- タピオカの原型となる食べ物は19世紀の台湾で確認され，現在ではタピオカのでん粉生産の9割はアジアが占めている。

▶ 日本の近現代とタピオカ…すでに明治期に高級食材として知られていた。
- 1930年代には，戦時の食料としてタピオカに注目が集まった→政府は植民統治を行っていた台湾などでタピオカ産業を調査。
- 日本でも何度か流行し，2010年代末にはタピオカミルクティーが流行。

2 石油危機と経済の自由化➡教 p.174〜175

ブレトンウッズ体制の崩壊と石油危機

①ドル・ショック…1971年，ニクソン米大統領は新経済政策を発表。

▶1960年代後半以降のアメリカの財政は，ベトナム戦争の戦費，日本や西ドイツなどによる対米輸出急増などによって悪化→ドルを金に交換する動きが高まった。

▶大量の金がアメリカから流出（ドル危機）するといった事態が生じた。

◆円の対ドルの相場の推移

▶ニクソン米大統領は，1971年8月，金とドルとの交換停止，10％の輸入課徴金，90日間の賃金・物価の凍結などを骨子とする新経済政策を発表。

▶日本や西ドイツなどの国際収支黒字国に対しては為替レートの切上げを要求した（ニクソン・ショック，**ドル・ショック**）。

▶西側における経済の基軸であったブレトン・ウッズ（IMF）体制が動揺。

▶1973年までに，主要諸国の通貨は**変動相場制**へ移行。

②**第1次石油危機**…1973年の**第4次中東戦争**を機に発生。

▶OAPEC（アラブ石油輸出国機構）加盟のアラブ産油国は，アメリカなどイスラエル支援国に対する原油の全面禁輸などを実施。

▶**OPEC（石油輸出国機構）**も，原油価格を引き上げた→石油価格が高騰する第1次石油危機が発生→8割を中東地域に依存していた日本に打撃。「狂乱物価」へ。

③日本経済の動向…第1次石油危機の翌1974年，戦後初のマイナス成長を記録。

▶**田中角栄**内閣による「日本列島改造」政策は金融緩和や大型予算とあいまって地価が上昇。第1次石油危機がインフレに拍車をかけ，「狂乱物価」とよばれる事態をもたらした。

▶企業は，省エネルギー，人員削減などの「減量経営」，ME（マイクロエレクトロニクス）技術を駆使した工場・オフィスの自動化を推進。

④**第2次石油危機**…1979年のイラン革命などを機に発生。

▶1979年，イランでは，アメリカの支援をうけてきた国王制が倒され，宗教指導者ホメイニを中心とするイラン・イスラーム共和国が成立した（イラン革命）。

▶イラン革命を機に，アラブの産油諸国は原油価格を引き上げ→第2次石油危機。

⑤世界の経済とその対応…国際通貨体制と石油危機により，欧米では成長率が鈍化。

▶欧米諸国は**スタグフレーション**[*2]に苦しんだが，日本では「減量経営」や産業の高度化を実現していたことなどから，打撃はそれほど大きくはなかった。

⑥先進国首脳会議（**サミット**）…石油危機以降の世界的経済問題に対応するために開催。

▶最初の先進国首脳会議は1975年に開催され，日本からは三木武夫首相が参加。

経済の自由化と経済大国日本

①**新自由主義**…市場経済を至上として個人の自由を重んじる考え方。自由競争を保障するため，「自己責任」が強調され，経済格差が生まれやすくなる問題点も。

②**サッチャー政権**…イギリスで1979年から政権をにぎり，「**英国病**[*3]からの脱出」をとなえて国営企業の民営化や社会保障の削減などを進め，経済調整を行った。一時はフォークランド紛争に勝利し支持率が急上昇したが，政権の後半期に経済状況の悪化をまねき，辞任した。

③**レーガン政権**…「**小さな政府**[*4]」をスローガンに社会保障支出の削減や規制緩和を進め，競争の推進などで物価上昇を抑制しようとする「レーガノミクス」とよばれる経済政策を行ったが，「**双子の赤字**」を生み出した。

④**中曽根康弘内閣**…国営企業の民営化などの自由化路線を推進。
  ▶老人医療や年金などの社会保障を後退させ，1985年に電電公社(現，NTT)と専売公社(現，JT)，1987年に国鉄(現，JR)の民営化を実施。

⑤**プラザ合意**[*5]…貿易黒字国であった日本と西ドイツの為替相場をドル安へと誘導。
  ▶日米間で**貿易摩擦**が生じるなか，1985年，5か国財務相会議(G5)がニューヨークのプラザホテルで開催され，ドル高是正への協調介入の合意が成立。
  ▶プラザ合意以降，円高が急速に進行し，日本経済は一時不況に見舞われた。

⑥**バブル景気**…円高不況を背景に，政府は低金利政策や内需拡大政策を打ち出した。
  ▶1987年ころから内需に主導されて景気が回復→この内需景気は地価や株価の急騰をともなって進行。のちにバブル景気(経済)とよばれた。

⑦**貿易摩擦**…1960年代後半以降，日本の貿易黒字が続いた。
  ▶1980年代になると，自動車などの日本の工業製品がアメリカの産業界を圧迫するなど，日米間での貿易摩擦がますます顕在化した。

用語解説

*1　**田中角栄**…農村出身であることなどの庶民性から人気を集め，田中角栄ブームが現出した。田中角栄内閣は「日本列島改造」政策を提唱した。しかし，「日本列島改造」政策は，金融緩和や大型予算とあいまって急速な地価上昇をもたらし，第1次石油危機がインフレに拍車をかけ，「狂乱物価」とよばれる事態を引きおこした。

*2　**スタグフレーション**…不況を意味するスタグネーションとインフレーションの合成語。不況とインフレとが同時進行する経済状況のこと。

*3　**英国病**…1960年代，社会福祉政策重視の財政支出で経済不況をまねいたこと。

*4　**小さな政府**…自由主義市場経済に信頼をおいて政府の経済への介入を最小限にする考え方。国営企業の民営化や規制緩和で自由な経済活動を保障した。

*5　**プラザ合意**…1985年，ドル高是正のための協調介入を行うという先進5か国による合意。結果，日本のバブル経済とアメリカ株価大暴落の背景となった。

③ アジアの経済発展と日本 ➡ 教 p.176〜177

アジアNIESとASEAN諸国の経済発展

①アジア諸地域の経済発展…国際通貨体制の動揺や二度の石油危機で先進国の経済成長率が低下する一方，東アジアや東南アジア諸国では経済発展が進んだ。

▶ NIES…アジア**新興工業経済地域**として，1970年代から韓国・香港・台湾・シンガポールが急速に発展。安価な労働力をよび水に外国企業を誘致し，輸出向けの工業化を進めた。

▶ AFTA…アメリカや日本からの援助を背景にASEAN自由貿易協定が1993年に締結されて域内関税の引き下げなどを実現し，ASEAN諸国の域内経済協力が進められた。

▶ **開発独裁**…韓国やインドネシア，フィリピンなどでは政府主導の輸出志向型産業の工業化が進められ，強権的な支配のもとで経済発展が進んだ。

▶ 改革開放政策…ベトナムは，**ドイモイ**[*2]とよばれる，社会主義体制を採用しながらも市場経済を導入する政策により経済開発を試みた。

　→急速な経済発展は，国内での貧富の差の拡大や農工間の格差拡大，環境問題などを生み出した。

②日本とアジア諸地域間の分業体制…1980年代後半以降に顕著。

▶ ASEAN諸国などは日本などの外国から，資本や技術を導入→輸出産業を主体とする工業化を実現。

▶ **プラザ合意**によって円高が進行すると，電気機械産業など，日本の製造業は生産拠点をアジアの各地へ移転。

▶ 日本から対アジアへの直接投資が増大。

▶ 日本とアジア諸地域間で国際的な分業体制が成立→経済的相互依存の関係。

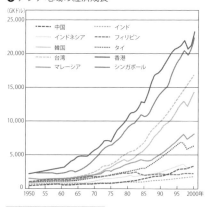

⊙ アジア地域の経済成長

⊙ 日本の対アジア直接投資額の推移

中国の改革開放路線

①文化大革命の終息…1966年からはじまった文化大革命により社会・経済の混乱をまねいた中国では，1976年，周恩来や毛沢東が死去。

▶ 華国鋒が四人組[*3]を逮捕し，国家主席に就任→文化大革命終息。

▶ 華国鋒は海外からの技術導入による重化学工業化で経済の再建をはかった。

②**改革開放政策**…「四人組」逮捕後，失脚していた**鄧小平**が復活。以後，最高実力者として主導的地位を確立。

- ▶四つの現代化…農業・工業・国防・科学技術の近代化をめざす考え方。1975年に周恩来が提起していたが，「四人組」失脚後に鄧小平を中心に本格的に進められた。
- ▶日中平和友好条約…発展のモデルを日本に求めた鄧小平は，日中平和友好条約を締結。両国間の関係発展と交流促進が約束された。
- ▶農村部…1978年ころからは生産手段の個人所有が部分的に認められ，いわゆる農業生産の請負制が開始。事実上の個別農家経営体制となった。また，1982年には新憲法によって人民公社の廃止が決定され，各地で解体が進んだ。
- ▶都市部…国有企業の経営改革が行われ，沿海部を中心に外国企業を誘致して工業発展をめざす**経済特別区**が設けられた。また，大連，天津，上海などの都市は経済技術開発区として経済特別区と同様の優遇措置がとられている。
- ▶社会主義市場経済…政治では社会主義体制を維持しつつも経済では市場経済を導入する「社会主義市場経済」による産業の近代化がめざされ，日本からも多くの企業が進出。中国は「世界の工場」の地位をきずいた。

③**社会問題の顕在化**…開放政策により急成長した中国経済は，**天安門事件**により一時停滞。

- ▶**地域格差**の拡大…沿海部で経済が発展し，富裕層が増え生活が豊かになる一方，地方の農村部では貧困層が増加。
- ▶政府は農村部から都市部への人口移動を制限。
- ▶環境問題が深刻化。

🦉 用語解説

*1　**新興工業経済地域**…1970年代に急速な経済成長を遂げた国や地域。アジアの他にもメキシコ，ブラジルなどが相当する。

*2　**ドイモイ**…「刷新」の意味。ソ連のペレストロイカの影響を受けて採用された。市場経済を取りこみ，外国資本を導入した開放経済政策。

*3　**四人組**…毛沢東の未亡人である江青をはじめとする文革推進派。鄧小平らの経済調整政策に反対し，権力闘争を行った。

*4　**鄧小平**…1924年共産党に入党後，文化大革命などを経て失脚と復権をくり返したが，毛沢東の死後に最高実力者となった。

*5　**経済特別区**…外国企業の誘致や技術導入を目的に税制上の優遇や土地利用の規制緩和などが行われた地域。広東省の深圳や珠海，福建省の厦門がそれにあたる。

*6　**天安門事件**…1989年，民主化を要求して天安門広場で座りこみを続けていた学生や市民に対し軍が発砲した事件。多数の死者と逮捕者が出たことで国際世論が中国を非難し経済が停滞した。

4 冷戦の終結と世界➡教 p.178～179

冷戦の終結

①**新冷戦**…「第二次冷戦」ともよばれる。ソ連のアフガニスタン侵攻をきっかけに，1980年代以降米ソ両国は軍事費を増大し対抗。国際情勢は新たな対立の時代へ。

②**ソ連の状況**…新冷戦に入り軍事費を増大したソ連は経済が衰退。

③**ゴルバチョフ就任**…1985年，ソ連共産党書記長にゴルバチョフが就任し**ペレストロイカ**(改革)を推進。経済・政治・外交のさまざまな面で政策転換を進めた。

▶ 一党独裁を放棄して複数政党制へ移行。1990年，**大統領制**[*1]導入。

▶ **グラスノスチ**…「情報公開」のこと。言論の自由化，メディアの報道の自由化，検閲の廃止などを推進。**チェルノブイリ原発事故**[*2]がおきた際に共産党政府が情報統制を行ったことが大きな問題となり，この政策に影響を与えた。

▶ 新思考外交…軍縮を軸とした協調外交。西側諸国との和解を推進。アメリカのレーガン大統領と**中距離核戦力(INF)全廃条約**を締結(1987年)。軍事費の削減をめざしアフガニスタンから撤兵(1989年)。中国を訪問し，対中関係を正常化(1989年)。

▶ 東欧の民主化容認→東欧諸国で革命が進行。

④**東欧革命**…ゴルバチョフが東欧の民主化を容認したことで，東欧諸国では共産党の一党独裁体制を崩壊させる動きが加速。社会主義体制からの離脱をはかった。

❤ 東欧の民主化の動き

ハンガリー	1989年1月，一党独裁体制が崩壊
ポーランド	1989年6月，複数政党制による自由選挙で「**連帯**[*3]」が勝利
チェコスロヴァキア	1989年11月，民主化の要求で共産党独裁体制崩壊
ルーマニア	1989年12月，民衆蜂起でチャウシェスク大統領夫妻処刑

⑤**東西ドイツ統一**…1989年，東ドイツで社会主義体制を固持していたホネカー書記長が辞任。同年11月，ベルリン市民の手によって，東西分断の象徴ともいえる**ベルリンの壁**[*4]を開放。翌1990年に東ドイツが西ドイツに併合される形で統一が実現。

⑥**冷戦の終結**…1989年12月，地中海のマルタ島でアメリカのブッシュ(父)大統領とソ連のゴルバチョフ書記長が会談を行い，冷戦の終結が宣言された。

⑦**ソ連の解体**…ゴルバチョフのペレストロイカによりソ連の求心力が低下。

▶ 1990年，バルト3国(エストニア，ラトヴィア，リトアニア)が独立宣言。

▶ 1991年，コメコンとワルシャワ条約機構が解体。

▶ 1991年，ソ連共産党の保守派がクーデタをおこすも失敗。ソ連共産党は活動停止に追いこまれ，その後ゴルバチョフが党書記長を辞任してソ連共産党は解散した。

▶ 1991年，ロシア共和国大統領として就任したエリツィンの主導で**独立国家共同体**[*5](CIS)が成立。これにより存在意義を失ったソ連は消滅した。

東アジアの分断状況

①**ソ連からの自立**…スターリン批判以降，ソ連の指導力低下にともない中国や北朝鮮は**中ソ対立**(中国)や主体思想(北朝鮮)などを背景にソ連からの自立の動きが高まり，両国では共産党独裁体制が維持された。

②中国…1989年，民主化を求めて天安門広場に集まった学生・市民に対し，共産党政府は武力弾圧を断行。多数の死者，負傷者を出した（**天安門事件**）。
　▶1993年に国家主席に就任した江沢民は，鄧小平の改革・開放政策（社会主義市場経済）を継承。共産党独裁体制は維持。
③北朝鮮…金日成（1948年～首相，72年～国家主席）が**主体（チュチェ）思想**[*6]による独裁体制構築。後継者にも引き継がれた。
④東アジアの分断…東アジアでは冷戦のイデオロギー対立によって，中国と台湾，北朝鮮と韓国など，同一の民族でありながら国土が分断されるといった状況がおこる。
⑤朝鮮半島の状況…1953年に板門店で朝鮮戦争の休戦会談が行われ，以降は北緯38度線を軍事境界線として分断が続く。戦後北朝鮮では金日成による独裁政治が続く一方，韓国ではしばらく軍人出身の大統領が続いたが，1992年に当選した金泳三は文民出身の大統領として翌年就任した。
　▶1991年，冷戦終結の影響で韓国と北朝鮮は同時に国際連合へ加盟。
　▶1992年，韓国の盧泰愚大統領が中国との国交樹立を実現。貿易の拡大などがめざされた。しかしこれにより台湾は韓国との国交を断絶した。
　▶北朝鮮は独裁体制維持のため，核ミサイルの開発を進め2003年には核拡散防止条約から脱退。なお，2006年～17年までに6回の核実験を行った。
　▶南北首脳会談…2000年，北朝鮮の金正日と韓国の金大中が平壌で初の南北首脳会談を実現した。その後も数度にわたり首脳会談が開かれた。
⑥中国国内の分断…1997年にイギリスから香港が，1999年にはポルトガルからマカオが，それぞれ**一国二制度**[*7]の約束のもとで返還された。台湾は一国二制度による統一も独立も承認されず，軍事的な緊張が続いている。

🗣 用語解説

*1 **大統領制**…共産党支配に代わる国家元首制度。ソ連においてはゴルバチョフ一代限りで終わったが，ソ連崩壊後はロシア連邦に継承された。
*2 **チェルノブイリ原発事故**…1986年，現在のウクライナの原子力発電所でおきた事故。作業員や周辺住民に大きな健康被害をもたらしただけでなく，周辺国の広い範囲へ被害が拡大した。
*3 **連帯**…ワレサを議長とし，1980年に結成された民主的労働組合。
*4 **ベルリンの壁**…1949年のベルリン封鎖解除後にドイツおよびベルリンは東西に分裂し，1961年に労働力の流出を警戒した東ドイツによってベルリンの壁がきずかれ，冷戦の象徴となっていた。
*5 **独立国家共同体**…1991年12月に旧ソ連邦の11の共和国で成立した共同体。
*6 **主体（チュチェ）思想**…マルクスレーニン主義を継承しつつも，ソ連や中国からは独立した独自の社会主義国家を形成するという，朝鮮労働党の指導方針。
*7 **一国二制度**…社会主義国家である中国に領土を返還したあとも香港・マカオは特別行政区として資本主義を維持させる体制。

演習問題 ❿

❶ ソ連の解体に関する次の文中の①~⑤にあてはまる語句を答え，下線部に関する問いに答えよ。

　1985年に（　①　）がソ連共産党書記長に就任すると（　②　）とよばれる改革や情報公開（(1)グラスノスチ）を進めた。1987年にはアメリカ合衆国と中距離核戦力全廃条約を締結し，中央アジアの（　③　）からも軍を撤退した。さらに中国を訪問して対立が深まっていた中ソ関係を改善した。1989年にはアメリカのブッシュ大統領と（　④　）島で会談を行い冷戦の終結を宣言した。これら一連の外交政策は（　⑤　）外交とよばれる。また，東欧の民主化を容認したことで東欧諸国では共産党独裁体制が崩壊。ソ連国内でも民族運動が高まり(2)バルト3国を筆頭に連邦内の15共和国が自立し，1991年，ソ連は解体した。

①（　　　　　　　　　）　②（　　　　　　　　　）　③（　　　　　　　　　）

④（　　　　　　　　　）　⑤（　　　　　　　　　）

(1)　下線部(1)の実施に大きな影響を与えた，1986年に現在のウクライナでおこったできごとは何か。　　　　　　　　　（　　　　　　　　　　　　　）

(2)　下線部(2)にあてはまらない国を下の選択肢から選び記号で答えよ。

> ア　ラトヴィア　　イ　リトアニア　　ウ　アルメニア　　エ　エストニア

（　　　）

❷ 次の世界経済に影響を与えたできごとに関する年表にあてはまる語句や数字を，下の選択肢からそれぞれ選び番号で答えよ。

年	できごと
1971	アメリカの（　A　）大統領がドルと金の兌換停止を発表
1973	イスラエルとアラブ諸国の間で（　B　）戦争が勃発
	その影響を受け，（　C　）は原油価格を大幅に引き上げた
1975	（　D　）会議〔サミット〕を開催
1979	西アジアの（　E　）で革命がおこり，第2次石油危機が発生
1985	（　F　）によりドル高是正への誘導が行われる
（　G　）	中国で天安門事件が発生
1999	マカオが（　H　）から中国に返還された

> A：①　カーター　②　ニクソン　　B：①　第3次中東　②　第4次中東
> C：①　OPEC　②　OAPEC　　D：①　先進国首脳　②　第1回非同盟諸国首脳
> E：①　イラン　②　イラク　　F：①　オスロ合意　②　プラザ合意
> G：①　1989　②　1991　　H：①　ポルトガル　②　イギリス

A（　　　）　B（　　　）　C（　　　）　D（　　　）

E（　　　）　F（　　　）　G（　　　）　H（　　　）

3 右のグラフを見て，問いに答えよ。

(1)　グラフから読み取れる内容として正しくな
いものを下の選択肢から選び番号で答えよ。

① 上位4か国や地域はNIES（ニーズ）とよばれる。

② 「開発独裁」とよばれる国は一人あたり
GDPののびが大きい。

③ 中国は計画経済を維持（いじ）しているため一人
あたりGDPののびが小さい。

④ 香港（ホンコン）は中国返還後も一国二制度が維持さ
れ一人あたりGDPがのびている。

（　　　）

♥アジア地域の経済成長

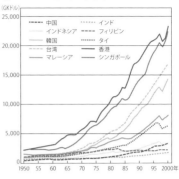

(GKドル)
凡例：中国／インド／インドネシア／フィリピン／韓国／タイ／台湾／香港／マレーシア／シンガポール

(2)　グラフには示されていない国で，ドイモイとよばれる改革・開放政策を進めた国
はどこか。　　　　　　　　　　　　　　　　　　　　　（　　　　　　　）

4 次の文中の①～⑧にあてはまる語句を，下の選択肢から選び記号で答えよ。

　1960年代後半には，社会運動が活発になった。たとえば，北爆（ほくばく）が開始された1965年
には，日本で（　①　）が結成された。1968年から翌年にかけては，（　②　）がおこった。

　高度経済成長期には各地で公害問題が発生し，公害反対運動が活発化した。（　③　）
の水俣病（みなまたびょう），新潟水俣病，富山県の（　④　），三重県の（　⑤　）の被害者は，企業を相手に
裁判をおこした。これらは四大公害訴訟（そしょう）とよばれる。

　公害反対運動が活発化するなかで，佐藤栄作（さとうえいさく）内閣時の1967年には（　⑥　）が制定され，
1971年に（　⑦　）が発足した。

　公害などを背景に，東京都知事の（　⑧　）など，日本社会党や日本共産党が推す候補
者が首長となる自治体もあった。これら革新自治体は，福祉・環境政策に積極的に取
り組んだ。

```
ア　熊本県と鹿児島県　　イ　ベ平連（べいれん）　　　　ウ　大学紛争
エ　イタイイタイ病　　　オ　環境庁　　　　　　カ　四日市（よっかいち）ぜんそく
キ　公害対策基本法　　　ク　美濃部亮吉（みのべりょうきち）
```

①（　　）②（　　）③（　　）④（　　）
⑤（　　）⑥（　　）⑦（　　）⑧（　　）

5 次の問いに答えよ。

(1)　電電公社（現在のNTT）・専売公社（現在のJT）・国鉄（現在のJR）の民営化が実施
されたときの日本の首相は誰か。　　　　　　　　　　（　　　　　　　）

(2)　金融緩和（きんゆうかんわ）などを背景に，地価や株価が急騰（きゅうとう）したことで知られる1980年代後半の好
景気は何とよばれるか。　　　　　　　　　　　　　　（　　　　　　　）

［解答→p.168］

5 拡散する地域紛争➡教 p.180〜181

さまざまな地域紛争

①地域紛争の始まり…冷戦の終結により，それまで抑制されていた民族問題や宗教問題の対立が表面化。各地でそれらに起因する紛争が発生。

②旧社会主義陣営…1974年に６共和国と２自治州で成立したユーゴスラヴィア連邦は，複雑な民族問題が交錯し独立をめぐる内戦が勃発。ソ連解体後のロシアではチェチェン紛争が発生した。

▶1991年，ユーゴスラヴィア連邦内のクロアティアとスロヴェニアが独立を宣言。それを認めない**新ユーゴスラヴィア連邦**軍[*1]との内戦のすえ独立を達成。

▶ボスニア内戦…1992年に独立を宣言したボスニア・ヘルツェゴヴィナは独立の賛否をめぐり国内のムスリム，セルビア人，クロアティア人による三つ巴の対立に発展。

▶コソヴォ紛争…セルビア共和国内のコソヴォ自治州で，人口の９割近くを占めるアルバニア系住民が独立要求。セルビアがこれを激しく弾圧するとNATO軍は国連決議を経ずにセルビアを空爆し，コソヴォから撤退させた。

▶チェチェン紛争…北カフカスのイスラーム系国家であるチェチェン共和国はロシア連邦からの分離・独立を要求。それを認めないロシアとの間で1994年〜96年，99年〜2009年にわたり紛争が勃発した。

③中東の紛争…イラクでは1979年にサダム・フセインが大統領に就任。同年，隣国イランで革命がおこると，革命のイラクへの波及を恐れたフセインはイランへ侵攻（イラン・イラク戦争）。国連の調停により停戦したが，イラクは財政難へ。

▶クウェート侵攻…財政難に陥ったイラクは1990年，豊富な石油資源を求めてクウェートに侵攻した。

▶**湾岸戦争**…イラクのクウェート侵攻に対し，1991年，国連は安全保障理事会の決議で多国籍軍を編成・派遣。イラク軍はクウェートから撤退した。

▶米英軍，アフガニスタン攻撃…2001年，アメリカ合衆国で**同時多発テロ**が発生。実行者はアフガニスタンの**タリバン政権**[*2]保護下のイスラーム過激派組織**アル・カーイダ**[*3]のビン・ラーディンとされた。同年10月，アメリカのブッシュ（子）大統領はアフガニスタンを攻撃しタリバン政権を崩壊させた。

▶**イラク戦争**…2003年，アメリカ・イギリス軍はイラクが大量破壊兵器を所持しているとしてイラクを攻撃，フセイン政権を打倒した。

▶**アラブの春**…2011年，アラブ諸国では強権体制に対する民主化の運動が高まり，チュニジアを皮切りにエジプト，リビアなどで独裁政権が打倒されたが，かえって地域の不安定化をまねき，シリアでは内戦に発展した。

④パレスチナ問題…20世紀なかばから４次にわたる中東戦争で民族対立は激化。

▶パレスチナ暫定自治協定（オスロ合意）…パレスチナ解放機構（PLO）のアラファト議長とイスラエルのラビン首相は相互承認にもとづく和平協定に合意したが，イスラエル占領地域では度々パレスチナ人による**インティファーダ**[*4]が行われている。

⑤アジアの地域紛争…インドとパキスタンの国境ではイスラーム教徒の住民が多い**カシミール地方の帰属**をめぐって両国で紛争が続いている。

国連・アメリカ・日本

①国連とPKO[*5]…冷戦下ではじゅうぶんに機能しなかったPKOは，冷戦後その役割を拡大させ，地域紛争の解決と平和維持活動にあたっている。

②沖縄の基地問題…在日米軍の基地の総面積の約75%が沖縄県に集中。

- ▶米軍関係者による事故，犯罪が多発→1995年には米兵による少女暴行事件が発生。
- ▶在日米軍基地のなかでも，沖縄県の普天間基地は，住宅や学校が隣接しており，戦闘機による騒音問題をはじめ，住民の安全が危惧されていた。
- ▶1996年 4 月，橋本龍太郎内閣時に普天間基地の全面返還と代替施設の建設が合意。
- ▶2010年に鳩山由紀夫内閣は県外移設の交渉に失敗。菅直人内閣はアメリカと沖縄県名護市辺野古への移転でようやく合意。
- ▶普天間基地の辺野古移転に対する反対は根強く，住民らの抗議活動が続いている。
- ▶沖縄県民らは，基地の縮小，撤廃，日米地位協定の見直しなどを求めている。

③日本の国際貢献…湾岸戦争の勃発後，日本の国際貢献が議論されるようになった。

- ▶1991年の湾岸戦争では国際貢献を迫られ，海部俊樹内閣は多国籍軍に130億ドルの資金援助を実施。
- ▶人的な国際貢献を求める声も強く，戦争終結後の1992年に宮沢喜一内閣は，国連平和維持活動協力法(PKO協力法)を成立させ，自衛隊をカンボジアに派遣。
- ▶日本は常備軍をもたず国連での活動には限界があるとされるが，緒方貞子[*6]など，国連で活躍する日本人は少なくない。

④日米関係…1990年代後半，アメリカとの同盟が強化された(安保再定義)。

- ▶1996年，橋本龍太郎首相とクリントン大統領が会談し，日米安保共同宣言を発表→1997年，日米両政府間で新ガイドラインが決定。
- ▶小渕恵三内閣時の1999年には，周辺事態安全確保法など新ガイドライン関連法が成立。
- ▶2014年には，集団的自衛権の行使を容認する政府の憲法解釈がなされた。

用語解説

- *1 **新ユーゴスラヴィア連邦**…1992年 4 月，セルビア共和国とモンテネグロ共和国によって結成された連邦国家。
- *2 **タリバン政権**…アフガニスタンのイスラーム急進派。1996年に首都カブールを制圧し政権をにぎったが，2001年のアメリカの攻撃により崩壊。その後勢力を回復し，2021年 8 月，タリバンは首都を占領し再び政権をにぎった。
- *3 **アル・カーイダ**…ビン・ラーディンを指導者とするイスラーム武装組織。1980年代にソ連とのアフガン戦争に参加した兵士らを中心に構成された。
- *4 **インティファーダ**…民衆がデモや投石でイスラエル軍に抵抗する運動。
- *5 **PKO**…国連平和維持活動。国連が地域紛争の解決や治安維持のために派遣する小規模な軍隊および監視団のこと。
- *6 **緒方貞子**…難民の国際的保護などを行う国連難民高等弁務官事務所のもとで，国連難民高等弁務官を務めた。

歴史のまなざし　国民国家と民族問題 ➡ 教 p.182

▶ 国民国家の定義…ある国の領土内のすべての住民が同じ共同体として「国民」＝ネーションを形成している国のこと。

▶ 国民国家の問題点…現在世界にはおよそ200の国があるが，実際には国内の住民すべてが同質の文化・言語をもち，単一の国民で成り立つ国は存在しない。

- そこに国民国家の定義を当てはめようとすれば軋轢が生まれる。
- その国において何らかの理由で国民国家の原理に適合しない人々は「少数民族」として区別され，差別や迫害の対象にもなり得る。

▶ 世界史における事例…世界史上，ある時代・国家においてマイノリティーとされる人々が，異質とされ劣悪な扱いを受けることがしばしばあった。

- 宗教的差別…第一次世界大戦後，トルコとギリシアの紛争のすえ，トルコ領に住むギリシア正教徒をギリシアへ，ギリシア領に住むイスラーム教徒をトルコへ強制的に移住させる住民の交換が行われた。その結果，多数の難民を生み出した。
- 人種的差別…ナチス・ドイツは優生思想にもとづき，国内のユダヤ人を「民族共同体」に属さない者とみなして差別・迫害し，数百万人のユダヤ人を虐殺した。民族と宗教が多様なユーゴスラヴィアでは，連邦が解体した1990年代には各地域で「民族浄化」とよばれる，域内少数民族の排除が行われた。

▶ 日本社会…日本も多民族社会である。

- アイヌ文化振興法…1997年，差別的色彩が強いとされた北海道旧土人保護法（1899年制定）の廃止を規定する，アイヌ文化振興法が成立。
- 2008年6月，「アイヌ民族を先住民族とすることを求める決議」が国会で採択され，国レベルでアイヌ民族は先住民族と認められた。

──**資料からよみとる**── グラフや地図から現代の課題についてよみとろう ➡ 教 p.183

▶ 難民問題…難民とは「人種，宗教，国籍，政治的意見または特定の社会集団に属するなどの理由で，自国にいると迫害を受けるかあるいは迫害を受けるおそれがあるために他国に逃れた」人々と定義される。

- クルド人問題…世界に2000万人いるとされるクルド人はトルコ，イラク，イラン，シリアなどに散在しており独自の国家をもたない。それゆえに各国でマイノリティーとなり政治的，宗教的に差別され，多くのクルド人難民が生まれている。
- アフリカでは1980年代前後にエチオピア内戦，90年代にルワンダ内戦で難民が多く生まれ，さらに21世紀初頭にかけてリベリアやスーダンでも内戦がおこり，難民の数は増大した。
- ヨーロッパでは，1990年代をとおして続いたユーゴスラヴィア紛争で多くの難民が発生。
- アジアでは，カンボジア紛争が続いた80年代前後に難民が大量に発生。一方でパレスティナ紛争やカシミール紛争など慢性的に続く紛争なども難民が増える要因となっている。2011年にはアラブの春とそれに起因する内戦などでさらに難民が発生し，現代へ続く大きな課題として残されている。

6 民主化の進展➡教 p.184〜185

民主化と冷戦の終結

①民主化進展の背景…民主主義以外の政治体制に対する期待感の低下，経済成長による中間層の増加，西欧諸国やアメリカ合衆国の圧力，ソ連崩壊によるグローバルな情報伝達の発達など。

②ヨーロッパ…ナチス・ドイツと結びついて独裁体制を維持していた南欧で民主化進展。
- ▶ポルトガル…軍を中心に無血クーデタで民主化達成。アフリカ植民地の独立を承認するとともに1976年に民政移管し，86年にECに加盟。
- ▶スペイン…1975年に**フランコ**が死亡して王政が復活。78年には新憲法が制定されるなど，王政の下で民主化が進展。86年にECに加盟。
- ▶ギリシア…1975年に新憲法を採択し，共和政へ移行。81年にEC加盟。

③中南米…1980年代に軍事政権の崩壊が続いた。
- ▶アルゼンチン…1983年，イギリスとのフォークランド紛争に敗れた軍事政権が崩壊し民政に移行した。
- ▶チリ…1973年にクーデタで軍部が政権をにぎり，軍事政権の下で経済の自由化を進めていたが左派弾圧により支持を失い，1990年に民政に移行した。

④アジア…1980年代に開発独裁の政権崩壊が続いた。
- ▶フィリピン…1986年，**マルコス**の独裁に対する反発が高まり政権は崩壊。後任にコラソン・アキノがフィリピン初の女性大統領として就任。
- ▶台湾…1996年にはじめての総統直接選挙で民主化を掲げた**李登輝**が当選。
- ▶インドネシア…1997年におこった**アジア通貨危機**[*2]や民主化を求める民衆の運動を受け，大統領就任以降，開発独裁を進めてきたスハルトが1998年に辞任。
- ▶韓国…朝鮮戦争後は朴正煕による開発独裁と軍部出身の大統領が続いていたが，1988年に盧泰愚が大統領に就任すると民主化を進めた。その後も**金泳三**，**金大中**など文民出身の大統領が選出されるようになった。
  - 金大中…韓国の大統領(1998〜2003年)。韓国の民主化運動の中心を担ってきた。
- ▶対日本…1998年，日本の小渕恵三首相と日韓共同宣言を発表。
- ▶対北朝鮮…太陽政策で北朝鮮へ対話をよびかけ，2000年に初の南北首脳会談を開催。

⑤共産主義体制の崩壊
- ▶ソ連…ゴルバチョフの民主化容認以降，東欧共産圏で共産党独裁体制の崩壊と民主化が進展。1989年に東欧諸国が民主化を達成し，91年にはソ連が解体。
- ▶中国…1989年，学生・民衆を中心に民主化を求める運動がおこったが，軍がそれを弾圧(天安門事件)し，民主化は挫折した。

⑥南アフリカ…南アフリカでは列強によるアフリカ分割以降，移住してきた白人が原住民の黒人を支配するという構造が続いてきた。第二次世界大戦後には**アパルトヘイト**[*3](人種隔離政策)が強化されてきたが，冷戦終結後は国際社会の圧力でその放棄が進められた。

▶アパルトヘイト撤廃…1991年，アパルトヘイト関連諸法が撤廃された。

▶マンデラ[*4]…1994年の総選挙で反アパルトヘイト運動を続けてきたネルソン・マンデラが南アフリカ初の黒人大統領となった。

政治改革と政権交代

①55年体制の崩壊…平成をむかえる時期にも，自由民主党の長期政権が継続していた。

▶竹下登内閣…消費税の導入に成功したが，**リクルート事件**と消費税導入に反対する世論の批判を浴びて1989年に退陣。

▶宮沢喜一内閣…1993年，政治改革をめぐって自由民主党は分裂。同年7月の総選挙で過半数を割る敗北を喫した。

→自由民主党の宮沢内閣は総辞職し，日本新党の**細川護熙**を首班とする非自民8党派の連立内閣が成立した。自民党は結党以来，はじめて野党に転落。

→**55年体制が崩壊**。

▶細川内閣…1994年，衆議院に**小選挙区比例代表並立制**を導入する選挙制度改革を実現。

②2000年代の内閣…2009年の総選挙を経て，民主党の鳩山由紀夫が内閣を組織。

▶2010年前後には，民主党の鳩山由紀夫内閣・菅直人内閣・野田佳彦内閣が日本の政治を主導→2012年に自由民主党と公明党の連立による安倍晋三内閣が成立。

🦉 用語解説

*1　**フランコ**…1939年にスペイン内戦に勝利した後，スペインで独裁体制をきずいた。

*2　**アジア通貨危機**…1997年，タイの通貨バーツの急落をきっかけとして，東南アジア諸国に経済危機が波及。インドネシアの政権交代に影響を与えた。

*3　**アパルトヘイト**…少数の白人による非白人に対する人種隔離政策・人種差別の体制。非白人には選挙権が与えられず，土地所有や居住，教育，バスやトイレも区別された。

*4　**マンデラ**…反アパルトヘイト運動に参加し，一時は投獄されるも1990年に釈放され，94年に大統領に就任。南アフリカの国際社会復帰を実現した。

7 グローバル化と地域統合 ➡教 p.186~187

グローバル化と情報通信技術

①世界の**グローバル化**…冷戦終結後，旧東側諸国が市場経済を導入。国境をまたぐヒト，モノ，カネ，情報などの移動・交流が活性化。経済や文化などさまざまな分野で世界の一体化が進んだ。

- ▶製造業…生産工程をわけ，各部門を価格や人件費などの面で適正かつ効率的な国に配置するようになった。
- ▶人的移動…企業の海外進出や国際金融取り引きの増加，大型ジェット機などの交通手段が発達したことで海外旅行が身近になり，旅行者や移民も増加している。
- ▶ファッション…民族的・宗教的に伝統的な衣装をもつ人々も，インターネットなどを通じて異文化式にリメイクされた商品を購入することができる。
- ▶情報…マス・メディア企業の海外進出により，進出先の国でおこったできごとが新聞やインターネットなどを通じていち早く報道されるようになった。
- ▶労働力…アラブ首長国連邦など，先進途上国では高層ビルなどの建設ラッシュがおこり，多くの外国人労働者が雇われている。しかし外国人労働者が増加することは本国人の失業問題も生みだす。

②日本のグローバル化・ＩＴ化…1980年代以降，グローバル化が加速。

- ▶1990年代後半…パーソナル・コンピュータ（**パソコン**）が普及。
- ▶2000年代…携帯電話向けのインターネットサービスが成長。
- ▶2010年代…スマートフォンの保有率が上昇。
  - →これらにより双方向での情報交換が可能になった。
- ▶在日外国人の数も増加。
  - →大手企業や地方の農村では，外国人労働者を受け入れて人材として活用するとともに，日本の技術を世界に伝え役立ててもらうような態勢を構築。

③**クール・ジャパン**…日本独自の文化・商品・サービスや創造的な産業が海外で人気を集め，評価されている現象。

- ▶アニメ・漫画・音楽・ゲーム・芸能などのコンテンツ，ファッション・デザイン・キャラクター・食文化・伝統工芸など。

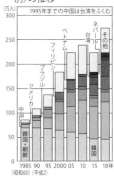

⬇ 在日外国人数（出身国別）の推移

④グローバル化の背景…先進国の政策がグローバル化の要因ともなる。

- ▶アメリカ合衆国は情報通信技術の開発を先導，各国へ経済規制緩和を要求。[*1]
- ▶**世界貿易機関**（WTO）の設立により，世界の自由貿易拡大が推進される。
- ▶国際連合をはじめとする国際機関の役割が向上し，非政府組織（NGO）の国際的な活動が注目される。

地域統合の進展

①アメリカ大陸の地域統合

- ▶**北米自由貿易協定**（**NAFTA**）…1992年発足。アメリカ，カナダ，メキシコで結成。加盟国間の関税障壁の撤廃による経済活動の自由化実現。→2020年USMCAへ。

▶南米南部共同市場（MERCOSUR）…1995年発足。アルゼンチン，ブラジル，パラグアイ，ウルグアイで結成。域内関税の原則撤廃を実現した南米諸国の関税同盟。2012年にベネズエラが加盟（現在資格停止中）。

②ヨーロッパの地域連合
▶**ヨーロッパ連合（EU）**…1993年，**マーストリヒト条約**の発効により発足。政治的統合を目標としてヨーロッパ市民権の概念を導入し，司法・警察・外交の分野でもつながりが強化された。

🔽 EU加盟国の拡大と離脱

1993年	フランス・ドイツ・ベルギー・オランダ・ルクセンブルク・イタリア・イギリス・アイルランド・デンマーク・ギリシア・スペイン・ポルトガル
1995年	オーストリア・フィンランド・スウェーデン
2004年	キプロス・チェコ・エストニア・ハンガリー・ラトビア・リトアニア・マルタ・ポーランド・スロバキア・スロベニア
2007年	ブルガリア・ルーマニア
2013年	クロアチア
2020年	イギリスが離脱

③アジアの地域統合
▶**アジア太平洋経済協力会議（APEC）**…1989年発足。ASEAN諸国を中心に日本やアメリカ，オーストラリアなどをふくめた組織。貿易や投資の自由化がめざされている。

🔽 世界の地域統合

ヨーロッパ連合（EU）

北米自由貿易協定（NAFTA）*
アメリカ，カナダ，メキシコ

アジア太平洋経済協力会議（APEC）
日本，アメリカ，カナダ，オーストラリア，ニュージーランド，韓国，シンガポール，マレーシア，インドネシア，フィリピン，タイ，ブルネイ，中国，台湾，香港，メキシコ，チリ，パプアニューギニア，ロシア，ペルー，ベトナム

*NAFTAにかわって2020年7月に米国・メキシコ・カナダ協定（USMCA）が発効した。

東南アジア諸国連合（ASEAN）
タイ，マレーシア，フィリピン，インドネシア，シンガポール，ブルネイ，ベトナム，ラオス，ミャンマー，カンボジア

ラテンアメリカ統合連合（ALADI）
アルゼンチン，メキシコ，ブラジルなど13か国

アフリカ連合（AU）

🎓 **用語解説**

*1 **世界貿易機関**…1995年，GATTを受け継いで成立。モノだけでなく，サービスや知的財産もふくめた世界の自由貿易体制の構築をめざし，貿易紛争の解決・手続き強化も行う。

8 岐路に立つ世界と日本➡教 p.188~189

グローバル化の負の側面

①グローバル化の問題…グローバル化による世界の結びつきにより負の側面も表面化。
- ▶環境破壊…資源開発や土地開発などで世界規模の環境破壊が進んだ。2019年にはオーストラリアで大規模な森林火災が発生。同年，ウクライナで環境問題に対するデモ活動が行われた。
- ▶感染症の拡大…ヒトの国際規模の移動と交通機関の発達は感染症を世界に拡大させた。2020年はじめころから流行した新型コロナウイルスは瞬く間に世界中に広がり，2021年現在終息のめどはたっていない。
- ▶犯罪の多様化…サイバー攻撃，**資金洗浄**（マネー・ロンダリング）や**租税回避地** *2（タックス・ヘイブン）による課税のがれなどが横行。

②経済危機の拡大…グローバル化によって，ある一国で経済危機が発生した際に地域全体に波及することがある。
- ▶アジア通貨危機…1997年，タイの通貨バーツの急落を契機として東南アジア諸国や韓国に広がった通貨危機。インドネシアではこの影響で政権交代がおこった。
- ▶リーマン・ショック…2008年，アメリカのサブプライム・ローン問題を契機に大手投資銀行リーマンブラザーズが経営破綻し，金融危機が世界に波及した。

③国際的経済会議の発展…2000年代には地域の経済成長と経済危機を受け，複数国の首脳で開催される国際的な経済会議が行われるようになった。
- ▶**BRICS**の台頭…2000年代初頭以降，ブラジル，ロシア，インド，中国，南アフリカが急激な経済成長を達成。5か国が参加する主要国首脳会議も開かれた。
- ▶G20サミット…20か国で構成される金融に関する国際会議。先進7か国（**G7**）に新興国を加えた20か国が参加。アジア通貨危機後の1999年に開始され，リーマン・ショック後の2008年には首脳レベルで行われた。

④経済格差と新自由主義…先進国では一部の富裕層が富を蓄積し，経済的な打撃を受ける人々が少なからず生まれた。
- ▶ウォール街占拠運動…2011年9月から2か月間にわたり，アメリカにおける金融の中心地で経済的な不平等の拡大に抗議するデモ活動が行われ，「私たちは99%だ」がスローガンとされた。
- ▶新自由主義…アメリカのレーガン政権は民間経済再生のため規制緩和や減税政策を推進。イギリスのサッチャー政権や西ドイツのコール政権，日本では中曽根政権でも同様の政策で国営企業の民営化などを行ったが，経済格差を助長している。
- ▶日本ではバブル経済崩壊後の**平成不況**のもとで新自由主義的な政策が進んだ。

⑤日本の現代…経済格差の拡大は日本でも進展。
- ▶高度経済成長期には，日本人の8割以上の人々が，上流でも下層でもなく，人並みの生活階層に属していると考える中流意識をもった。
- ▶今日では「格差社会」「階級社会」の傾向が強まったとされる。
- ▶そうした傾向は，他の諸地域と同様に，新自由主義的な政策によって強められたともされている。

これからの世界

①グローバル化の反動…西欧では東欧からの大量の労働者の流入や中東やアフリカからの難民が増加。福祉削減の不安感から排外主義が高揚。

▶ 保守化の傾向…国家主権重視の考えにもとづき2020年にイギリスがEUから離脱。アメリカでも2017年に「アメリカ・ファースト」を掲げるトランプ大統領が就任し，保護主義を主張していくつかの国際組織・協定などからの離脱を表明した。

▶ ポピュリズムの高揚…民主化を先導してきた欧米諸国では**民主主義のゆらぎ**が生まれ，既存のエリート層を批判するポピュリズムの傾向が高まる。

②持続可能な社会へ…2015年の国連サミットで「持続可能な開発目標」が決定。貧困の解消やジェンダーの平等などグローバル化の負の側面を解消する社会の構築がめざされている。

用語解説

＊1 **資金洗浄**…犯罪や違法な手段で得たお金の出所をわからなくするため，資金を転々と移動させること。

＊2 **租税回避地**…課税が免除されたり極端に軽減されている国や地域のこと。

＊3 **G7**…カナダ，フランス，ドイツ，イタリア，日本，イギリス，アメリカを指す。これらの国による主要国首脳会議（サミット）が開かれてきた。

＊4 **平成不況**…1991年ごろから日本経済が陥った不況。バブル経済が崩壊したのち，多くの不良債権を抱えて金融機関が危機に直面した。そのため，金融の逼迫がやがて実体経済の不況に波及して複合不況となり，そうした状態が平成に入ってから約10年間継続した。こうした状態は，「失われた10年」などといわれている。

生活と文化　グローバル化 ➡ 教 p.190〜191

①1950年代
- ▶日本の政治と対外関係…1955年に自由民主党成立。1956年，日本は国際連合に加盟。
  - •1955年，ソニーが世界で最初のトランジスター・ラジオ発売。
- ▶日本の社会と経済…1952年に主権を回復。1950年代なかばから高度経済成長期へ。
  - •1953年にテレビ放送開始，1959年に週刊『少年サンデー』『少年マガジン』創刊。

②1960年代
- ▶日本の政治…60年安保闘争ののち，経済を重視する政策が打ち出された。
  - •1964年，東京オリンピック・パラリンピックが開催。
- ▶日本の社会と経済…1968年には，西ドイツを抜き，GNPは資本主義国で2位。
  - •1963年，日本初の長編連続テレビアニメとされる『鉄腕アトム』の放送開始。

③1970年代
- ▶日本の対外関係…1975年からサミットが開催され，日本も参加国となる。
  - •1970年に大阪で日本万国博覧会，1972年に札幌冬季オリンピックが開催。
- ▶日本の社会と経済…石油危機は，世界経済との結びつきを象徴するできごととなった。
  - •1971年，東京銀座にマクドナルド1号店がオープン。
  - •1974年，最初のコンビニエンスストアであるセブン–イレブンが開店。

④1980年代
- ▶日本の対外関係…貿易摩擦が激化。1985年のプラザ合意で円高が進行。
  - •1983年，東京ディズニーランドが開園。
- ▶日本の社会と経済…1980年代後半に，日本経済はバブル景気となる。
  - •1985年には電電公社が民営化，NTTが発足。

⑤1990年代
- ▶日本の政治…1991年に湾岸戦争勃発。1993年に55年体制が崩壊。
  - •1993年，日本でのインターネットの商用利用が開始される。
  - •1998年，長野冬季オリンピック・パラリンピック。
- ▶日本の社会と経済…日本経済は平成不況に突入。携帯電話が急速に普及する。
  - •1995年，「Windows95」が発売。

⑥2000年代
- ▶日本の政治…自由民主党の内閣を経て，2009年に民主党が政権を奪取。
  - •2002年，サッカー・ワールドカップ日韓大会。
- ▶日本の社会と経済…リーマン・ショック等。
  - •2000年には「IT革命」が流行語大賞となる。

⑦2010年代
- ▶日本の政治…民主党の内閣を経て，2012年に自由民主党が政権を奪取。
  - •2013年，訪日外国人が1000万人を突破する。
- ▶日本の社会と経済…2011年に東日本大震災が発生。
  - •2011年，LINEサービスが開始される。

4節　現代的な諸課題の形成と展望

① 「持続可能な社会」をどのように実現するのか
- ▶ 「持続可能な社会」の定義（2006年4月閣議決定）では，「健全で恵み豊かな環境が地球規模から身近な地域までにわたって保全される」ことが言及されている。
  - 地球温暖化をふせぐ一つの方法は温室効果ガスの削減。
  - 世界全体的には合意はあるが，その具体的な目標設定においては，高い目標を掲げる欧米先進国と，それに対して慎重な低開発国・新興国で温度差が存在する。
  - 中国，アメリカ，インド，ロシアの4か国が世界の温室効果ガス排出量で半分以上のシェアをとっている。
  - 科学技術に優れた先進国が主導して風力発電や太陽光発電など，再生可能なエネルギーの確保が一つの解決の手段ともなる。

② 人口問題と社会保障の将来
- ▶ 世界の人口…世界の人口は増加し続けているが，地域による増減の差が拡大。
  - アフリカやインドなどでは人口が増えているが，日本のほか，ヨーロッパでも人口が減少している国が目立つ。
  - 世界全体の出生率は減少傾向にあり，全体的に少子高齢化が進行している。
- ▶ 日本の人口減少…2000年代に人口のピークをむかえ，以後減少を続けている。
  - 出生率が低下し，日本では少子化が進行。
  - 女性の社会進出，長時間労働，非正規雇用の増大による収入の不安定など，未婚・晩婚・少子化の原因は，複雑化してきている。

③ 戦後開拓と東日本大震災
- ▶ 満洲移民…満洲事変により満洲国が建国されると，長野県などから移民が増大した。
  - 世界恐慌の余波によって，生糸輸出が激減し，農村は打撃をうけた。
  - 養蚕，製糸業で栄えた長野県などの村民は満洲への開拓移民となった。
  - ただし，その開拓とは現地民に農作業を行わせる形での「開拓」だった。
- ▶ 引揚げと福島県への移住…福島県で「真の開拓」が進められた。
  - 長野県は養蚕，製糸が基幹産業だったため，戦後は化学繊維が主流になったこともあり，長野県で生業をたてることは困難だった。
  - 戦後の引揚げによって長野県へ帰郷した農民の中には，福島県に移住する者もあった。
  - 福島県への移住により，かつての長野県民は未開地を実際に「開拓」した。
  - 原子力発電所の建設地は，周辺への影響などが考慮された。また，空港建設には大規模な土地が必要なため，未開地など，人口の少ない地域が選択された。

④ 民主主義は世界に広がるのか
- ▶ 人類の「持続可能な発展」のためには世界全体の秩序の安定が必要。
  - 民主主義と経済成長…民主主義の度合いと経済成長率は必ずしも一致しない。
  - 憲法にもとづく政治が国民の目に見える形で公開され，国民一人一人の意思が公正な選挙のもとで反映されるような民主主義の広がりが求められる。

歴史探究の方法

①歴史探究
- ▶課題についての考察…現代社会にどのような課題があるか，テーマを設定する。
  - ●課題を克服するヒントをみつけるためには，歴史的経緯(けいい)を知る必要があると認識する。そのうえで，歴史的経緯についての調査を開始する。

②主題の設定
- ▶主題を選択する方法…教科書から得られる知識だけでなく，多様な手段を活用する。
  - ●教科書や授業で学んだ内容，新聞やニュースなどの報道，地域の歴史など，主題を発見するための方法は多様である。
- ▶主題を選択する際に念頭におくべきこと…検討をくり返したうえで主題を設定する。
  - ●興味や関心がもてるか，関連する資料や情報を入手することができるか，具体性のある主題か，第三者にも理解できる主題かなどを検討する。

③資料・情報の収集
- ▶図書館・博物館・資料館などの活用…主題の考察のためには，資料収集が不可欠。
  - ●図書館には開架(かいか)の本だけでなく書庫の本もある。それぞれの図書館がどのような書籍を所蔵しているのかは，図書館内のパソコン端末で確認できる。
  - ●特定の時期の情報は新聞縮刷版，特定の地域の情報は地域資料などで知ることができる。
  - ●主題に沿った博物館を選択し，展示などを確認して情報を収集する。
- ▶インターネットの活用…インターネット上では研究機関の情報などが開示。
  - ●インターネットを利用すれば，文献(ぶんけん)，地図，年表，絵画など，主題研究のための資料を集めることができる。
  - ●しかし，それらの資料には信用性の乏しいものも少なくない。
  - ●資料がだれによって，いつごろ作成されたものなのか，主題に沿った資料なのかなど，検討したうえで活用する必要がある。
- ▶フィールドワークを行う…可能であれば，テーマに関する現地調査を実施する。
  - ●聞き取り，現地に残る遺物などの調査を行い，得た情報を資料化する。

④考察と表現
- ▶主題についての論述・レポート…情報と考察した内容を区別することが重要。
  - ●情報の出典を記し，どこから得た情報なのかを明らかにする。
  - ●考察した自分の意見などを明確かつ簡潔に表現する。
- ▶主題のプレゼンテーション…ビジュアル面も重視しつつプレゼンテーションする。
  - ●黒板やホワイトボードだけでなく，内容によってはパソコンやプロジェクターを使ったプレゼンテーションも検討する。
  - ●プレゼンテーションにあたっては，序論(テーマを選択した理由)→本論(研究方法や内容)→結論(分析の結果や反省)など，構成をじゅうぶんに検討する。
  - ●プレゼンテーションに対する意見を求め，研究を深めるためには何を行えばいいかなどを検討する。
  - ●問題提起を行い，ディスカッション，ディベートを行う。

演習問題 ⑪

1　次の文を読み，文中の①~⑥の正しい方を選び記号で答えよ。

冷戦終結後，世界各地では民族紛争や宗教対立が表面化した。中東では1991年，前年のイラクによる①(a. シリア　b. クウェート)侵攻をきっかけに②(a. イラク b. 湾岸)戦争が勃発した。また，③(a. 2001　b. 2002)年にアメリカ合衆国でイスラーム過激派による同時多発テロが発生すると，アメリカのブッシュ政権は④(a. アフガニスタン　b. パキスタン)のタリバン政権を攻撃した。パレスティナ問題では1993年，イスラエルとPLOの間で⑤(a. オスロ　b. ヘルシンキ)合意が結ばれた。南アジアでもヒンドゥー教徒とイスラーム教徒の対立からインドとパキスタンの国境地域で⑥(a. パンジャーブ　b. カシミール)地方の帰属をめぐる紛争が続いている。

①(　　　)　②(　　　)　③(　　　)
④(　　　)　⑤(　　　)　⑥(　　　)

2　次の問いに答えよ。

(1) 南アフリカ共和国で長らく続けられてきた，少数の白人による多数の非白人への人種差別政策を何とよぶか。　　　　　　　　　　　(　　　　　)

(2) (1)の撤廃を求めて闘争を続け，一時は逮捕・投獄されたが，1994年の総選挙で大統領に当選した人物は誰か。　　　　　　　　　　(　　　　　)

(3) グローバル化の一環として，GATTにかわる組織として1995年に設立された，サービスや知的財産をふくむ自由貿易を推進する機関は何か。　(　　　　　)

(4) グローバル化のもとで21世紀初頭に高い経済成長率を実現した南アフリカ，中国，インド，ロシア，ブラジルを総称して何とよぶか。　　　(　　　　　)

(5) 2008年にアメリカ合衆国でおこった大手投資銀行の経営破綻から経済危機が世界的に波及した現象を，その銀行の名称にちなんで何とよぶか。　(　　　　　)

(6) グローバル化に対する国家の主権を尊重する考え方にもとづき，2020年にEUから離脱した国はどこか。　　　　　　　　　　　　　(　　　　　)

3　右のグラフを見て問いに答えよ。

(1) グラフのAの時期にヨーロッパで難民が増加しているのはある国の内戦の影響が考えられるが，その国とはどこか。　　　　　(　　　　　)

(2) 2010年代以降，アジアで急激に難民が増加しているが，これも「アラブの春」の影響を受けたある国の内戦と，その状況に便乗したテロ活動の影響が考えられる。その国はどこか。
(　　　　　)

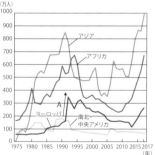

🔽おもな庇護地域別の難民数

4 地域統合の進展に関する次の年表にあてはまる正しい語句・数字を答えよ。

年	おもなできごと
1989	ASEAN諸国に日本やアメリカなどをふくむアジア太平洋経済協力会議〔略称（ A ）〕が発足
1992	アメリカ，カナダ，メキシコが（ B ）を調印
1993	ヨーロッパで（ C ）条約が発効し，EUが発足
（ D ）	EU域内の共通通貨ユーロを導入
2016	環太平洋パートナーシップ協定〔略称（ E ）〕が調印

A（　　　　　　　）　B（　　　　　　　）　C（　　　　　　　）

D（　　　　　　　）　E（　　　　　　　）

5 次の文中の①〜⑧にあてはまる語句を，下の選択肢から選び記号で答えよ。

　1988年には，（ ① ）がおこり，翌1989年に竹下登内閣が総辞職した。バブル景気が崩壊した1991年には，（ ② ）が勃発し，日本の国際貢献の在り方が議論されるようになった。そうしたなかで宮沢喜一内閣時の1992年にはPKO協力法が成立し，（ ③ ）に自衛隊が派遣された。

　1993年には国内政治においても大きな変化が生じた。自由民主党は分裂して総選挙で過半数を割りこみ，日本新党の（ ④ ）を首相とする，共産党を除く非自民8党派による連立内閣が成立した。これにより38年間続いた55年体制は，その幕を閉じた。

　（ ④ ）内閣のもとでは，政治改革が進められ，選挙制度は中選挙区から（ ⑤ ）に改められた。1994年には，日本社会党の委員長である村山富市が内閣を組織した。同内閣時の1995年には（ ⑥ ）や地下鉄サリン事件がおこり，日本の「安全神話」が崩壊した。

　1990年代後半以降，再び自由民主党の内閣が続いたが，2009年の総選挙の結果，民主党の（ ⑦ ）が内閣を組織した。（ ⑦ ）内閣のあとに成立した，菅直人内閣時の2011年には，（ ⑧ ）が発生した。

ア	小選挙区比例代表並立制	イ	細川護熙	ウ	東日本大震災
エ	リクルート事件	オ	阪神・淡路大震災	カ	鳩山由紀夫
キ	カンボジア	ク	湾岸戦争		

①（　　　）　②（　　　）　③（　　　）　④（　　　）

⑤（　　　）　⑥（　　　）　⑦（　　　）　⑧（　　　）

6 次の問いに答えよ。

(1) 1964年，東京－新大阪間の東海道新幹線が開通した年に開催された，日本の復興をアピールする役割を果たした国際的なイベントは何か。　（　　　　　　　　　）

(2) 1996年，橋本龍太郎内閣時に，代替施設の建設を条件として全面返還が合意された米軍基地の名称は何か。　（　　　　　　　　　）

［解答→p.168］

演習問題の解答・解説

演習問題 ❶　31〜33ページ

❶ ①華夷　②冊封　③海禁
④広州　⑤華僑

❷ (1)A対馬　B長崎　C薩摩
D松前　(2)鎖国
(3)北前船　(4)シーボルト

❸ (1)中継貿易　　(2)アユタヤ朝
(3)ムガル帝国　　(4)タージ・マハル
(5)オスマン帝国　(6)ミッレト
(7)カピチュレーション

❹ (1)東インド　(2)①イ　②エ　③オ
(3)(例)綿織物などは，ヨーロッパで
も生産されるようになった。

❺ (1)三角貿易　(2)プランテーション
(3)(例)モノカルチャー化が進行した。
(4)重商主義

❻ Aウェストファリア　B権利章典
Cアメリカ　D1789　Eロシア
Fアヘン　G天保　H1853
I1889

❼ (1)プチャーチン　(2)ハリス
(3)生糸　(4)アヘン　(5)器械製糸
(6)鉄道業

❽ (1)①産業革命　②飛び梭
③ワット　④工場法
⑤世界の工場　⑥自由貿易
(2)イ　(3)ウ

✕解説 **❶** (2)現地民化した華人と間違え
ないように。

❼ (2)日米和親条約を締結したのはペ
リー，日米修好通商条約を締結した
のはハリスである。
(6)1881年に設立された日本鉄道会社，
1883年に操業を開始した大阪紡績会
社の成功が，鉄道業・紡績業の株式
会社設立ブームを牽引した。

❽ (2)フルトンは蒸気船の発明者。
(3)大陸横断鉄道とスエズ運河はとも
に1869年の開通。太平天国の乱勃発
は1851年。したがって，1840年勃発
のアヘン戦争が19世紀前半である。

演習問題 ❷　46〜47ページ

❶ ①代表なくして課税なし
②独立宣言　③三権分立　④国民
⑤権利の宣言

❷ (1)イ　(2)ウ　(3)ア

❸ (1)モンロー宣言　(2)諸国民
(3)リンカン　(4)ハイチ

❹ Aギリシア　Bギュルハネ
Cクリミア　D1858　E北京
F1861　Gビスマルク　Hインド

❺ ①ア　②イ　③エ　④オ
⑤カ　⑥ウ　⑦キ

❻ (1)日清修好条規　(2)台湾出兵
(3)自由民権運動　(4)貴族院

✕解説 **❶** ③合衆国憲法の柱が三権分立
であることは最重要事項である。

❷ 「民衆を導く自由の女神」は非常に有
名な絵画なので，これを見て必ずフ
ランスの七月革命を想起したい。

❹ D1858年は，イギリス東インド会社
解散，ムガル帝国滅亡のほか，ア
ロー戦争中に結ばれた天津条約の年
代でもある。
F1861年はアメリカでは南北戦争，
イタリアでは統一が達成された年代
である。

❻ (1)日清修好条規は対等条約，日朝修
好条規は日本側が有利な不平等条約
だった点に注意したい。

演習問題 ❸　62〜63ページ

1 ①エジプト　②ベルリン
③ファショダ　④リベリア
(1)ビスマルク　(2)マフディー　(3)イ

2 (1)戊戌の政変　(2)光緒新政
(3)孫文　(4)宣統帝(溥儀)
(5)門戸開放宣言　(6)カリブ海政策
(7)パナマ
(8)セオドア・ローズヴェルト

3 (1)①ミドハト　②青年トルコ
③立憲　④血の日曜日　(2)ウ

4 ①ウ　②ア　③オ　④カ　⑤エ
⑥イ　⑦キ

5 (1)1910年　(2)森鷗外

❎解説　**1**(4)独立の維持に成功したのは
エチオピアとリベリアの２国だけな
ので覚えておきたい。
(3)イギリスはインド，アメリカは
フィリピン，ドイツはカメルーンな
どを植民地化した。
2(1)李鴻章らが行った「洋務運動」と康
有為らが行った「変法運動」，義和団
戦争後の「光緒新政」を区別できるよ
うにしよう。
3(1)②③「青年トルコ革命」「イラン立
憲革命」はいずれも専制政治に対し
て憲法制定を求める革命であること
を押さえておきたい。
5(1)日露戦争開戦直後から，日本の韓
国進出が顕著となっていたことを確
認しておこう。具体的には，日韓議
定書，３次にわたる日韓協約などを
整理しておきたい。

演習問題 ❹　75〜77ページ

1 ①ヨーロッパの火薬庫
②サライェヴォ　③同盟
④協商(連合)　⑤無制限潜水艦
⑥ブレスト・リトフスク

(1)(例)植民地の人々も動員したこと。
(2)ウ

2 (1)エ　(2)(例)ロシア革命の西欧への
波及を防止するため。
(3)ベルギー　(4)ドーズ案

3 (1)ボリシェヴィキ　(2)対ソ干渉戦争
(3)戦時共産主義　(4)コミンテルン
(5)陳独秀　(6)ホー・チ・ミン

4 (1)自動車　(2)生産ライン方式
(3)(例)移民の流入で工場労働者が増
加したため。
(4)ア　(5)ウ　(6)WASP

5 ①キ　②カ　③ア　④オ　⑤イ
⑥エ　⑦ウ　⑧ケ　⑨ク

6 ①カ　②キ　③イ　④エ　⑤オ
⑥ウ　⑦ア

❎解説　**1**(4)同盟国(ドイツ・オースト
リア・トルコ・ブルガリア)と協商
国(イギリス・フランス・ロシアな
ど)はしっかり区別して覚えたい。
(2)ロシア革命は大戦末期の出来事で
あり，長期化の理由にあたらない。
3(5)中国共産党は上海で結成された。
4(3)工場で働く労働者として移民が多
く利用された。
(5)新文化運動は中国でおこった。
6③ワシントン会議で締結された四か
国条約と九か国条約を区別しよう。

演習問題 ❺　88〜89ページ

1 (1)バルカン半島　(2)ア
(3)サライェヴォ事件

2 ①民族自決
②ムスタファ・ケマル
③パフレヴィー　④ガンディー
⑤三・一独立　⑥五・四

3 (1)アンコール・ワット
(2)フィリピン　(3)タイ(シャム)
(4)ASEAN　(5)ドイツ社会民主党

4 (1)張作霖　(2)蔣介石
(3)（第1次）国共合作　(4)山東出兵

5 ①ウ　②オ　③イ　④キ　⑤カ
⑥エ　⑦ア

6 (1)キング　(2)治安維持法

✕解説 **1** (1)樽に書かれている文字に注目しよう。
(2)バルカン半島では協商国（英・仏・露）と同盟国（独・墺など）の利害が対立していた。したがってアメリカはふくまれない。

3 (2)東南アジアの大陸部は仏教徒，群島部はイスラーム教徒が多いが，フィリピンは特にキリスト教徒が多い。

5 ①②女性運動の団体として，1921年に社会主義者らによって設立された赤瀾会や，1924年に設立された婦人参政権獲得期成同盟会などもあげられる。

6 (2)1900年，第2次山県有朋内閣時に制定された治安警察法と区別しておきたい。1928年，田中義一内閣時の治安維持法改正によって，最高刑は死刑とされた。

演習問題❻ 101〜103ページ

1 ①ブロック　②挙国一致
③フランクリン・ローズヴェルト
④善隣
(1)(例)五か年計画が行われた。
(2)ウ

2 (1)ムッソリーニ　(2)エチオピア
(3)全権委任法　(4)人民戦線政府
(5)フランコ　(6)ゲルニカ　(7)ピカソ

3 (1)独ソ不可侵条約
(2)ミュンヘン会談　(3)宥和政策

4 (1)ブレトン・ウッズ体制
(2)国際通貨基金

(3)国際復興開発銀行（世界銀行）

5 ①ウ　②キ　③イ　④エ　⑤ア
⑥ク　⑦オ

6 (1)地名−奉天　　　場所−ウ
(2)地名−ノモンハン　場所−ア
(3)地名−旅順　　　　場所−イ

7 (1)盧溝橋事件　(2)重慶
(3)平沼騏一郎　(4)汪精衛（汪兆銘）
(5)日独伊三国同盟　(6)ハル・ノート
(7)真珠湾　(8)大東亜戦争

✕解説 **1** (1)1928年からの第1次五か年計画，1933年からの第2次五か年計画でソ連の経済は成長した。(2)ワグナー法では団結権と団体交渉権が保障された。

3 (2)ミュンヘン会談ではチェコスロヴァキアのズデーテン地方の割譲が討議された。

4 (1)(2)(3)ブレトン・ウッズ会議において国際通貨基金と国際復興開発銀行（世界銀行）の設立が決められた。

5 ①浜口雄幸内閣（井上準之助蔵相）時の1930年の金輸出解禁，犬養毅内閣（高橋是清蔵相）時の1931年の金輸出再禁止について，整理しておこう。

6 (2)1938年の張鼓峰事件はソ連と満洲国との国境が不明確な地帯，1939年のノモンハン事件は満洲国西部とモンゴル人民共和国の国境地帯で発生した点に注意したい。

演習問題❼ 114〜115ページ

1 ①スターリングラード
②ムッソリーニ　③スターリン
④ノルマンディー

2 (1)ニュルンベルク　(2)トルコ
(3)コミンフォルム
(4)北大西洋条約機構
(5)ワルシャワ条約機構

3 (1)エ　(2)ア　(3)ウ

4 ①イ　②ウ　③ア　④カ　⑤オ　⑥エ

5 ①カイロ会談　②千島列島
③ポツダム会談

6 (1)極東委員会　(2)労働基準法
(3)マッカーサー
(4)基本的人権の尊重

解説 **1** ②イタリア無条件降伏時の元
首はムッソリーニではなくバドリオ
なので間違えないようにしたい。

3 (1)中華人民共和国は毛沢東，大韓民
国は李承晩，インドネシアはスカル
ノである。
(2)写真に38の数字が見えることから，
北緯38度線で南北分断された朝鮮半
島を想起する。

4 ④北部仏印進駐は1940年，南部仏印
進駐は1941年に断行された。フラン
スはドイツに降伏していた点に注意
しよう。

5 ②千島列島や南樺太の領有にかかわ
る事項は，日露和親条約，樺太・千
島交換条約，ポーツマス条約などと
関連づけながら整理しておこう。

演習問題❽　　126〜127ページ

1 ①ウ　②カ　③オ　④イ　⑤ア

2 (1)①イギリス　②イスラエル
③スエズ運河　④石油危機
(2)ウ　(3)A

3 (1)アジア・アフリカ会議
(2)(第1回)非同盟諸国首脳会議
(3)1960年　(4)南北問題
(5)ホメイニ　(6)印パ戦争

4 Aパグウォッシュ　B1962
C部分的核実験禁止　D核拡散防止

5 ①第五福竜丸　②佐藤栄作
③東日本大震災

解説 **2** (1)②③第1次中東戦争と第2

次中東戦争は勃発のきっかけを押さ
えよう。第1次はイスラエル建国が
きっかけ。第2次はナセルのスエズ
運河国有化宣言がきっかけ。
(2)アは英仏露によるトルコ領分割協
定，イはアラブ人に戦後の独立国家
建設を約束。

3 (6)印パ戦争は東パキスタンの独立を
インドが支援したことからはじまった。

4 CD部分的核実験禁止条約は地下実
験をのぞく核実験を禁止。核拡散防
止条約は非核保有国の新たな核保有
を禁止した。なお，この二つの条約
に仏・中が反対した。

演習問題❾　　138〜139ページ

1 ①サハラ　②スワヒリ　③奴隷
④モノカルチャー　⑤1960

2 ①キ　②エ　③ク　④イ　⑤ウ
⑥オ　⑦ケ　⑧カ　⑨サ

3 (1)シンガポール　(2)スハルト
(3)ASEAN

4 A17　Bトンキン湾
C南ベトナム解放民族戦線
Dニクソン　Eパリ
Fベトナム社会主義共和国

5 ①イ　②エ　③ウ　④ア
⑤ク　⑥オ　⑦キ　⑧カ

6 (1)岸信介　(2)池田勇人

解説 **1** ③ヨーロッパの大航海時代に
はさかんに奴隷貿易が行われた。大
西洋三角貿易を想起したい。

3 (2)スハルトがクーデタをおこしたの
ではなく，共産党系の軍人がおこし
た。スハルトはクーデタの鎮圧後，
権力をにぎった。

4 A南北朝鮮の軍事境界線がある北緯
38度と間違えないようにしたい。
Dベトナム戦争にはジョンソン大統

領のときに介入し，ニクソン大統領のとき撤兵した。

5 ⑧日中共同声明発表の前年にあたる1971年には，国際連合に中華人民共和国の代表権が承認され，ニクソン米大統領の訪中が行われていた。

演習問題❿　　148〜149ページ

1 ①ゴルバチョフ　②ペレストロイカ
③アフガニスタン　④マルタ
⑤新思考
(1)チェルノブイリ原発事故　(2)ウ

2 A② B② C① D① E①
F② G① H①

3 (1)③　　(2)ベトナム

4 ①イ　②ウ　③ア　④エ
⑤カ　⑥キ　⑦オ　⑧ク

5 (1)中曽根康弘（なかそね やすひろ）　(2)バブル景気

❌解説 **1**(1)チェルノブイリ原発事故の際に共産党が情報統制を行ったことを非難されたことが背景となった。

2 H1997年に香港（ホンコン）がイギリスから，1999年にマカオがポルトガルから返還（へんかん）された。

3 (1)③中国は鄧小平（とうしょうへい）により「社会主義市場経済」が導入され，以降の政権もそれを維持した。
(2)ベトナムも1986年からドイモイ（いじ）による市場経済を導入した。

4 ③水俣病（みなまた）は，メチル水銀に汚染された魚介類を食べた住民がかかった公害病。⑧美濃部亮吉（みのべりょうきち）は天皇機関説で知られる美濃部達吉（たつきち）の子。戦中には人民戦線事件で検挙（けんきょ）された。

5 (1)平成から令和へと時代が変わった2019年，戦後政治史に大きな足跡を残した中曽根康弘元首相が死去し，昭和期に首相を務めた人物はすべて鬼籍に入った。

演習問題⓫　　162〜163ページ

1 ①b ②b ③a ④a ⑤a ⑥b

2 (1)アパルトヘイト　(2)マンデラ
(3)世界貿易機関(WTO)　(4)BRICS（ブリックス）
(5)リーマン・ショック　(6)イギリス

3 (1)ユーゴスラヴィア　(2)シリア

4 A APEC
B北米自由貿易協定(NAFTA)
Cマーストリヒト　D1999
E TPP

5 ①エ　②ク　③キ　④イ
⑤ア　⑥オ　⑦カ　⑧ウ

6 (1)東京オリンピック・パラリンピック　(2)普天間基地（ふてんま）

❌解説 **1** ①②イラクのクウェート侵攻（しんこう）に対する制裁として湾岸戦争が勃発（ぼっぱつ）した。④アフガニスタンのタリバン政権は，9.11同時多発テロの容疑者とされたビン・ラーディンを匿（かくま）っているとされた。

2 (2)アパルトヘイト諸法の撤廃（てっぱい）を実現したのはマンデラではなくその前の白人大統領のデクラークである。

3 (1)ユーゴスラヴィア内戦では「民族浄化（じょうか）」とよばれる大量虐殺が行われ，大量の難民（なんみん）が発生した。
(2)シリアではアサド政権と反政府勢力の内戦が続き，それに乗じて周辺地域にテロ組織のIS(イスラム国)が台頭（たいとう）し多くの難民を生み出した。

5 ④日本新党の細川護熙（ほそかわもりひろ）を首相とする内閣が成立したことによって55年体制の幕は閉じたが，その後，自由民主党が政権を掌握することが多かった点に注意したい。

6 (2)菅直人（かんなおと）政権時に普天間基地の辺野古（への）移転が日米間で合意にいたったが，沖縄県民らの反発は強く，抗議活動がつづいている。

A